대륙정벌

⟨일러두기⟩
이 책에 표시된 달(月)은 삼국사기 표현대로 모두 음력에 해당한다.
이 책에서 백제의 왕은 황제(중국식 표현), 천황(일본 서기식 표현)으로 표기하며, 고구려의 왕은 태왕으로 표기한다.

의사가 쓴 백제이야기 · 2
대륙정벌

초판 1쇄 인쇄 2008년 5월 25일
초판 1쇄 발행 2008년 5월 30일

지은이 l 이성근
펴낸이 l 김태봉
펴낸곳 l 한솜미디어
등 록 l 제5-213호

편   집 l 황은진, 김주영, 김미란
기   획 l 정종해
일러스트 l 조시형
마 케 팅 l 박상필, 김명준
홍   보 l 이준혁

주소 l (우143-200) 서울시 광진구 구의동 243-22
전화 l (02)454-0492
팩스 l (02)454-0493
이메일 hansom@hansom.co.kr
홈페이지 www.hansom.co.kr

값 12,000원
ISBN 978-89-5959-150-3 (04810)
ISBN 978-89-5959-148-0 (04810) (세트 3권)

*잘못 만들어진 책은 구입하신 서점에서 친절하게 바꿔드립니다

의사가 쓴 백제이야기 · 2

대륙정벌

이성근

| 머리말 |

몇 년 전 위구르지방에서 발견된 고분의 벽화에 낯익은 그림이 그려져 있었다. 바로 고구려인의 복장을 하고, 고구려인과 똑같이 생긴 인물이 그 그림에 그려져 있었다.
저 먼 위구르지방에 웬 고구려인의 무덤이 있을까? 참 의아해 했다. 그런데 고분을 설명하는 학자의 말이 더 가관이었다.
"무덤의 연대는 고구려 광개토태왕에서 장수태왕 사이 시대로 추측되는데 아마도 당시 고구려의 국력이 최강이었으니까 고구려의 문화와 복식도 북방에서 유행했을 것이다. 즉, 오늘날로 치면 한류가 당시에도 유행해서 위구르인이 고구려 복식을 하고 있는 것이다"라고 했다.
그렇다면 지금 한류가 일본과 중국에 유행하니 중국과 일본 관리도 우리나라 공무원 복장을 하고 있다는 얘기인데, 참 우스운 일이다. 일반 백성의 옷과 관리의 옷은 다르다. 유행을 따라 일반 백성이 유행하는 다른 나라의 옷을 입을 수 있지만 관리가 다른 나라의 옷을 입는다는 것은 도저히 있을 수 없는 일이다.

동돌궐이 한때 약해져서 자신들의 속국이었던 수나라에 거꾸로 항복하게 된 적이 있었다. 이때 수나라는 동돌궐에 신하의 예를 취하고 수나라의 복식을 동돌궐의 귀족들이 입도록 명했다. 그러나 동돌궐은 수나라에 답신을 보내 신하의 예를 취하고 조공은 바치겠으나 복식만은 따를 수 없다고 버텼다. 또한 신라 선덕여왕은 당나라에 굴복의 표시로 당나라 관리의 옷을 신라 귀족들이 입게 했다.

한 나라의 관리가 다른 나라 관리의 복식을 따라한다는 것은 일종의 항복 표시이다. 즉 속국이란 얘기이다. 그런데 어찌하여 위구르인 귀족이 고구려 관리의 옷을 입은 것을 단지 유행을 따라한 것이라고 하는가!

역사를 자꾸 패배주의적인 시각으로 쓰지 말기를 지금의 역사학자들에게 부탁하고 싶다.

몇 해 전 KBS에서 백제의 옛 영토를 찾아내었다. 백제가 넓은 영토를 가지고 있을 것이라고 예상하고는 있었지만 생각보다 더욱 넓고 강한 나라였다. 이렇게 찬란한 역사를 가진 백제를 한반도의 소국으로 기록한 지금의 국사책은 당장 수정되어야 한다.

이성근

Contents

머리말 / 4

 대륙의 정복자 동성황제

선비족의 유입 / 11
전투 개시 / 16
백제와 북위의 전투 / 20
백제와 고구려의 전투 / 27
부여 토벌 / 32
백제의 북위 침공 / 36
북위의 천도 / 42
고구려의 북위 침공 / 45
해구의 반란 / 54
동성왕과 진씨 세력의 대결 / 59
동성왕의 함정 / 63
동성왕의 황제 등극 / 68
동성황제의 고토 수복 / 72
고구려와 백제의 대규모 전면전 / 81
동성황제의 몰락 / 88

대고구려시대

고구려군의 대륙백제 공격 / 99
무령천황의 고토 수복 시작 / 106
고구려군의 고목성 2차 침공 / 117
태왕과 황제의 전투 / 122
장령성 축조 / 126
무령천황의 외교정치 / 128
원산성, 가불성 전투 / 133
무령천황의 친정 / 139
무령천황의 반격 / 146
제남성 전투 / 148
안장태왕의 첫 번째 대규모 백제 공격 / 154
임유관 전투 / 164
오곡성 전투 / 168
돌궐의 등장 / 175
가야의 몰락 / 178
추군과 세군의 전투 / 189

제3부 돌궐, 강국이 되다

백제·돌궐과 고구려의 전쟁 / 197
돌궐의 도전 / 205
고구려의 반격 / 213
진흥왕의 계략 / 224
백제의 반격 / 231
고구려와 돌궐의 전쟁 / 235
곤경에 처한 백제 황제 / 239
간주리의 반란 / 245
진흥왕, 백제와 대결하다 / 250
종발성의 함락 / 255
진흥왕의 반격 / 259
이계찰과 사비얼 / 266
비사성 전투 / 275
북주의 북제 침공 / 280
온달의 활약 / 284

참고문헌 / 287

제1부
대륙의 정복자 동성황제

▲ 기마벽화 / 국립중앙박물관 백제유물실

선비족의 유입

 선비족의 대규모 이민자들이 백제의 산둥 국경으로 모여들고 있었다. 산둥성 주변엔 백제 철기군 5천이 도열하고 중앙엔 황금색 투구를 쓴 장군이 이민자들을 쳐다보고 있었다.
 이민자들 중에는 16살의 이한이 섞여 있었다. 이한의 아버지는 지난번 백제군과 북위군의 전투 중 북위군 장군으로 복무하다 전사했다. 이한도 그 전투에 있었는데 전투에 패하여 포로가 된 것이다.

 대방성 근처에서 있었던 백제군과 북위군의 전투는 백제군의 일방적인 승리였다. 백제군은 철기군 1만, 기병 5천, 궁병 5천, 창보병 5천이었고 북위군은 기병 2만, 보병 5천이었다.
 처음 북위군 지휘관 모용서는 양옆에 기병 1만을 각각 포진하고 중앙에 보병 5천을 배치, 백제 철기군의 중앙 공격시 측면에서 백제군을 포위 공격하고 섬멸하려 했다. 북위군 배치를 본 백제군 지휘관 사법제는 제일선에 궁병을 배치하고 그 뒤에 창보병, 그 뒤에 철기군을 배치했다.

　전투 개시 후 이한과 그의 아버지는 오른쪽 날개 진영에 배치되었고 백제군의 좌익을 향해 쏜살같이 달려 나갔다. 백제군의 좌익이 보이는 순간, 엄청난 화살이 하늘을 뒤덮었고 1열의 북위군 기마대는 전멸했다. 그 뒤를 제2, 3열의 기마대가 계속 뒤따랐다.

　이윽고 화살 수가 줄어드는가 싶더니 앞에서 3m 가량의 긴 장창부대가 가로막았다. 순식간에 말과 창이 뒤섞여 아수라장이 됐다. 이한의 아버지는 창을 칼로 내리찍어 부수며 앞으로 전진해갔다. 그때 다시 무수히 많은 화살이 쏟아졌고 역시 뒤에 있던 수많은 북위군은 쓰러졌다.

　북위군이 장창부대를 밀어내자 적의 중앙진이 보이는가 싶었다. 북위군의 선두가 이미 적의 측면을 양쪽에서 돌파해서 적의 중앙을 공격했다. 순간 이한은 승리를 확신하며 곧 백제군의 대열이 무너질 것이라 생각했는데, 갑자기 육중한 말소리와 둔탁한 쇠붙이 소리가 하늘을 뒤덮었다.

　백제군 지휘관 사법제는 1만의 철기군을 나누지 않고 모두 백제군 우익에 밀어 넣었다. 또한 대기하던 백제 기병 5천을 데리고 무너져 가는 백제 창보병의 측면으로 이동하여 북위 기병을 공격했다. 전투 초기부터 백제 궁병에 당하고 장창보병에 희생이 큰 북위군의 좌익은 무너졌다.

　백제 철기군은 북위 기마군의 바깥쪽에서 밀고 들어왔다. 순식간에 백제군의 우익을 공격하던 북위 기마대는 반으로 갈라졌다. 앞은 백제 장창보병이, 뒤는 철기군이 밀려오자 포위된 3~4천의 기마대는 순식간에 전멸했다. 뒤에 있던 나머지 3~4천의 기마대

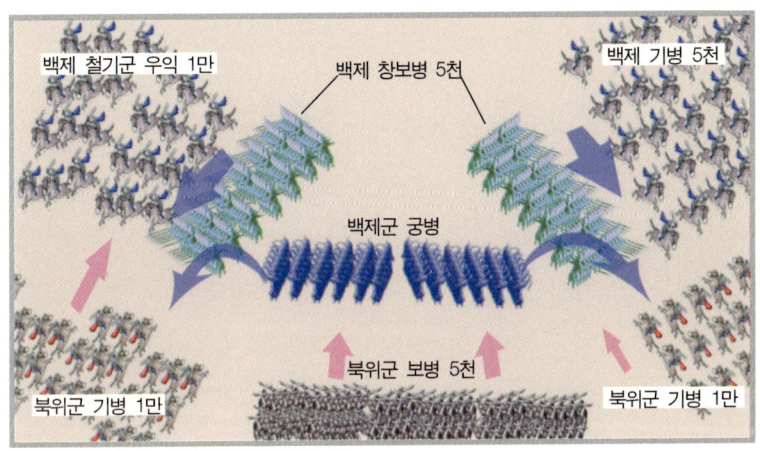

▲ 전투 상황도

는 철기군과 장창보병이 같이 밀고오자 도망치는 병사가 속출했다. 이렇게 북위군의 좌익 기마대가 무너지자 우익에 있던 이한은 당황하지 않을 수 없었다.

　멀리서 북위군의 좌익이 무너지는 것을 본 북위군 우익은 동요하기 시작했다. 그러더니 다시 한 번 하늘이 백제군 화살로 뒤덮였다. 이미 사기가 꺾였다. 이한의 아버지는 순간 후퇴할 것인지 창병을 뚫고 철기군과 정면승부할 것인지 고민하다가 전군 후퇴를 명했다. 하지만 뒤에서 지휘관 모영서는 진격을 명했다.

　이때 이한의 투구 옆으로 백제군 창이 스쳐갔다. 순간 등에서 식은땀이 흘렀다. 옆에 있던 아버지가 창을 반토막내며 백제군의 투구에 칼을 내리쳤다. 그러나 이번엔 반대편에서 날아온 창이 부친의 말에 꽂혔다. 말은 큰 울음소리를 내며 넘어졌고 아버지는 말에서 떨어지고 말았다. 이한은 바로 말에서 뛰어내려 부친을 끌어안았으나 목이 부러진 부친은 아무 말도 못하고 숨을 거두었다. 주변에 있던 백제군 부장이 칼을 한의 목에 겨누고 투구를 벗기자 어린 소년인 걸 알고 목숨을 빼앗지 않았다.

선봉장인 한의 아버지가 죽자 대열은 무너졌고 위군은 후퇴하기 시작했다. 그러나 속도가 느린 위군 보병은 철기군에 휩쓸려 전멸했다. 백제군 2천 사망, 3천 부상, 이 중 철기군의 손실은 3백이었고, 북위군은 기병 1만4천을 잃고 보병은 전멸했다.

모용서의 계략은 좋았으나 이를 간파한 백제군의 전략이 더 훌륭했다. 특히 철기군을 나누지 않고 전군을 한쪽으로 집중한 것은 큰 성과였다.

이한은 포로 3천 명 중 한 명이었으나 후에 사법제 소속의 관병에 들어갔다. 관병 중에 무예가 탁월했던 이한은 20살에 부장에 진급하고 성양군에 옮겨갔다. 거기서 성양군에 파견된 위사좌평 해도명의 부관 목현지 장군의 휘하에 들어갔다.

목현지는 성품이 온순하고 신중한 데 반해 위사좌평 해도명은 불같은 성격에 안하무인의 행동을 잘했다. 6척 장신에 무예가 늠름하고 백제 언어와 북위 언어, 한족의 언어를 다 구사하는 이한에게 목현지 장군은 딸 소명을 시집보낸다.

한편 위사좌평 해도명은 벌써 10년째 이 일을 하고 있지만 뚜렷한 전공이 없었고 황제의 최측근으로서 언제나 공을 세울 기회만 엿보고 있었다. 그래서 그는 주전파의 수장으로서 고구려에게 빼앗긴 요서를 되찾자고 황제에게 간했다.

백제 동성천황은 정복군주로서 고구려에게 눌렸던 지난 세월을 만회하여 다시금 근초고천황 다음의 백제 부흥기를 이루었다. 서로는 북위를 압박하고, 남으로는 남제를 속국으로, 북으로는 고구려에 국경을 접했다.

몇 해 전 개로천황이 장수태왕에게 죽은 후 즉위한 동성천황은 고구려에 대한 적개심이 이루 말할 수 없었다.

당시 고구려는 장수태왕의 집권기였다. 장수태왕은 백제 동성천황의 호적수였다. 장수태왕은 속국인 북위에 계속적인 압력을 가해 백제의 국경을 침략하도록 했다. 물론 고구려는 산둥지방의 북쪽에서, 한반도에서는 한강 이남으로 지속적인 압박을 가했다.

고구려를 주축으로 한 북방제국 속국으로 북위, 거란, 신라, 가야 등이, 백제를 주축으로 한 남방제국 속국으로 남제, 왜 등이 대결구도였다.

전투 개시

　488년, 장수태왕은 고구려군 40만 중 20만을 산둥성 북쪽에 주둔시키고 북위에 명령해서 기병 10만 이상을 동원토록 하여 산둥성 서쪽을 공격토록 한다. 그리고 10만의 고구려군은 한반도 백제 한강유역에 집결했다.
　동성천황은 고구려와 북위의 동시 공격을 보고받고 즉각 20만에 이르는 백제군 동원명을 내렸다.

　이 당시 나이 30이 된 이한은 달솔로 진급하여 위사좌평의 명을 받고 북경 인근으로 철기군 5천을 이끌고 고구려군의 정탐에 나섰다.
　정탐에 나선 이한의 부장 모정용은, "우리 백제군의 철기군은 어느 나라와 싸워도 밀리지 않으나 단 한 개의 나라, 고구려에는 승리를 장담할 수 없습니다"라고 했다.
　이에 이한은 우리 선비족이 과거에 큰 세력을 지녔으나 고구려 철기군에 패퇴해서 나라가 망했지 않았는가. 많은 선비족 출신인 모용씨, 양씨, 이씨, 우문씨, 단씨 등이 제각기 흩어져 일부 모용씨는 신라로 망명하고, 일부 양씨와 이씨, 우문씨, 단씨는 북위로 들어갔다. 우리 이씨의 원수인 고구려와 일전을 하기 위해서는 북위보다는 백제의 신하로 있는 것이 나을 거라고 생각했다. 그리고 아버지가 백제군에 직접적으로 살해당한 것이 아니라 낙마해서 돌아가셨으니 백제군이 원수라고 생각하지 않았다.

사방이 고구려의 영토이긴 하지만 역시 사방이 고구려의 적이었다.

고구려는 40만~50만에 달하는 대군을 모두 움직일 수는 없었다. 때문에 정복한 지방의 반란에 대비하고 서쪽의 몽고초원의 유목민족을 대비하기 위해서 10만 이상의 군대가 지방에 배치되었다. 거란군 3만을 포함한 말갈군 4만, 고구려 중앙군 13만, 도합 20만의 고구려군이 북경 인근에 도착했다. 북위군은 기병 10만이 백제 산둥성 서쪽 외곽으로 진출했다.

백제군은 철기군 5만을 포함한 도합 20만이 전투에 나섰다. 남제의 왕은 친히 8만을 이끌고 동성천황의 군대에 합류했다. 군의 수는 30만 대 28만이었고, 게다가 한반도 백제의 영토 북쪽에 고구려군 10만이 추가로 진을 쳤다. 동성천황은 왜군 3만, 가야군 2만을 포함한 백제군 10만을 한반도에 집결시켰다. 한편 신라에 파견된 고구려군 3만은 한반도 백제의 동쪽으로 움직였다.

장수태왕은 북위군 기마대를 백제 산둥성 서쪽 대방군으로 이동하게 했다. 먼저 북위군의 선제공격 후 백제군이 그쪽으로 이동

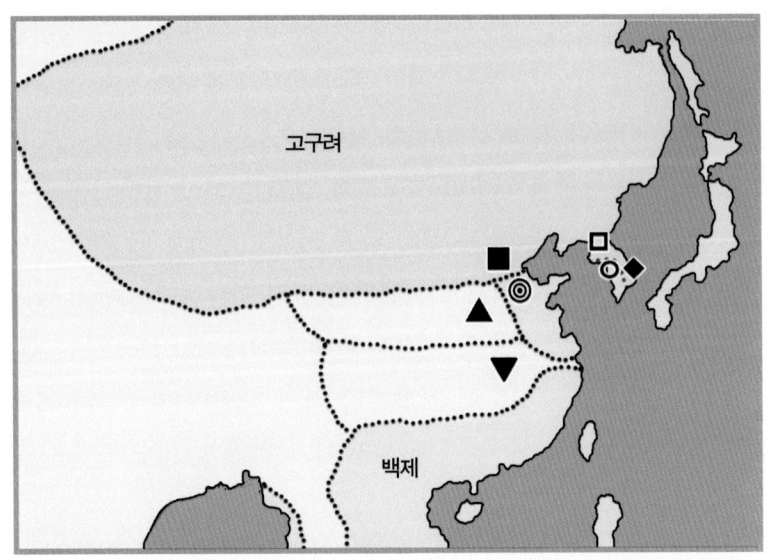

- ■ : 백제 유주 방면 고구려군 20만
- □ : 백제 한강 방면 고구려군 10만
- ◆ : 신라에서 백제 낙동강 방면 진출 고구려군 3만
- ◎ : 백제 유주에 집결한 백제군 20만
- ○ : 한강에 집결한 백제군 10만
- ▲ : 북위군 10만, 백제 청주 방면으로 진군
- ▼ : 남제군 8만, 북진하여 북위 국경까지 진격

▲ 각군 배치도

하면 대규모 남진을 개시할 작전이었다. 이에 고구려군 13만은 한반도에서 한반도 백제의 군대가 대륙으로 지원을 못 가도록 하는 견제역할을 부여받았다.

한편 이한은 부장과 직속수하 수십 명을 이끌고 고구려 진영 근처 언덕에서 모래알같이 많은 말과 천막을 내려다보았다. 이한은 장수태왕 이전의 광개토태왕 때 호되게 당한 선비족 국가들을 생각했다.

'과연 백제군은 저들을 막을 수 있을까. 동성천황 이전 백제 황제도 고구려에 져서 죽기까지 했지 않은가.'

고구려의 수많은 철기대와 궁병, 창병, 월수(도끼를 든 병사)를 바라보니 전율이 온몸을 휘감았다.

고구려 철기대는 대략 7만 가량, 경무장 기병은 5만, 보병은 8만이 넘는 대군이었다. 반면 백제군은 철기대 5만, 경기병 4만, 보병 11만이었다. 그나마 남제군이 8만 가량 지원을 왔지만 서쪽에서 북위군 기병 10만을 대적하려면 상당수의 기병을 이동시켜야 했다.

백제와 북위의 전투

동성천황은 일단 고구려군에는 수세를, 북위군에는 공세를 취하기로 작정했다. 이에 대장군 사법명, 찬수류, 해례곤, 목간나는 철기대 3만, 경기병 4만을 이끌고 북위군과 맞섰다.

북위군은 왕이 직접 친정하여 전 국토에서 모집한 기병 대부분을 이 전투에 투입했다. 지난날 북위를 괴롭히던 토번이 고구려에

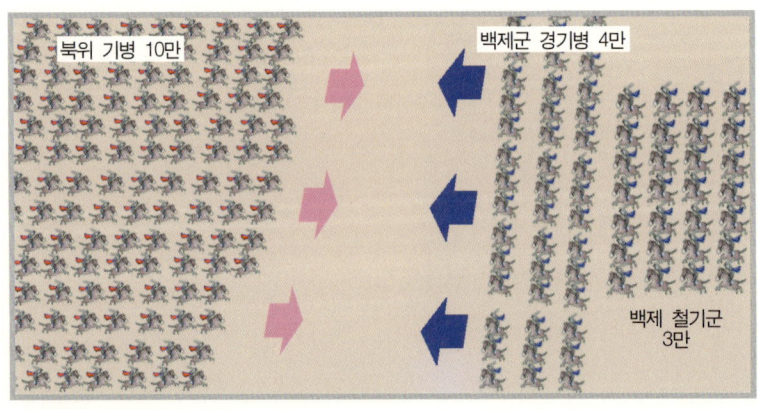

▲ 전투 상황도

패함으로써 고구려의 속국으로 변하자 후방을 두려워할 필요가 없어진 북위는 오로지 고구려 태왕의 명령만 받으면 되었기 때문에 전군의 반 이상을 투입한 것이다. 북위군 정면에는 활을 든 기병 3만, 그 뒤에 창기병 4만, 칼과 도끼를 든 기병 3만이 후위에서 배치되었다.

백제군은 사법명이 지휘하는 궁수 경기병 2만이 정면에, 그 뒤에 목간나와 찬수류의 창병 2만, 해레곤의 철기대 3만은 후위에서 배치되었다.

북위왕 고조는 첫 전투에서 공을 세워 고구려 태왕에게 잘 보임으로써 전후 백제 땅에 대한 영유권을 주장할 욕심에 마음이 급했다. 북위군 대장군 양경은 노련한 장수로서 백제군에 대한 여러 가지 전략을 세우고 전쟁에 임한 상태였다 그래서 그는 신중하게 공격에 임할 것을 충고했다. 그러나 양경의 말을 무시한 고조는 전군 돌격명을 내렸다. 10만의 북위군 기병대가 백제군 중앙으로 돌격했다.

백제군 철기대는 전군 활과 창을 다 들고 있는 최정예의 군대였다. 이한은 철기대의 제일 앞 선봉 1열에 나열하고 있었다. 이한이 이번 전투에 참가한 것은 선비족 출신이라서 같은 선비족인 북위군의 전략을 잘 파악할 수 있다는 것 때문이었다.

헤레곤은 전군에 화살 공격을 명했다. 중앙으로 밀고 오던 무수한 북위 기병이 쓰러졌다. 이한은 그중 장수의 말만 공격했다. 차마 동족에게 활을 쏠 수는 없었기 때문이다. 자세히 따지고 보면 북위군이라고 전부 선비족은 아니었다. 선비족과 한족이 2:8 비율로 섞여있었고, 군대는 선비족 중심이지만 보병 중에는 한족도 많았다. 물론 일부 기병에는 한족도 섞여 있었다.

　북위군 기병 1진이 화살에 막대한 피해를 입자 2진 창기병이 쏜살같이 밀고 들어왔다. 북위군 창기병이 밀고 들어오자 백제군 선두열의 경기병들이 일제히 후퇴하기 시작했다. 북위군은 기세를 타고 백제군 깊숙이 전진해왔다. 백제군 경기병들은 모두 뒤로 후퇴해 버리고 철기군만이 남아있었다.

　헤레곤은 이때 철기군 전군에 진격 명령을 내렸다. 들판에서 육중한 갑옷의 철기대와 가벼운 가죽갑옷의 북위 기병은 상대가 되지 않았다. 북위 창기병 선봉이 무너지고 뒤이은 2, 3열의 창기병도 맥없이 무너졌다. 한은 맨 앞줄에서 화살을 쏘다 화살이 떨어지자 활을 등에 걸고 창을 앞세웠다. 물론 북위군 말에 창을 꽂았다.

　양군의 선두열이 부딪치는 곳은 그야말로 생지옥이었다. 철기마가 넘어지면 거기에 깔린 병사는 그대로 즉사했다. 너무 무거운 갑옷이라 넘어진 철기병은 일어나지 못했다. 북위의 말은 백제 철기대의 말에 부딪치면 바로 넘어지거나 옆으로 방향을 틀었다. 그 바람에 많은 병사가 낙마했다. 철기와 경기병이 뒤섞여 난장판을 이루자 북위군 대열이 흐트러졌다.

　그때 어디선가 다른 나팔소리가 들렸다. 도망간 줄 알았던 백제 경기병이 돌아오는 것이었다. 순간 북위군은 포위되어 가는 형국이었다. 북위군 대장군 양경은 사태파악이 빨랐다. 즉시 철수 나팔을 불었다.

　중앙에 있던 고조는 양옆에서 밀려오는 백제군을 보고 순간 당황했다. 주변 장수들이 왕을 호위하며 후퇴하기 시작했다. 대열이 무너진 북위군은 말들이 서로 엉켜 아수라장이었다. 그 앞을 백제

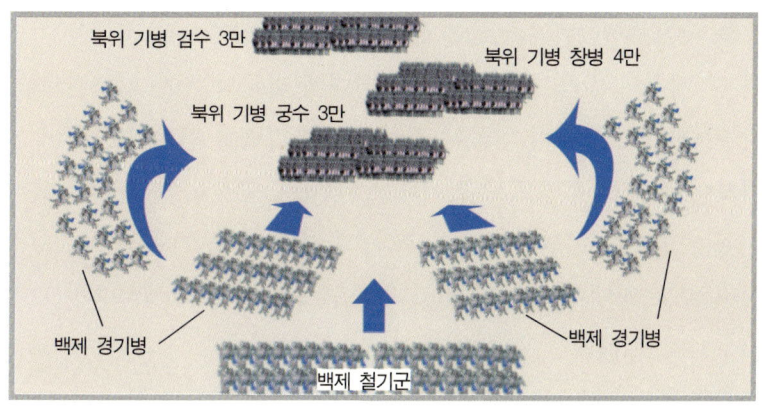

▲ 전투 상황도

군 철기대가 밟고 지나갔다. 이한도 역시 창을 적의 말에 내리꽂으며 진격했다. 한 시진쯤 지속된 전투는 금방 끝이 났다.

북위군은 전투장소로부터 20리 떨어진 들판에 진을 정비했다. 북위군 4만이 희생된 반면 백제군은 철기군 3천을 포함한 1만의 희생이 있었다.

고조는 백제 철기군을 뚫지 못하면 이번 전쟁도 패한다고 생각했다. 양경도 같은 생각이었다. 그리하여 장수태왕에게 사신을 보내 고구려 철기대 3만 이상을 보내달라고 요청했다.

한편 백제 진영에선 4대 장군의 회합이 있었다. 아직 적군이 6만의 대군을 가지고 있으므로 섣불리 공격하지 말자는 목간나의 의견에 해례곤과 사법명은 야간기습을, 찬수류는 다음날 대결전을 제의했다. 해례곤은 철기대로 적군 진영을 야간기습하면 궤멸적인 타격을 줄 수 있다고 주장했다. 반면 사법명은 경기병으로 먼저 들이친 후 적이 후퇴하는 길목에 철기군을 매복시켜 전멸시켜야 한다고 주장했다.

두 시진 동안 토의한 끝에 목간나는 우선 궁병으로 적군을 기습한 후 적군의 반응이 당황하거나 영내에 적군의 수가 많으면 적군이 기습에 대한 대비가 없는 것이므로 경기병이 전부 정면에서 돌격하여 적군을 후방으로 밀어내고, 적군이 후퇴하면 길에 매복시킨 철기병으로 궤멸시키자고 했다. 반면 궁병 공격에 적군이 당황하지 않고 영내에 군사가 별로 없으면 북위군이 매복한 것이므로 철수하자고 했다.

북위군 진영은 동심원 모양으로 진을 쳤다. 중앙에 왕과 주요 지휘관의 막사를 배치하고 말은 각자 막사 옆에 묶어서 언제든 말을 탈 수 있도록 했다. 대장군 양경과 장군 이경은 적의 기습에 대비하여 1만 이상의 군대를 보초로 세웠다. 막사는 밤인데도 대낮같이 환하도록 불을 피웠다.

새벽녘이 되어 말에 재갈을 물리고 발굽에 짚신을 메어 이동소리가 들리지 않게 한 백제군은 북위군 막사 1리 앞까지 진출하여 그곳에서 대기했다. 찬수류가 신호하자 대규모 화살이 허공을 갈랐다. 막사는 순식간에 화염으로 변하고 징소리가 울렸다.

고조가 일어나서 복장을 갖춰 입는 동안 이미 백제 경기병은 중앙으로 밀려오고 있었다. 양경은 즉시 백제군과 맞서도록 했다. 하지만 북위군의 대열이 무너지고 북위군은 사방으로 달아났다. 이경이 친위군 5천을 이끌고 고조를 보호하기 위해 진을 쳤지만 화살을 쏜 후 달려드는 수만의 백제 기병에 의해 무너졌다.

고조는 전군에 후퇴 명령을 내렸다. 들판의 북쪽은 언덕 2개 사이로 길이 나있는 지형이었는데, 그 길로 2~3만의 북위군은 후퇴했다. 양경은 남은 군사들로 백제군을 막고 고조의 퇴로를 열어주려 했다. 그런데 언덕 사이로 통과했을 때 갑자기 철갑옷이 부딪치는 소리, 말발굽 소리 등 육중한 소리가 들렸다. 잠시 후, 북위군은 철기대에 포위되었고 대량 학살이 시작됐다.

이한도 철기대의 앞에서 고조를 향해 돌진하며, '어차피 나의 조국은 북위가 아니라 백제이다. 선비족이 전부 북위에만 있는 것도 아니고 고구려, 백제, 신라에 전부 퍼져있다. 내가 여기서 공을 세우면 선비족 출신으로 장군에 봉해질 수 있다'라고 생각했다.

고조는 이경이 호위하고 있었다. 이경은 한이 북위에 있을 때부터 알던 사이였다. 이경은 한때 고구려 철기병 10명과 싸워 이겼다는 무예의 소유자였다. 이한도 무예는 자신 있었지만 이경과 싸우고 싶진 않았다.

철기군 몇이 고조를 노리다 이경에게 맥없이 무너졌다. 이경은 창으로 철기군의 목을 찌르고 옆에서 찌르는 철기군의 창을 잡고 끌어당겨 철기군을 낙마시켰다. 4~5명이 죽자 철기군이 물러났다.

이때 한이 나섰다. 10여 합 주고받은 후 한은 물러섰다. 역시 칼로는 이경을 이길 수는 없었다. 그리하여 등에 있던 활로 이경의 말을 향하여 쐈다. 곧바로 이경은 넘어졌고 그 위를 철기군이 지나갔다. 말발굽에 옆구리가 밟힌 이경은 그 철기군을 잡아서 넘어뜨리고 그 말에 올라탔으나 고통을 참는 얼굴이 역력했다.

고조의 친위대가 무너지는 순간 뒤에서 양경의 군대가 합류했다. 물론 그 규모는 1만 미만이었고 그나마 백제 경기병이 뒤에서 쫓고 있었다. 합세한 양경의 군대와 고조는 철기군 일부를 무너뜨리고 활로를 찾았다. 고조의 친위대 5천 중 1천 명만이 살아서 고조를 호위하고 빠져나갔다. 미처 빠져 나오지 못한 북위군은 죽거

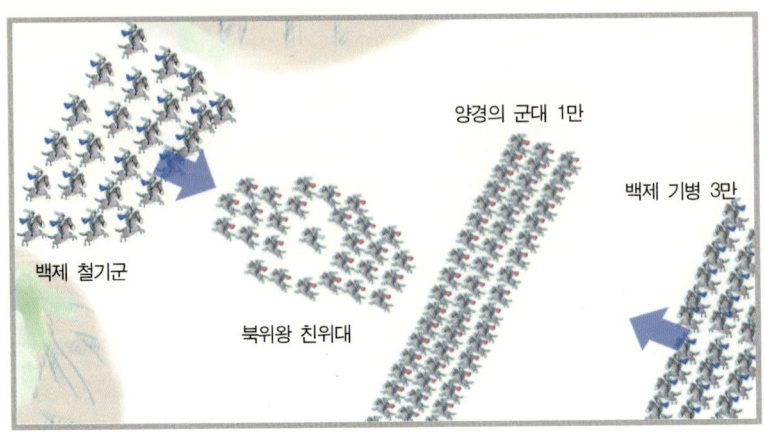

▲ 전투 상황도

나 포로가 되었다. 10만 북위군 중 1만이 살아가고, 6만이 죽고, 2만은 포로가 되었다. 1만에 달하는 일부 한족 북위군은 도망쳐서 전쟁에서 빠졌는데 수도로 돌아가지 않고 전부 집으로 도망쳤다. 백제군은 철기 5천, 경기병 1만, 도합 1만5천의 손실이었다.

2일간 벌어진 전투로 북국 연합군과 남국 연합군의 전투는 일단 남국연합군의 승리로 시작했다. 5만5천의 백제군이 본대에 합류하기 위해 북으로 진군했다.

장수태왕은 북위의 사신을 받고 철기군 3만을 북위 쪽으로 급파했다. 하지만 중간에서 북위군 전멸소식을 듣고 철기군을 고구려 본대로 회군시켰다.

백제와 고구려의 전투

이제 고구려 본대 20만과 백제군 18만5천, 남제군 8만의 대규모 전투가 임박했다. 20만 대 26만5천, 하지만 고구려 철기군은 백제 철기군보다 한 수 위의 군사력을 자랑했다.

북경 인근 벌판에 양군을 합쳐 50만에 육박하는 군대가 진을 쳤다. 양군의 황제가 직접 지휘하는 대규모 회전이었다.

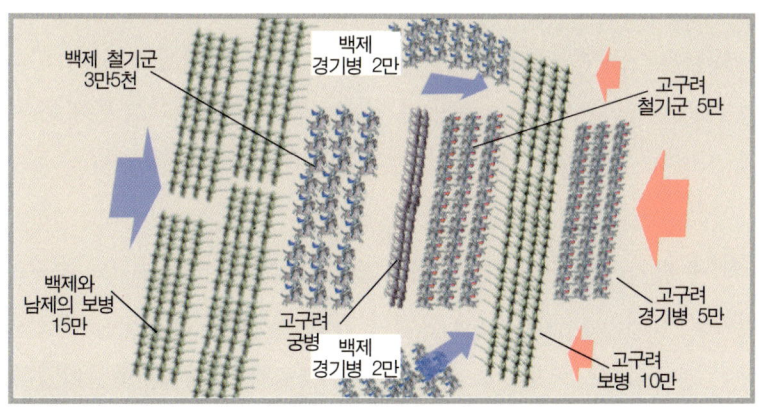

▲ 전투 상황도

고구려군은 궁병이 선두에, 철기군이 바로 뒤에, 그 뒤는 창병과 칼과 도끼를 든 보병이 뒤따랐다. 백제군은 철기군을 선두로 양옆에 경기병, 중앙에 보병을 배치했다.

고구려 궁병의 화살이 먼저 하늘을 덮었다. 수만 개의 화살에 백제 철기군의 선두가 피해를 입었다. 동성천황의 신호로 3만5천의 철기군이 진격했다. 그 뒤를 15만의 보병이 뒤따랐다. 측면에선 각각 4만의 경기병이 고구려군의 우측과 좌측으로 공격했다.

고구려 궁병이 뒤로 후퇴하자 드디어 5만의 고구려 철기군이 진군했다. 양쪽의 철기군이 뒤섞여 대혼란이 일어났다. 그 뒤를 10만의 보병이 뒤따랐다.

이한은 백제 철기군 좌측에 있었다. 해레곤 대장군은 중앙에서 진두지휘하고 있었고 자신은 측면에서 고구려 철기군과 맞섰다. 소문대로 고구려 철기군은 웅장했고 창검술이 백제군보다 우위였다. 백제 철기군은 계속 밀렸다. 수에서도 밀리고 병사 개개인의 검술에서도 밀렸다. 다행히 제때 보병 15만이 뒤를 받쳐주어 뚫리진 않았다.

사정은 고구려군도 마찬가지였다. 측면에서 백제 기병에 의해 고구려 보병이 고전하고 있었다. 물론 후미에서 고구려 기병이 백제 기병을 공격해서 잘 막아내고 있었지만 양군이 고전하는 형국이었다.

백제 철기군은 군데군데 구멍이 뚫렸고, 그 사이로 수천의 고구려 철기군이 새어 나오면 백제 보병이 틈을 메웠다. 간간이 수만의 화살이 양군을 오갔는데 보병 진지에서 서로를 향해 쏜 화살이었다.

오전에 시작한 전투는 해질녘까지 이어졌다. 양군은 철수하는 북소리에 서로 물러갔다. 이날 백제군은 철기 1만, 경기병 2만, 보병 4만을 잃었다. 고구려군도 철기 1만, 경기병 1만, 보병 3만이 죽었다. 이제 19만5천 대 15만의 형국이 되었다. 하지만 고구려 철기군은 백제 철기군의 2배 가량이 되었다. 백제 철기군이 뚫리면 대세는 무너진다. 이에 동성천황과 제장들은 고심했다.

해가 지고 한 시진 뒤 첩자에게서 보고가 왔다. 거란군 2만, 말갈 기병 2만, 고구려 남부군 3만이 추가로 이곳으로 오고 있다는 보고였다. 7만의 기병이 추가 증원되고, 게다가 북쪽에서 부여군 3만이 증원되고 있다는 소문을 들었다고 했다. 10만의 기병이 증원되면 백제군은 도저히 고구려군을 이길 수 없다.

동성천황은 수성전으로 바꿀 계획을 세웠다. 또한 각지의 제후국에 증원군을 보내도록 명을 내렸다. 안남(베트남)과 흑치국(필리핀), 대만의 병력에 차출령을 내렸다. 하지만 대부분의 제후국 군대는 규모가 적고 보병 중심인데다 훈련도가 백제군에 미치지 못했고, 고구려군에는 더욱 비할 수가 없었다.

이때 신라가 고구려에 대해 반기를 들어준다면 좋겠다는 생각을 하고 있는 순간에 다른 첩자가 들어왔다. 북경으로 향하던 부여군 3만이 반기를 들고 부여성으로 돌아갔다는 소식이었다. 또 다른 첩자가 들어왔다. 신라군 3만이 신라에 주둔 중인 고구려군을 기습했다는 소식이었다. 즉시 동성천황은 한반도 백제에 있는 10만 백제군에게 신라 국경으로 이동하라는 명령을 내렸다.

같은 소식은 장수태왕에게도 전해졌다. 후방에서의 반란소식에 적잖이 놀란 태왕은 전군 지휘관 회의를 소집했다.

태자는 즉각 회군을 주장했다.

"부여와 신라의 반란은 묵과할 수 없는 중대한 사태이며 반란이 다른 곳으로 이어지면 제국에 혼란이 올 것입니다. 특히 눈치만 보고 있는 거란과 몽고가 다른 맘을 먹지 못하도록 빠른 진압이 필요합니다."

태왕은 태자의 의견을 받아들여 회군하도록 조치했다. 태왕은 백제 동성천황에게 사자를 보내, "다음에 겨뤄보는 것이 어떠한가"라고 물었다. 이에 동성천황은 "백제는 언제나 준비되어 있다"라고 회답했다.

돌아가는 거대한 고구려 군대를 보면서 이한은 무사히 넘긴 이번 대전투장을 돌아보았다. 들판에는 수많은 시체와 무기가 가득했다. 10만이 넘는 양군의 시신이 들판에 있었다. 고구려군은 병사 5천을 남겨 두어 시신을 수습했고, 이한도 병사 5천으로 백제군의 시신을 수습했다.

남아 있던 고구려 장수는 자신을 을지령이라 했고, 그 또한 선비족 출신이라 했다. 같은 선비족을 보니 반가워 이한은 을지령에게 손을 내밀었다.

을지는 한에게, "고구려는 백제 땅의 2배가 넘고 병력이 50만을 넘는다. 북쪽은 모두 고구려의 땅이다"라고 말했다.

한은 그에게, "우리 백제는 비옥한 땅을 갖고 있다. 우리의 땅은 고구려보다 적으나 인구는 오히려 더 많고 모든 백성이 풍요롭다. 그러나 고구려는 배고픈 백성이 많지 않은가. 또한 고구려는 사방에 적이며 속국들은 눈치만 보며 반란을 일으킬 기회만 노린다. 그러나 백제의 속국들은 반란을 일으킨 적이 없으며 백제인이 대규모로 거주하고 있어서 통치가 수월하다"라고 말했다.

을지가, "고구려는 반란을 진압한 후 더 많은 대군으로 백제를 공격할 것이다"라고 귀띔해 주었다. 이한이 보검을 을지에게 선물하고 같은 종족으로서 우정을 나누었다.

을지 가문에서는 수백 년 후 을지문덕이라는 장수가 배출되었다. 을지문덕은 조상의 보검을 들고 수나라와 싸웠는데, 바로 그 보검은 이때 이한이 선물한 것이다.

부여 토벌

　장수태왕은 회군하자마자 태손에게 10만 기병을 주어 부여를 토벌케 했다. 그리하여 1달 만에 부여 전국은 평정되고 고구려 각 부에 통합되었다. 신라로 내려 보낸 토벌군은 백제군과 신라연합군에 의해 고전했다.
　백제군 10만과 신라군 3만은 고구려군 15만과 싸워 일전일퇴를 거듭했다. 신라왕 소지는 더 이상의 전쟁이 이로울 것이 없고 고구려의 증원군이 더 올까봐 노심초사했다. 결국 소지는 단독으로 고구려 장수태왕에게 사신을 보내 화친을 요청했다.
　장수태왕은 고구려군의 신라 주둔과 480년에 빼앗은 7개의 신라성에 대한 영유권을 인정받는 조건으로 화친에 동의했다. 물론 신라왕의 입조를 조건으로 달았다. 그러나 신라의 각 대신들은 입조에 부정적이었다.
　소지왕 또한 입조하여 무릎을 꿇고 싶진 않았다. 비록 소국이라도 자존심은 지키고 싶었다. 그리하여 이벌찬 비지가 꾀를 냈다.

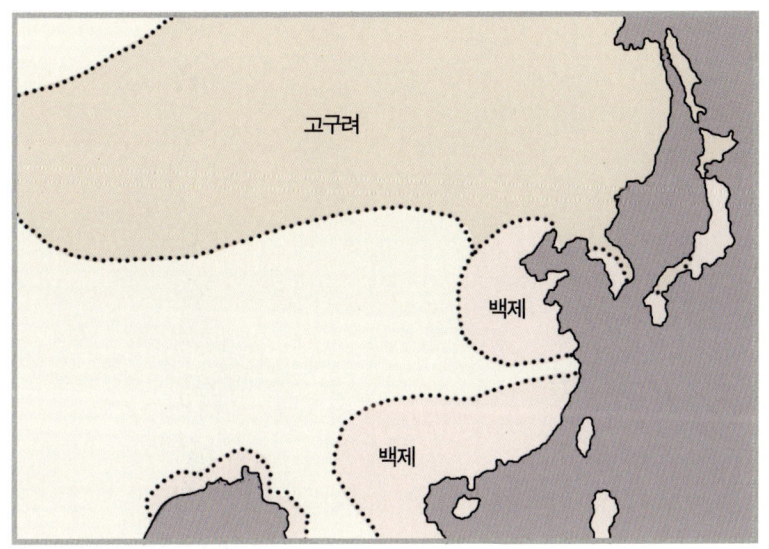
▲ 동성황제 전성기 시절 고구려와 백제의 영토

　지금 남쪽으로 왜구가 출몰하고 가야군의 북진이 예상되므로 과거 광개토태왕 때처럼 가야와 왜구를 모두 막아준다면 입조하겠노라고 서신을 보낸 것이다. 또한 수도를 옮긴 지 얼마 안 되어서 나라의 정비가 안 되었으니 입조는 미루어 달라고 했다(이때 월성은 홍수로 크게 무너진 후 보수가 완료되어 수도를 옮기고 이름을 월성이라 다시 지었다).
　90이 넘은 장수태왕은 벌써 아들의 죽음까지 보았다. 너무 오래 산 것이다. 아들의 죽음으로 손자가 태자가 되었지만 쓸쓸한 마음은 여전했다. 제국은 거대해졌고 사방이 고구려의 땅과 속국이었다. 그러나 아버지 광개토태왕 시절에는 백제와 신라가 입조하여 항복을 했지만 지금은 소국인 신라가 입조를 거절하자 분개했다.

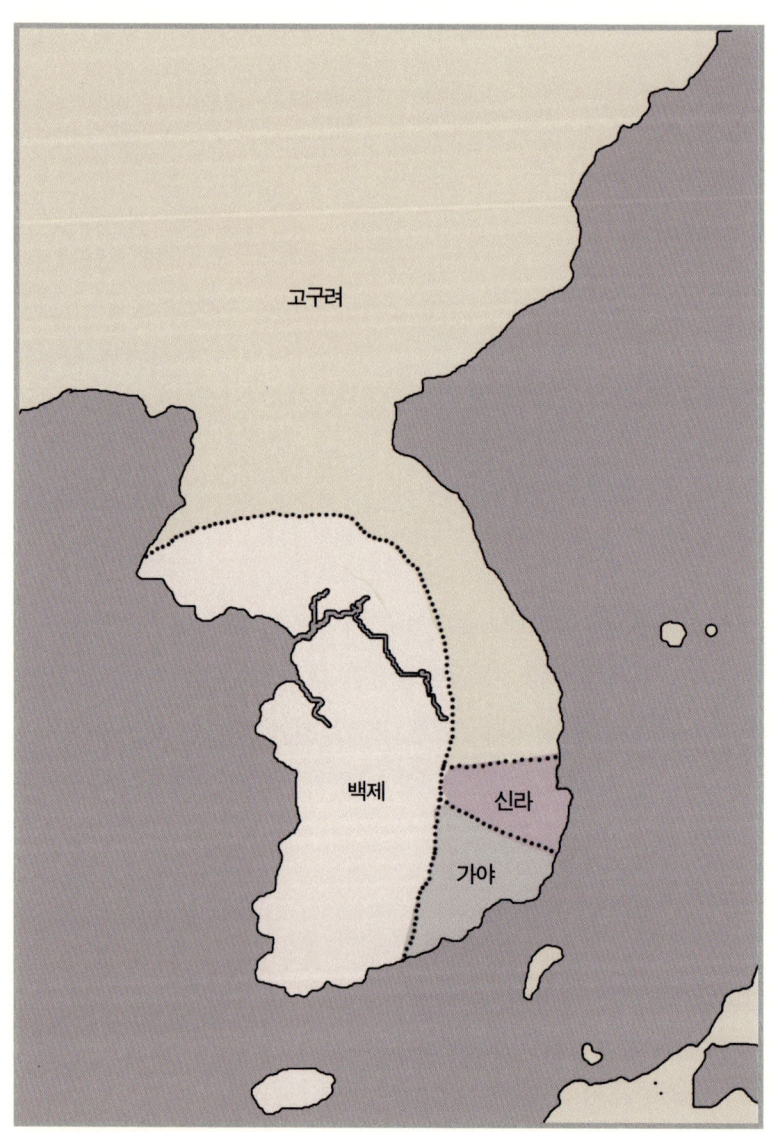

▲ 한반도 내 삼국 세력도

491년, 장수태왕이 죽고 문자태왕이 즉위했다. 각지의 제후국에서 조문과 태왕 즉위사절을 보내왔다.

제국의 곳곳에서 장수태왕의 죽음을 애도했다. 북위의 헌문제는 '소위모'라는 흰색 모자와 '포심의'라는 상례복을 입고 동쪽 교외에 나가 애도를 표하는 의식을 거행했다. 이는 상국에 대한 예의로 북위왕이 자발적으로 한 것이다.

문자태왕은 즉위 후 대대적인 군제 편성을 시작했다. 병력은 50만 이상으로 전부 정예병으로 훈련시켰다.

백제의 북위 침공

 백제 동성천황은 새로 즉위한 문자태왕을 과소평가했다. 즉시 동성천황은 가야와 신라에 사신을 보내고 각 제후국에서 병력을 차출했다. 잃어버린 영토를 회복하기 위해서였다.
 이때 위사좌평 해도명은 공을 세우고 싶은 욕심에 북위와의 전쟁에 병력 5만을 내어달라고 했다. 북위를 쳐서 항복시키기 위함이었다. 다른 대장군이 북위와 고구려와의 전쟁에 공을 세운 반면, 제대로 역할을 못한 위사좌평은 이번 기회에 만회하고자 했다. 위사좌평은 장군으로 승진한 이한을 따로 불러 북위의 수도 평성으로 직공하려 했다. 평성은 북경 근처로 현재의 중국 대동시 주변으로 지난번 대전이 있었던 곳에서 가까웠다.
 철기군 2만, 경무장 기병 3만으로 구성된 위사좌평의 군대는 광양성에서 출발하여 대방 태수의 환영을 받으면서 대방군으로 입성했다. 대방군 태수 장무는 백발이 성성한 모습으로 이한과 위사좌평을 맞았다.

그는 과거 개로황제 시절 북위에 사신으로 간 적이 있었다. 물론 백제, 북위, 남제의 연합군으로 광개토태왕에게 전쟁을 하자고 제안하러 갔었다. 그러나 당시 북위는 강대국인 고구려의 눈치만 보는 소국으로 고구려의 태왕께 개로황제의 친서를 바치고 사신을 내쫓았다. 장무는 돌아오면서 북위를 정탐하고 내려왔다. 물론 이한도 북위의 군영에 대해서 어느 정도 알지만 위사좌평은 이한의 출신이 선비족이라서 크게 신뢰하진 않았다.

북위의 수도 앞 벌판에서 백제군과 북위군이 맞닥뜨렸다. 북위군은 이경이 총사령관으로 기병 4만을 이끌고 대적했다. 지난번 전투에서 손실이 큰 북위는 아직 그 힘을 회복하지 못했다. 수도에는 보병 1만이 있을 뿐 기병 4만이 유일한 희망이었다. 북위왕 고조는 고구려에 사신을 보내 백제를 견제해 줄 것을 요청했다. 하지만 고구려군이 나서기 전까지 저들을 막지 못하면 나라가 망하게 된다.

위사좌평은 이한에게 의견을 물었다. 이한은 철기로 적 중앙을

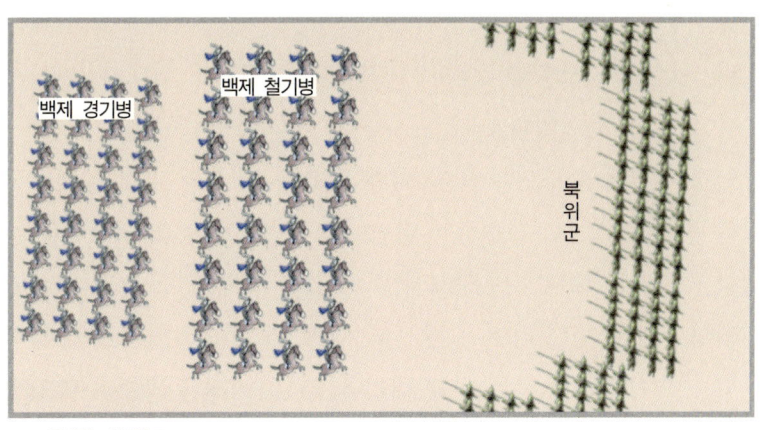

▲ 전투 상황도

돌파하고 경기병으로 적의 후미를 치자고 했다. 하지만 위사좌평은 철기군 뒤에 바로 경기병을 배치했다. 정면돌파였다. 반면에 이경은 군을 반달형태로 유지했다.

해도명 위사좌평은 워낙 힘이 특출하여 백제군 장수들 중에서 그를 꺾은 자가 없었다. 황제에 대한 충성심과 즉위 과정에서의 공헌으로 위사좌평이 되긴 했으나 그 외에 특출한 공이 없었다. 그러나 이번 전투에서 그는 선두열에 섰다. 이한은 그의 옆에서 보좌했다.

진군 북소리에 해도명과 철기군은 전속력으로 북위 기병을 향해 돌진했다. 북위 기병 역시 선두열의 병사들은 활을 쏘며 진군했다. 들판 한가운데서 부딪친 양군은 서로 뒤엉켜 혼란을 일으켰다. 뒷줄의 병사들은 앞으로 가려 하고, 선두열의 기병은 서로 부딪혀 앞으로 가지 못해서 철기군 중 균형을 잃고 넘어지는 병사가 많았다. 넘어진 병사는 바로 뒤의 아군 철기병 말에 짓밟혀 죽었다.

선두에서 은월도를 휘두르며 북위 기병을 유린하던 해도명은 저편에서 아군 철기병을 창으로 꽂아 넘어뜨리는 대단한 장수를 보았다. 북위군 총사령관 이경이었다. 이경도 해도명을 보고선 달려왔다. 이한은 해도명을 말리러 다가왔다. 해도명이 상대가 되지 않음을 알기 때문이었다.

이경은 창을 해도명의 말을 향해 던졌다. 아무리 철갑을 둘러도 강한 충격은 그대로 흡수하기 마련이다. 말은 깜짝 놀라 앞발을 들었고, 그 순간 해도명은 말에서 떨어졌다. 하지만 그도 백제의 위사좌평답게 쉽게 쓰러지지 않았다. 해도명은 순간 바닥을 뛰어서 은월도를 이경의 투구를 향해 내리 찍었고, 이경은 창으로 막았으나 창이 두 동강 나버렸다. 칼을 잽싸게 든 이경은 말 위에서 해도명의 은월도를 내리쳤고 서로의 무기가 10합을 주고받은 뒤 잠시 서로를 노려보기만 했다.

이때 이한이 뛰어들어 이경의 뒤에서 창을 투구를 향해 던졌다. 이경은 재빨리 창을 칼로 받아냈고 그 순간 해도명이 은월도로 이경의 말에 내리쳐서 말이 쓰러졌다. 이경은 빨리 몸을 피하며 칼을 집어 들고는 해도명에게 가까이 다가갔다. 소문대로 이경의 칼솜씨는 굉장히 날렵하고 위력적이었다. 해도명은 방어하기에 급급했다. 하지만 근접거리에선 칼이 은월도보다 우세했다. 1m 남짓한 칼은 사용이 간편한 반면 해도명의 은월도는 2m 50cm 가량 되어 빠른 동작이 힘들었다. 게다가 전쟁터의 좁은 공간에선 칼이 더 효율적이었다.

계속 밀리던 해도명은 넘어진 철기마에 발이 걸려 넘어졌고, 이경의 칼이 해도명의 다리를 스쳤다. 다리를 베이고도 해도명은 은월도로 이경의 목을 향해 휘둘렀고 순간 이경은 식은땀이 흘렀다. 은월도를 피하면서 이경은 다시 해도명의 오른팔을 베었고 비틀거리는 해도명의 왼쪽 어깨에 칼을 꽂았다. 이한은 옆에서 다른 북위군을 상대하다 이 광경을 목격하고는 말로 이경에게 돌진했다. 이경이 놀라 옆으로 비킨 사이 철기군이 뛰어들어 해도명을 구해냈다. 그날 양군은 승부를 내지 못했고 백제군 총사령관 해도명이 병상에 눕자 이한은 철군을 결심한다.

그날 저녁 이한은 아마도 적의 기습이 있을 거라 예상했다. 총사령관이 누워있으므로 적군의 입장에서는 이보다 더 좋은 기회가 없을 것이다. 이한은 군을 둘로 나누어 철기군은 진영 밖 2리에서 매복하고 경기병은 진영에서 자는 척하게 했다. 보초는 허술하게 하여 빈틈을 보이게 했다.
 백제군 진영에 가까이 접근한 북위군의 척후는 보초가 허술함을 이경에게 알렸다. 이경도 노련한 장수였다. 총사가 누워있는 군대의 보초가 허술한 것은 궤멸 직전의 군대이거나 아님 일부러 허점을 보이는 전술로 생각했다. 더욱이 상대 사령관은 이한으로서 전부터 들어 아는 사이였다. 그러면 보초를 허술하게 세울 인물이 아니다.
 하지만 이 보고를 북위의 왕도 들었다. 북위 왕은 즉각 총공격 명령을 내렸다. 수도에 있던 1만의 군대와 당일 전투를 치렀던 병사 중 남은 3만5천으로 총공격 명령을 내린 것이다. 왕명을 어길 수 없어 억지로 출전한 이경은 총공격할 마음이 없었다. 그래도 왕명이라 시늉은 해야 하는 터라 출진할 수밖에 없었다.
 백제군 진영 근처에서 보니 역시 허술해보였다. 수하 부장은 적들이 기습을 예상치 못한 것이라며 총공격 명령을 내려달라 했다. 같이 따라온 왕자는 즉각 출진을 명했다. 고조가 자신을 대신해서 보낸 왕자는 혈기가 넘쳐서 말을 타고 즉시 달리려는 것을 주위에서 간신히 만류했다.
 일단 5천의 기병에게 불화살을 쏘면서 적진에 돌격할 것을 명했고 나머지 병사들은 대기하도록 명했다. 이경은 수천의 기병이 백제군 진영으로 돌진하는 것을 매복 장소에서 지켜보며 기다렸다. 백제군 진영은 대혼란이 일어난 것처럼 보였다. 병사들은 서로 도망치기 바빴고 막사는 불에 탔다. 북위의 군영에서는 왕자와 부장들이 총사령관을 압박했다. 이때를 놓치면 후회한다고 지금 총공격 명령을 내리라고 했다.
 십여 분간 지속된 전투는 백제군이 일방적으로 도망가는 것처럼

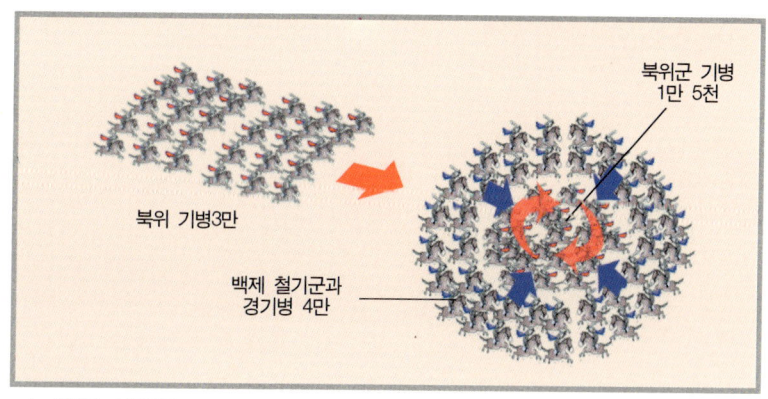

▲ 전투 상황도

보였다. 왕자는 즉시 수하 병사 1만을 이끌고 돌진했다. 그러나 이것을 멀리서 바라보던 이한은 회심의 웃음을 지었다. 북위군이 걸려든 것이다. 이한은 즉시 2만의 철기군과 1만의 경기병을 이끌고 돌진했다.

왕자는 뒤쪽에서 들리는 대군의 말소리에 깜짝 놀랐다. 즉시 회군하려 했지만 바로 포위됐고 학살이 시작되었다. 4만이 넘는 대군에 갇힌 1만5천의 북위군은 낙엽처럼 쓰러져 갔다. 이때 이경은 3만의 군대로 측면을 공격했다. 백제 경기병들 사이로 북위 기병이 들어와 그들의 왕자를 구출해갔다. 이경은 왕자를 구출하고선 바로 수도로 회군했다. 더 이상의 전투는 득이 없다고 판단했다.

북위군은 두 번의 전투에서 2만을 잃었고 백제군도 2만 가량의 병력을 잃었다. 이한은 북위 수도 공격은 3만으로는 불가함을 동성황제께 보고했고 회군 명령을 받았다. 이번 전투로 위사좌평 해도명은 그 책임을 지고 물러났다. 뒤를 이어 달솔이던 백가가 그 자리를 얻었다.

북위의 천도

493년, 북위 고조는 지난해 백제군의 수도 공략에 불안을 느껴 천도를 결정하고 낙양으로 대대적인 천도를 했다. 선비족의 나라 북위는 고구려의 속국으로 전락했고 고구려 태왕의 명으로 고구려 여성을 왕비로 삼았고 뒤이어 백제군에게 밀려 내륙 깊숙이 도망갔다. 밖으로는 고구려 태왕의 간섭과 안으로는 고구려 여성의 간섭으로 사실상 북위 고조는 힘이 빠졌다.

같은 해, 백제 동성황제는 신라에 사신을 보내 동맹관계를 추진했다. 신라 소지왕은 고구려의 입조 요구를 계속 핑계를 대면서 거절하다가 백제의 동맹제의에 반기며 응했다. 그러나 문무대신들은 고구려의 막강한 힘에 눌려 백제와의 동맹을 반대하는 언사가 많았다. 고구려의 침공에 백제가 구원군을 보내줄 것인지, 또한 수도 근처에 주둔한 고구려군은 어떻게 방어할 것인지에 대해 고심했지만 이번 기회에 백제의 힘을 빌려 자주독립하려는 왕의 의지는 확고했다. 고구려는 신라를 가야와 왜로부터 방어하기 위해 왔다고 하면서

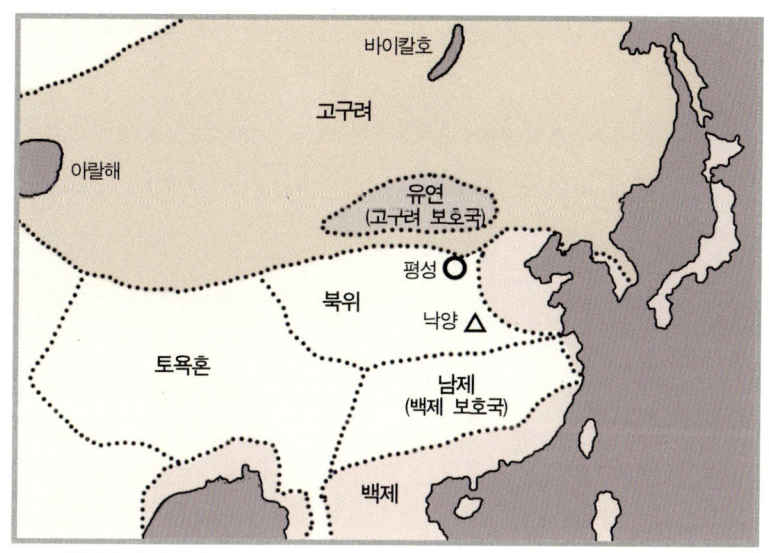
▲ 493년, 각국 영토

사실상 점령군으로 행세했다. 병력도 1만이 넘어서 언제든지 수도를 위협할 만한 상황이었다. 점령군 사령관 고연은 틈만 나면 신라 내정에 간섭했다. 또한 고구려가 전쟁에 나서면 무조건 신라군을 보내라 명했다. 정작 점령군은 수도 근처에 머무르면서 신라의 수도방위군을 본토에 보내면 신라의 수도는 빗장을 연 것이나 다름없었다.

고구려 문무태왕의 즉위는 신라에서 반란을 일으킬 절호의 기회였다. 소지왕은 이벌찬의 딸 비지를 동성황제에게 보냈다. 동맹과 복종의 표시였다. 어차피 과거 신라는 백제에 속한 수많은 작은 나라 중 하나였고, 고구려 광개토태왕의 남진으로 인해 고구려 연맹에 편입되었지만 이제는 자주독립을 이뤄야 할 때였다. 백제와 고구려가 싸우는 틈을 타 완전한 독립을 쟁취할 생각인 것이다.

이로써 백제제국과 속국 남제, 신라를 주축으로 하는 연합군이 결성되었다.

남제의 힘이 약해져 있는 상황에서 백제는 새로운 동맹군으로서 신라군을 얻게 되었다. 게다가 신라는 고구려의 후미에 있으므로 전략적으로도 얻는 이득이 많았다.

고구려의 북위 침공

고구려 문자태왕은 북위가 수도를 옮기고 백제를 두려워하여 싸우려하지 않음에 굉장히 불쾌했다. 그리하여 거란군으로 하여금 북위 변경을 침범하게 했다. 북위가 백제전에 소극적으로 임하면 어떻게 되는지 보여줄 생각이었다. 우선 거란군만으로 북위 국경 마을을 초토화했다. 노략질도 허용하여 북위 변경마을 60구가 쑥대밭이 되었다. 거란군이 돌아오는 와중에 고구려군 수만이 이들을 호위하여 돌아왔다.

북위 조정은 발칵 뒤집혔다. 국경 장수의 보고로는 거란군이 침공했다고 하는데 이들의 침공은 고구려의 허락 없이 불가하다고 보았다. 그래서 즉시 사신을 보내 항의했다.

사신으로 간 봉의는 고구려 태왕께, "우리 북위는 거란과 같은 고구려의 속국이지만 거란과 달리 동맹국의 지위도 갖고 있으며 왕이 존재하는 독립국입니다. 그런데 어찌하여 거란을 시켜 북위 변경을 어지럽히시는지 모르겠나이다. 속국을 보호하지 않는 본국에 어느 나라가 충성을 다하겠나이까. 아들을 보호하지 않는 아비를 어느 아들이 따르겠나이까. 부자의 예로 우리를 보살피소서"라고 했다.

문무태왕이 그의 말에 감탄하여 후한 상을 주고 돌려보냈다.

495년, 문자태왕은 한반도 백제에 대한 침공을 시작했다. 보기병 5만을 보내 백제 치양성(황해도 백천)을 공격한 것이다. 한반도 백제군은 대부분 한성을 중심으로 방어진을 짜고 있었는데 의외의 기습이었다.

동성천황은 산둥성에 있었기 때문에 보고를 받는 데 시간이 걸렸다. 또한 이것이 한반도로 고구려가 대규모로 진격하는지 아니면 미끼인지 알 수 없었다. 일단 신라군에 응원군을 요청하고 한성 이남에 주둔 중이던 백제군 4만을 급파했다.

신라 소지왕은 구원군 요청을 받고 수도 근처에 있던 고구려 장군에게 술과 안주를 선물로 보내어 안심시켰다. 치양성 공격에 대해 고구려 장군은 아무런 연락을 받지 못한 듯했다. 소지왕은 수도 방위군을 빼면 고연에게 빈틈을 주게 되므로 국경수비대 2만을 장군 덕지에게 명해 백제 치양성으로 이동시켰다.

고연은 며칠간 신라군의 융숭한 대접을 받은 뒤에야 고구려의 치양성 공격을 들었다. 이때 신라 소지왕이 직접 찾아와, "고구려의 백제 공격에 우리 신라도 참전하여 공을 세우고 싶소. 우리 신라군을 전략에 능하고 용맹한 고연 장군에 맡기니 군을 이끌고 백제 치양성을 구원하는 백제군을 기습하십시오"라고 했다. 안 그래도 조그만 나라에 처박혀 지루하기 이를 데 없는 날을 보내던 고연은 즉각 8천 명의 고구려군과 1만의 신라 수도방위군을 이끌고 백제 치양성을 향했다.

신라 수도 월성 근처에 있던 고구려군 진영에는 2천의 나약한 병졸만 남아있었다. 소지왕온 술과 고기를 산뜩 보내어 그들을 안심시켰다. 그리고 3일째 저녁, 소지왕은 남은 신라의 전 병사 4천을 이끌고 고구려 진지를 기습했다. 포위된 고구려군은 저항하기엔 너무 배가 불렀고 술에 취한 상태였다. 철기군은 갑옷을 입을 준비도 안 되었고 유능한 지휘관도 없는 아수라장이었다.

월성에 남아있던 고연의 동생 고정의는 그나마 수하 5백의 기병으로 포위망을 뚫었다. 보병으로 구성된 신라군은 고구려군의 기병대에 약할 수밖에 없었다. 창기병이 선두에 서서 신라군 진영을 돌파했고 궁병과 도끼병이 도망가면서 신라군을 무찔렀다. 날이 새자 고구려군은 도망간 고정의의 기병 5백 외에는 모두 전멸했고 신라군은 8백의 손실만 입었다.

한편 고연을 따라간 신라군 장군 각간 김알천은 고연에게 갖은 아부를 했다. 고연 장군이 도착하면 백제군은 모두 도망가고 태왕께서 큰 상을 내리실 것이라고 했다. 김알천이 고연에게 건의해 야영하는 진영은 신라군이 밖에서, 고구려군은 안쪽에서 막사를 설치했다. 신라군이 적군의 화살받이 역할을 자청하겠다고 해서 밖에 배치된 것이다.

저녁때 각간은 술과 고기를 고연에게 대접하면서 기생 여럿을 선물로 보냈다. 고연이 잠이 들 무렵 고구려군을 포위한 신라군은 대규모 학살을 감행했다. 신라군에게 보초까지 맡기고 잠이 든 고구려군은 일방적으로 당했다. 고연이 비명소리를 듣고 일어나자 신라의 기생들이 아무것도 아니라며 잡아끌었다. 하지만 고연은 술기운이 가시지 않았음에도 일어나서 갑옷을 입었다. 순간 등 뒤에서 살기를 느끼고 본능적으로 칼을 휘둘렀다. 신라의 기생이 암살을 계획했던 것이다. 아무리 술에 취해도 고연은 고구려의 장수였다. 다른 기생도 역시 칼을 들고 덤벼들었으나 단칼에 목이 베였다.

막사를 나온 고연은 즉각 직계 사병을 소집했다. 오랜 전쟁에서 잔뼈가 굵은 병사들이라 즉각 갑옷을 챙겨 입고 고연의 주위로 모여들었다. 3백의 사병 주위로 일반 고구려군이 집결했다.

2천의 큰 덩어리를 만든 고연은 즉시 신라군의 포위망이 약한 부분으로 돌격했다. 사병들의 무술 실력은 월등하여 신라군 포위망을 일부 돌파하고 그 사이로 고구려군이 빠져나왔다. 고연도 기병들의 호위 속에 포위망을 돌파했다. 일부 철기병의 활약이 컸으며 신라군은 고구려 철기병의 적수가 되지 못했다.

신라군 장수 각간은 뚫어진 포위망으로 군을 이동시켜 틈을 메우려 애썼다. 신라군 중에서 비교적 용맹한 병사로 이루어진 수도

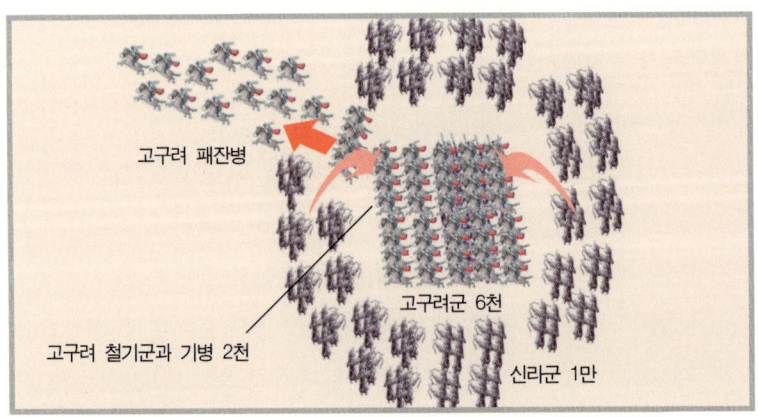

▲ 전투 상황도

방위대 1만도 고구려 철기군을 막지는 못했다. 각간 김알천이 사병을 이끌고 막아섰지만 살기 위해 필사적으로 도망치는 고구려군을 막지는 못했다.

청하 빙면으로 후퇴한 고연은 고정의의 남은 군대와 합류했다. 그 후 사방으로 흩어진 고구려군을 모아 3천의 군대를 이루었다. 고연은 신라 수도 월성으로 진군하여 마지막 결전을 원했지만 식량도, 무기도 바닥난 군대는 더 이상의 전의를 상실한 상태였다.

치양성을 포위 공격 중이던 고구려군은 신라에 주둔 중이던 고구려군의 궤멸소식과 백제군 4만, 신라군 2만이 구원을 온다는 소식에 물러났다.

보고를 접한 문자태왕은 노기를 감출 수 없었다.

'변방의 소국 신라가 감히 고구려군을 치다니. 게다가 그 고구려군은 신라를 백제와 가야, 왜로부터 지키기 위해 보내진 병력인데…'

더욱이 제대로 싸우지도 못하고 병력을 잃은 고연에게는 즉각 소환령을 내렸다.

496년, 왕족인 고연과 고정의는 태왕의 은혜로 신라에 복수할 기회를 얻게 되어 1만의 철기군과 2만의 기병으로 신라 우산성을 공략하게 된다. 우산성은 고구려, 백제와 신라 접경에 위치하여 주인이 자주 바뀌는 성이었다. 따라서 성내 민심은 특정 국가를 향한 것이 아니므로 병사들만 상대하면 되는 것이다.

낙동강의 지류인 이하 앞까지 진군한 고구려군은 척후를 앞서 보내어 강을 건너기 전 신라군의 동향을 살폈다. 이하 이남으로도

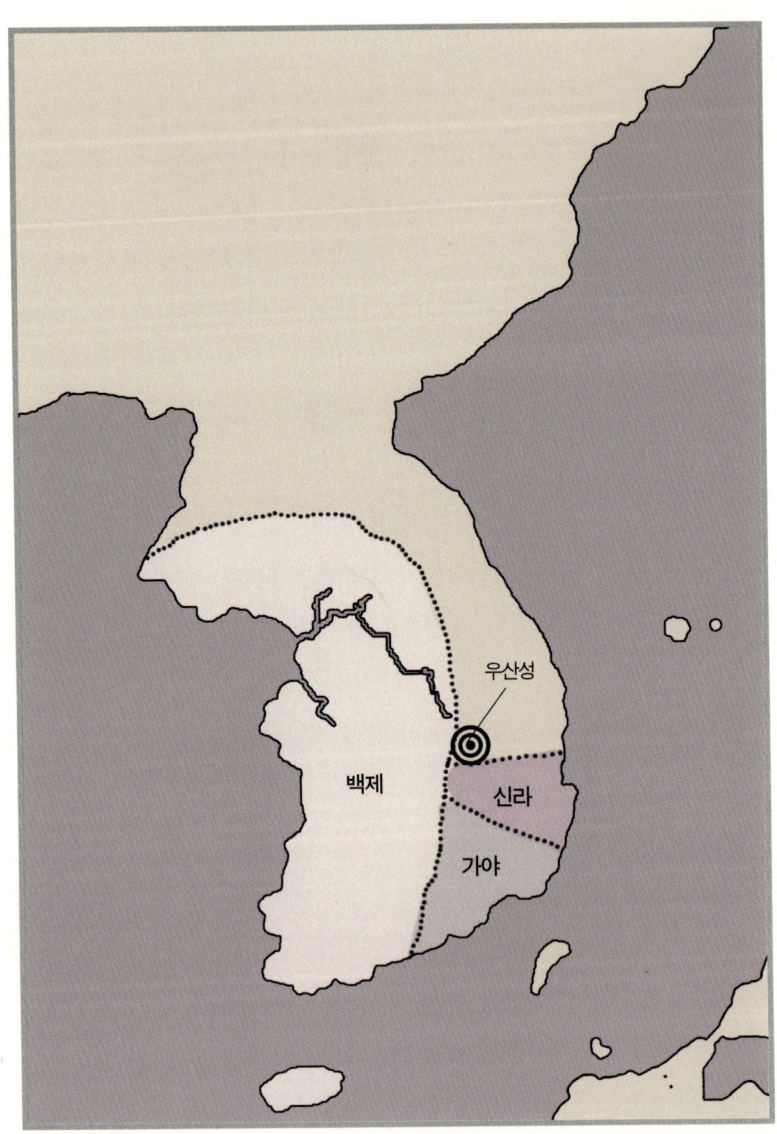

▲ 우산성의 위치

백여 리 이상이 고구려 영토였으므로 고연과 고정의는 별다른 의심을 하지 않았다.

고구려군의 진군소식을 들은 신라 소지왕은 신라 전군 3만을 이끌고 나섰다. 백제와의 동맹체제이므로 가야와 왜의 기습을 걱정할 필요가 없었다. 따라서 전군을 동원한 것이다. 국경지대에서 소지왕은 군을 셋으로 나누어 좌군은 덕진이, 우군은 각간 김알천이 지휘하고, 자신은 중군을 이끌고 야간에 국경을 넘어 수십 리를 행군하여 이하 근처에 매복하고 고구려군의 이동을 감시했다.

고구려군은 이하를 건널 때 철기군이 앞장서고 그 뒤를 궁병, 창병, 도끼병 순으로 건넜다. 후미에는 경무장 기병이 뒤따랐으며 폭이 1리 정도 되는 곳을 골라 일시에 건너기 시작했다. 이때 매복 중이던 신라군은 화살 공격을 시초로 3만이 일시에 적을 향해 돌진했다.

앞장서던 고연의 철기군은 당황했고 초반 전투에서 수백이 화살에 쓰러졌다. 고연은 철기군을 이끌고 신라왕의 중군으로 돌진했

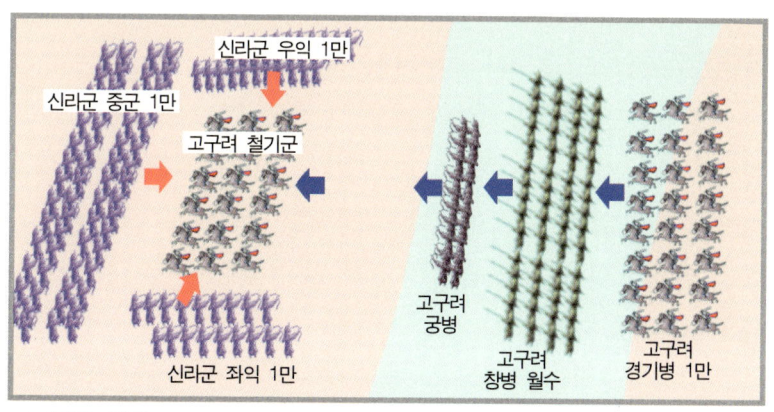

▲ 전투 상황도

다. 바닥 자체가 질펀한 개울가에서 철기군은 큰 위력을 발휘하지 못했다. 속도는 느리고 행동이 제약되어 고연의 철기군은 신라군에 포위되고 말았다.

후미에 있던 고정의의 기병은 앞에 있는 보병에 가로막혀 제대로 진군을 못했다. 게다가 강을 건너야 했으므로 이중고로 행동의 제약이 심했다. 강 중앙에서 고구려 궁병 5천도 신라 궁병을 향해 화살을 쏘았으나 물속에서 하는 행동이 느릴 수밖에 없었고, 노출이 완전히 된 상태에서 숨어서 쏘는 신라군을 대항하여 쏘기는 힘들었다.

신라왕 소지는 고구려 철기군에 정면대항하지 말고 멀리서 화살을 쏘며 철기군이 근접하지 못하게 하도록 지시했다. 철기군이 가까이 오면 신라군은 물러나 화살을 쏘는 바람에 철기군은 피해가 상당했다.

날아오는 화살에 고연의 말이 맞아 쓰러지는 바람에 고연도 말에서 떨어졌다. 고연이 일어나 저항하려 할 때 신라군의 화살이 쏟아졌고 목에 화살을 맞은 그는 즉사했다. 지휘관을 잃은 고구려 철기군은 후퇴하려 했으나 그마저도 쉽지 않았다.

후미에 있던 고정의가 형의 전사소식을 들은 것은 한참 뒤였고, 대세가 기운 것을 알고 철군령을 내렸다. 10리를 후퇴하여 전열을 정비하니 철기군의 손실이 5천, 보병 6천을 잃었다. 그나마 경기병이 후미에 있어 적의 공격을 받지 않은 것이 결정적인 타격을 막은 요인이었다.

고정의는 군대를 아차산성으로 회군시켰다.

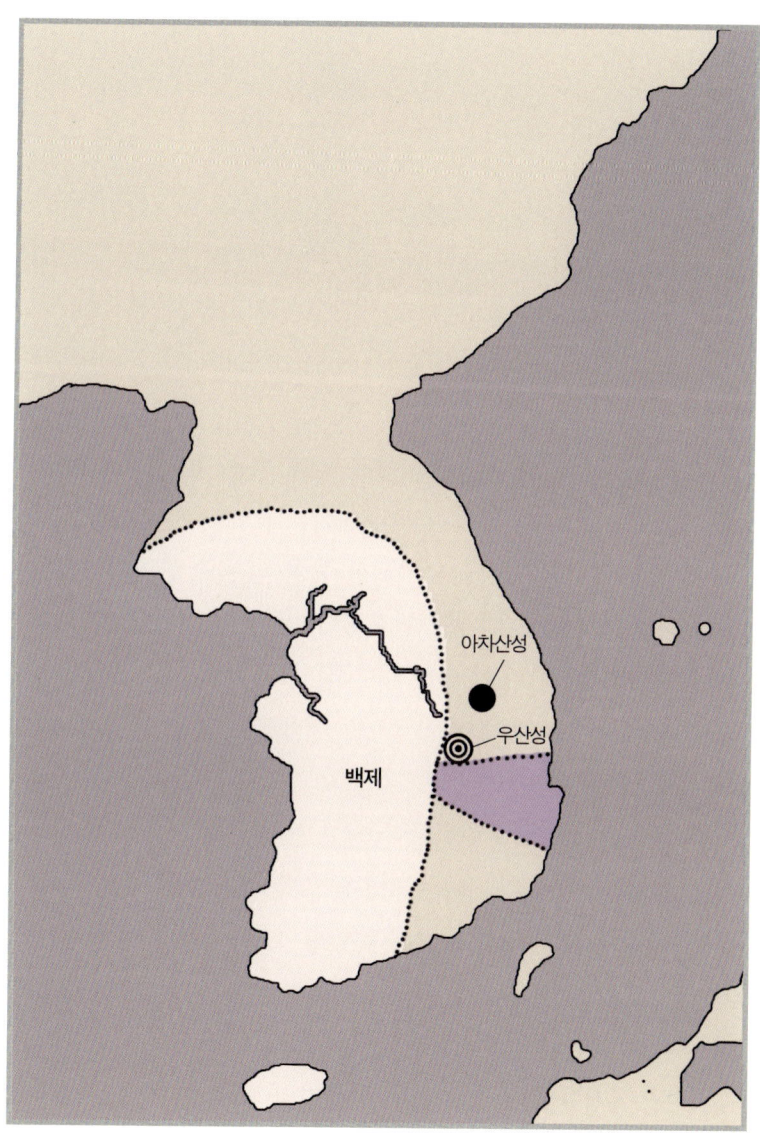

▲ 아차산성의 위치

해구의 반란

　백제 동성천왕의 아버지 곤지왕은 원래 왜왕 겸 대륙백제 남동 해안의 좌현왕으로 그 권력이 막강했다. 아버지 개로황제가 고구려 광개토태왕에게 전사하고 왜군과 중국 남동쪽 연안에 있던 백제군을 이끌고 한반도 백제로 귀환했다. 형인 문주왕도 신라 원군을 이끌고 왔지만 이미 전쟁은 끝난 뒤였다. 백제의 전성기 시절, 신라와 가야는 모두 백제의 속국으로 언제든 병력을 동원할 수 있었다.
　문주왕이 즉위하여 문주천황이 되고 동생 곤지왕은 내신좌평으로 권력을 장악했다. 그러나 아버지의 실정과 영토를 고구려에 잃어버린 데 대한 대신들의 불만은 높았고 그를 이용해 병관좌평 해구가 지방군의 군권을 장악했다.
　해구는 당시 권력의 중심이 내신좌평인 곤지왕에게 있으므로 그를 견제할 목적으로 문주황제에게 곤지왕에 대한 의심을 품도록 계속적으로 허위 사실을 전했다. 그렇지 않아도 내신좌평의 권력에 불안을 느낀 황제는 동생을 멀리하기 시작했고 곤지왕의 권력은 차츰 병관좌평 해구에게 이양되었다.

477년 7월, 빈틈을 노리던 해구는 황제의 칙서를 가장하여 휘하의 지방군 5천을 이끌고 곤지왕부로 진격했고, 수비하던 곤지왕의 수천의 사병을 공격했다. 3일간의 치열한 전투 끝에 곤지왕부는 점령당하고 곤지왕은 해구에게 살해되었다. 이때 다행히 동성왕은 아버지 대신 왜왕으로 책봉되어 왜에서 병력을 키우고 있었다.

그해 9월 해구의 "황제께서 직접 대규모 사냥 겸 전투훈련을 감독하시어 백제 부흥을 만천하에 알리소서"라는 말에 현혹되어 문주황제는 사냥을 가게 된다.

샛길에 매복한 해구는 황제를 포위 시해하고 이 일이 고구려의 소행이라고 소문을 퍼뜨린다. 왕도로 돌아온 해구는 삼근왕(문주황제의 장자)을 황제로 올리고 자신이 모든 권력을 장악한다.

아버지와 황제의 죽음을 들은 동성왕은 즉각 병력을 소집하여 만일의 사태에 대비했다. 왜의 전역에서 모은 군대 3만과 가야국에 연락하여 병력 동원을 요청했다. 대륙백제의 각 왕과 제후들은 이번 사태에 우왕좌왕하는 모습이었다. 동성왕의 직계인 대륙 남동쪽 군대는 즉시 군대를 모아 왜로 보냈다. 약 4만의 군대가 증원됐다.

동성왕은 아버지 곤지왕 때부터 백제의 실권을 거의 장악한 터라 병력 충원은 손쉬웠다. 다만 해구가 황제를 등에 업고 역적이라는 칙명을 내린다면 사태는 걷잡을 수 없을 것이다.

삼근왕이 13살에 황제에 오른 터라 황제는 해구에게 모든 정사를 맡길 수밖에 없었다. 해구가 황도에서 권력을 장악했지만 각 제후국과 지방 권력은 여전히 수많은 왕족과 대장군들의 손에 있었다.

20살도 안 된 동성왕은 나이는 어리지만 어떻게 해야 할지는 알고 있었다. 그가 본국 황도에 있지 않고 왜에 남았던 것도 아버지 곤지왕이 만일의 사태에 대비해 그리한 것이다.

 해구는 대두성에서 이듬해 은솔 연신과 함께 반란을 일으켰다. 삼근왕을 암살하기 위해 병력을 보냈으나 비밀리에 귀국한 3천의 동성왕 사병들이 황궁을 급습하여 황제를 빼냈다. 황궁을 지키던 수비대장 해력은 해구의 동생으로 해구가 대두성에서 황제 선포를 하면 즉시 삼근왕을 죽이고 병사했다고 공표할 예정이었다.

 동성왕은 7만의 대군을 이끌고 가야에 이미 상륙한 상태였다. 가야군 1만을 병합한 동성왕은 황도로 진격했다. 황도 내에선 동성왕의 친위 사병 3천과 삼근왕의 친위군 2천이 해력의 남은 잔당 수천과 전투 중이었다. 도성 안은 밀고 밀리는 접전이 하루 종일 계속되었다. 해력은 황도 수비군대장 연국과 함께 도합 8천의 병력을 가지고 있었다.

 백제는 개국 초기부터 해씨와 진씨의 세력다툼이 많았는데 해씨의 세력이 더 컸다. 해구가 비록 해씨이긴 하나 해씨의 지지를 다 받진 못했고 연씨의 도움으로 반란을 일으킨 것이다.

 동성왕은 날랜 기병 1만을 데리고 황도에 입성하여 해력의 후미를 쳐서 반란이 일어난 지 3일 만에 황도를 진압했다. 황제 삼근왕을 알현한 동성왕은 삼근왕의 후원 세력으로 진씨 세력이 있음을 간파했다. 황제는 나이가 어려 정사를 돌볼 수 없었다. 젊은 동성왕은 자신이 직접 대두성(공주)의 반군을 치겠다고 했지만 황제는 진씨 세력에게 기회를 주었다.

 황제의 명으로 진남 좌평은 병력을 이끌고 대두성에 갔으나 해

▲ 전투 상황도

구가 뒤에서 진남의 군대를 기습했다. 순간 대열이 무너진 진남의 군대는 이때 성문을 열고 나온 은솔 연신의 군대에게 공격당해 패퇴당했다. 동성왕은 대신들 앞에서 대노했다. 황제 삼근왕도 형인 동성왕 앞에서는 어쩔 줄 몰랐다.

동성왕이 이번에는 자신이 직접 가겠다고 하자 진씨 세력들이 다시 황제에게 아뢰어 진로를 정남 대장군에 봉해 출진하게 해달라고 했다. 동성왕과 그 수하들은 반대했지만 진씨들은 황제를 따로 찾아가 이번에 동성왕이 군대를 끌고 가서 승전하면 그의 세력은 더욱 커져 제어할 수 없게 된다고 했다. 14살의 황제는 그들의 말에 따랐다.

진로는 정남대장군에 봉해지고 동성왕의 군대 3만과 국경수비대 2만, 수도방위대 5천의 대군을 이끌고 출진하게 됐다. 진로는 자신의 사병 5백을 데리고 갔다. 진씨 일족의 사병 중 진로의 사병은 최고로 훈련이 잘 되었고 그의 사병은 일당십의 용맹한 병사였다. 모두 기병으로 구성된 진로의 사병은 충성심도 강했다.

대두성(공주성)에 도착한 5만5천의 대군은 성을 겹겹이 포위했다. 해구는 정문에서, 연신은 후문에서 토벌군과 맞섰다. 오전에 시작된 전투는 오후쯤 되자 진로의 사병이 성벽을 타고 올라가 해구의 병사와 치열한 육박전이 시작되면서 승기가 점차 기울어갔다.

진로 자신도 성벽을 타고 올라가 성문 위 성벽에서 해구와 맞닥뜨렸다. 장군 출신인 해구의 칼솜씨도 훌륭했지만 나이를 속이긴 어려웠다. 진로의 맹렬한 칼솜씨에 차츰 뒤로 밀리던 해구는 병사의 시체에 걸려 넘어졌고 이때 진로는 해구의 목을 베었다. 해구의 목을 칼에 꽂은 진로는 병사들에게 보여주면서 적장이 죽었다고 소리쳤고, 해구의 반군들은 칼을 내려놓았다. 성문이 열리고 토벌군이 물밀듯 성안으로 밀려들었다.

한편 반대편 후문에서 적과 대치 중이던 연신은 해구의 죽음을 듣고 자신의 수하 사병 수백을 동원해 성문 밖으로 돌진했다. 기병으로 구성된 연신의 사병들은 죽기로 싸워 주인의 길을 만들어주었다. 연신이 도망하여 돌아보니 불과 10명의 사병만이 그를 둘러싸고 있었다. 연신은 갈 곳이 고구려밖에 없음을 탄식하고 고구려 국경으로 도주했다.

동성왕과 진씨 세력의 대결

해구와 연신의 반란이 진압되자 동성왕과 진씨 세력은 대규모 숙청을 감행했다. 황도의 해씨와 연씨는 반란에 가담했거나 반란군의 가까운 친척들은 사형당하거나 유배를 떠났다. 유배지는 흑치국이나 안남이었다. 해씨 중 일부는 해도명처럼 동성왕의 가신도 있었다. 해도명에게 선처를 구한 일부 해씨는 그 세력을 유지할 수 있었다.

달아난 연신의 가족들은 저잣거리에 끌려나와 전부 목이 잘렸다. 황도 전체가 피바람으로 며칠간 피 냄새가 진동했다. 연관된 귀족만 수백 명, 그 가족과 가신까지 수천 명이 죽거나 유배되었다.

479년 초, 동성왕을 따르는 귀족들과 진씨 세력들 간의 암투가 나라를 충돌로 몰고 가고 있었다. 진씨 귀족 중 유력한 자인 진남은 병관좌평에, 진로는 위사좌평에, 동성왕은 내신좌평에 봉해졌다. 진남은 황제에게 혼인을 주선하여 자신의 딸과 결혼을 맺게 한다. 황제는 진씨 세력을 후원자로 둠으로써 사촌형인 동성왕의 권력을 견제할 수 있게 되었다. 하지만 황제는 아직 나이가 어려 정사에 서투를 수밖에 없었고 황실과 귀족들은 그 점에 대해 의견이 분분했다.

고구려의 장수태왕이 나날이 영토를 확장하여 대륙백제의 산둥성이 위협을 받는 상황이었다. 또한 북위가 세력을 키워 산둥성 서쪽을 침범하여 각 태수들이 본국에 지원을 요청하고 한반도 백제의 북쪽 국경도 고구려군이 계속 남진하는 상황이었다.

해도명, 찬수류, 사법명, 해례곤 등의 동성왕 쪽 가신들은 동성왕에게 어린 황제 대신 등극할 것을 수차례 간했다. 하지만 왕은 듣지 않았다.

한편 진남은 갈수록 커져가는 동성왕의 세력에 경계를 느끼고 암살계획을 짜게 된다. 먼저 황제에게 건의해 동성왕의 사병을 제외한 각 영지의 병력은 귀환토록 명령한다. 7만이 넘는 대군을 이끌고 온 동성왕은 사병 1만을 제외하고는 모두 귀환하여 영지를 지키도록 했다.

하지만 가신들의 권유로 동성왕부 2곳을 만들고 각각 1천의 병력을 두고 8천은 성 밖에 배치했다. 황도에 사병이 많으면 황제의 의심을 살 수 있으므로 동성왕은 한발 양보했다. 진씨 일족의 1만 사병도 2~3천 정도만 황도에 주둔하고 나머지는 각자 성 밖에 주둔하기 때문에 큰 위협이 되지 않는다고 느낀 때문이었다. 또한 황성 수비대장인 목간나가 자신의 가신이었기 때문에 더욱 힘이 되었다.

황궁 수비대장을 겸임한 진로는 성내에서 가장 강력한 병사를 보유하고 있었다. 황궁수비대는 제국에서 가장 무예가 출중한 1,500명의 병사로 구성되어 있고 진로의 사병 500은 궁 밖에 진영을 만들어 주둔하고 있었다. 동성왕도 진씨 일족의 사병 대부분은 겁나지 않았으나 진로의 사병과 황궁수비대는 두려운 상대였다.

황도 내에는 이밖에도 해씨와 목씨, 사씨, 국씨, 협씨, 묘씨 등의 사병이 수백 정도 있었다. 또한 황도 내 치안유지군 3천과 황성수비군 5천, 성 밖에 주둔 중인 수도방위군 1만, 위사좌평의 직속군 2천 등 여러 파벌의 군대가 모여 있었다. 이중 가장 강한 귀족은 역시 진로였다. 반군 토벌 공신인 데다 위사좌평에 황궁 수비대장까지 겸한 그는 동성왕과 황제의 장인 진남 다음으로 세력이 컸다.

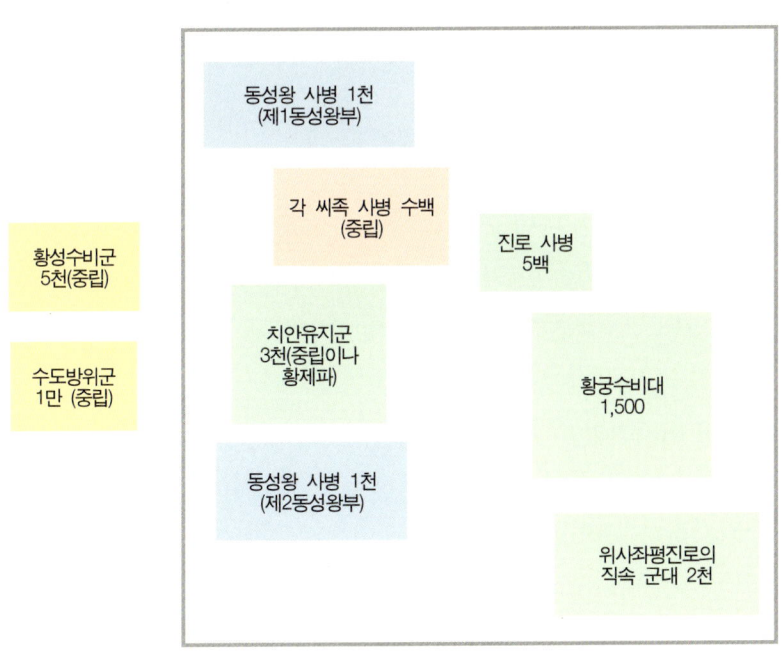

▲ 황성 주변의 각 병력 배치도

황제의 장인 진남은 사병 대부분을 황성 밖에 두었다. 동성왕이 진남의 사병 2천의 황성 주둔을 반대했기 때문이었다. 진로의 사병도 벅찬데 진남의 사병까지 허락할 순 없었다.

진남과 진씨 일족은 동성왕 제거계획을 짜기 시작했다. 하지만 언제나 수백의 병사를 대동하고 황도 근처에 병력이 있는 동성왕을 제거하기란 쉽지 않았다.

사정은 동성왕도 마찬가지였다. 진남 일파를 제거하고 싶었지만 명분도 부족했고 진로의 군대가 합세하면 승리를 보장하기 어려웠다. 관건은 수도방위군 1만과 황성수비군 5천, 치안유지군 3천을 누가 가져가는 것이냐였다. 동성왕은 일단 황성수비군 5천은 자신의 세력으로 되어 있으니 나머지 군대의 지휘권을 확보하기 위해 가신들을 동원했다.

수도방위군 1만의 총사령관은 진해였고 부사령관은 해레곤이었다. 황도 주변에서 가장 큰 군대인 만큼 동성왕과 진씨 일족이 총사와 부사령관을 나눠 가짐으로써 타협을 본 것이다.

황도 치안유지군 3천의 지휘관은 묘령으로 그는 어느 쪽에도 속하지 않은 중도파였다. 다만 황제에 충성하는 장군으로 동성왕 쪽에서 보면 가상의 적일 수도 있는 존재였다. 따라서 진씨 일파는 진로의 위사좌평 직속군 2천, 황궁수비대 1천5백, 진로의 직속사병 5백이었고, 동성왕은 직속사병 2천, 황성수비군 5천, 중립은 3천의 황도 치안유지군이었다.

동성왕의 함정

 팽팽한 대립이 지속되는 가운데 동성왕은 사병 1백 명만 거느리고 아버지 곤지왕이 돌아가신 사냥터에 가서 제사도 지내고 사냥도 하고 오겠노라고 보고했다.
 진남은 이 기회를 놓치지 않고 전에 해구가 썼던 수법 그대로 동성왕의 사냥 행로에 미리 병사 3백을 배치하고 동성왕이 지나가기만 기다렸다. 진남의 수하 진력은 독화살을 미리 병사들에게 나눠주었다.
 동성왕이 노루를 쫓아서 매복지로 들어서자 일제히 화살을 날렸고 동성왕과 주변 병사들이 쓰러졌다. 이때 매복한 3백의 군사는 동성왕의 사병을 포위하고 삽시간에 전멸시켰다. 그러나 죽은 동성왕의 목을 본 진력은 깜짝 놀라지 않을 수 없었다. 죽은 이는 동성왕이 아니었다. 갑옷과 투구는 동성왕의 것이었고 얼굴도 비슷하긴 했지만 아니었다.
 그때 뒤에서 수천의 군대가 오는 듯한 함성 소리와 말발굽 소리가 들렸다. 동성왕의 사병들이었다. 진력은 바로 포위되었고 진력의 병사들은 항복했다. 동성왕은 미리 함정을 파고 수하 장수에게 갑옷을 주어 위장한 뒤 뒤에서 따라가다 적의 기습을 보고받고 바로 뛰어와서 진력을 사로잡은 것이다. 진력이 자결하려 했지만 해도명과 찬수류는 바로 그의 팔을 꺾어 자결을 막고 입에 재갈을 물렸다. 동성왕은 비밀리에 병사 1만을 영지에서 불러들여 가야 국경에 배치시킨 뒤, 때가 되자 수도로 이동시켰던 것이다.

한편 황도에서는 동성왕이 죽었을 거라 생각한 진남과 진로의 병사들이 동성왕부를 공격했다. 그러나 제1동성왕부와 제2동성왕부는 미리 병사들이 만반의 준비를 하고 기다린 터라 쉽사리 함락되지 않았다. 진남과 진로의 4천의 군대는 반으로 나뉘어 각각 2천씩 동성왕부를 포위했다.

진남은 황명을 위조해 묘령에게 치안유지군 3천을 이끌고 가서 황성 수비군대장 목간나를 반역혐의로 체포하도록 했다. 그러나 묘령은 황상의 친필서안이 아님을 인지하고 병사를 움직이지 않았다. 황제는 이때 황궁을 황후와 거닐고 있었다. 병사들이 바쁘게 궐문으로 이동하자 무슨 일인지 물었으나 병사들은 답하지 않았다.

한편 수도방위군 내에선 진남의 밀지를 받은 총사 진해가 부사령관 해레곤을 척살하기 위해 수하 병사들을 보냈다. 해레곤의 막사에 도착한 진해의 병사들은 기다리고 있던 해레곤의 병사들에게 목이 잘려 나갔다. 해레곤은 자신을 따르던 병사 4천을 이끌고 황성수비대로 간 후 목간나의 황성수비군 5천과 합세한 뒤 황성 주변에 진을 쳤다. 수도 밖에서 멀찍이 대기 중이던 진씨 일족 사병 5천도 진남의 밀지를 받고 움직이기 시작했다.

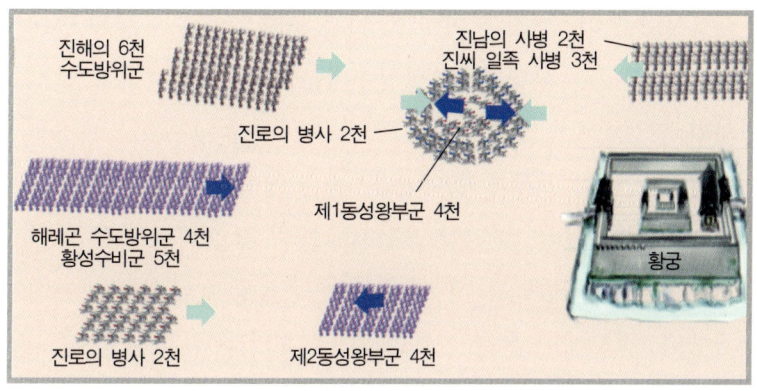
▲ 전투 상황도

상황은 내전으로 치닫고 있었으나 대세는 동성왕에게 유리했다. 황성을 장악하고 있고 성내의 진로 군대는 수도 적고 동성왕부 군사와 대치 중이라 움직일 수 없었다. 또한 외곽에서 오는 진씨 일족의 군대도 동성왕의 군대 1만을 견제하지 않을 수 없었다.

황도에서 멀리 떨어진 국경수비대와 각 제후국 병사들은 지금 이 순간에는 동원이 불가능한 군대였다. 또한 황제의 명이 있어야 움직일 수 있는데 황성이 동성왕 군대에 장악되어 문 밖으로 명령이 나가지 못했다. 1만1천의 진씨 군대는 도성을 포위하고 공격을 시작했다. 하지만 동성왕의 군대 1만이 뒤에서 기습하여 진씨의 군대는 흩어졌다.

한편 성내에선 제2동성왕부가 함락됐다. 제1동성왕부는 2백의 병사만이 저항하고 있을 뿐 사실상 함락 직전이었다. 진로의 사병 5백은 황궁수비대에 버금가는 무예를 자랑하는 최정예였다. 동성왕이 고르고 고른 사병도 그들 앞에서는 무력했다.

단 3백의 피해만 입고 동성왕부 2곳을 접수한 진로의 병사는 정문으로 움직였다. 그러나 이제 막 진씨 군대를 파하고 성에 입성한 동성왕의 군대와 부딪쳤다. 황성수비군 수천이 합세하여 진로의 병사와 맞섰다.

도성 곳곳에서 전투가 벌어졌다. 좁은 골목 사이로 수많은 병사들이 뒤엉켜 붙었다. 하지만 근접전에선 무술 실력이 승부를 가르는 법, 진로의 사병들은 몇 배나 많은 동성왕의 군대를 밀어내기 시작했다. 정오에 시작한 전투는 해질녘까지 승부가 나지 않았다. 일단 황궁으로 후퇴한 진로는 황궁을 배수진으로 최후의 저항을 했다.

황궁을 포위했지만 차마 황궁을 자신의 손으로 파괴하고 싶지 않았던 동성왕은 항복을 권유했다. 이때 황제의 칙서가 황궁 문에서 환관의 손에 들려져 나왔다.

"동성왕은 지금 즉시 군대를 물리고 황명을 받으라!"

동성왕은 어린 동생의 명에 따를 생각이 없었다. 그래서 동성왕도 편지를 썼다.

"저들이 먼저 짐을 해하려 했으므로 내가 군사를 일으켰다. 아우는 대세가 누구의 편인지 생각하고 진로에게 항복을 권유하라"라고 했다.

새벽녘이 되어 문을 파하고 입성한 동성왕 군대는 황궁 곳곳에서 치열한 전투를 벌였다. 하지만 오히려 진로의 병사에게 밀려 궁 밖으로 밀려나왔다. 궁내의 지리가 익숙한 저들이라 숨어 있다가 일시에 나오는 전술로 동성왕군을 여기저기서 격파했다. 2일간 지속된 전투로 동성왕군이 3천이나 죽었다.

진로의 부장 백가가 진로의 서찰을 동성왕에게 가지고 왔다.

항복 조건으로 첫째, 황제의 목숨과 왕으로서의 지위를 보장한다. 둘째, 진씨 일족에 대한 학살이 없을 것. 두 조건을 들어주면 동성왕의 황제 즉위에 찬성하고 현 황제는 제후국왕으로 봉해 주면 된다는 것이었다.

동성왕도 황제를 죽이긴 싫었다. 가신들이 반대했으나 결국 동의하여 황제는 삼근왕으로 강등되고 대내외에 붕어를 선포했다. 그리고 황제의 칙서로 동성왕이 황제가 된다고 작성하고 황제부부는 동성왕의 왜국 영지 중 섬을 골라 왕으로 봉했다.

진로는 삼근왕을 따라갔다. 공식적으로 황제는 죽었으므로 삼근왕은 이름을 갈왕으로 바꾸고 왜국으로 보내졌다. 진로는 대신 수하 백가를 동성왕에게 보내고 자신은 전 황제의 충신이므로 조정에 출사하지 않겠다고 전했다.

동성왕의 황제 등극

479년, 동성왕은 황제로 즉위하고 동성천황이라 했다. 즉위 후 남제와 신라, 가야, 고구려, 북위에 사신을 보내 대백제국의 부활을 선포했다.

480년, 고구려의 장수태왕은 말갈군 2만을 신라 접경에 이동시켰다. 광개토태왕 때 신라 수도 금성 근처에 주둔하던 고구려군 1만은 광개토태왕이 413년 붕어하면서 일시 철군했었다. 만일의 사태에 대비해 수도 근처로 군을 집중시킨 것이다.

장수태왕이 수십 년간 고구려의 지배자로 있는 동안 신라는 매해 조공과 신라왕이 바뀔 때마다 입조했었다.

고구려에 충성하던 실성왕이 자비왕에게 살해될 때에 수도 금성 근처의 고구려군 장수가 실성왕이 고구려에 역심을 품고 있다는 자비왕의 거짓말에 속아서 고구려군이 왕궁 내의 신라군을 통제했기 때문에 가능했던 것이다.

자비왕은 즉위 후 왜군*의 공격에 자주 시달렸다. 그때마다 고구려군에게 왜군을 격퇴해줄 것을 요청했으나 고구려군 장수는 별로 달가워하지 않았다.

막대한 주둔 비용과 공물을 바치던 자비왕은 고구려군이 백제를 공격하기 위해 일시 철군했을 때 조공을 줄였다. 하지만 장수태왕은 대륙과 만주 북쪽 부여에 신경 쓰는 바람에 변방의 소국에 관심을 가질 여유가 없었다. 해마다 조공이 끊이질 않으니 더 신경을 쓰지 않았던 것이다.

그러던 것이 자비왕의 아들 소지왕이 왕위에 오르자 더 노골적으로 신하국의 의무를 소홀히 했다. 그래서 장수태왕은 말갈군을 신라로 내려 보냈다. 신라의 전군이 합쳐 3만이 안 되는데 2만의 대병이 국경으로 밀려오자 소지왕은 긴장하지 않을 수 없었다. 신라 호명성(경북 청송)이 일차로 함락되고 고구려 군대는 계속 동남진했다.

481년, 장수태왕은 고구려 증원군 3만을 더 보내 도합 5만의 고구려군은 신라 7성을 빼앗고 미질부(경북 포항 흥해)까지 진군한다.

한편 대륙에선 송나라의 장군 소도성이 백제 황제의 지원과 송나

---

*이 당시의 왜군은 고구려와 백제의 세력이 미치지 않는 독립적인 일본 내의 소국으로 생각되며 가야계의 후손이 세운 나라로 추측된다. 또한 이후에 백제 세력에 편입된 것으로 보인다.

라 귀족의 후원을 등에 업고, 479년 민란으로 어지러워진 책임을 송나라 순제에게 물은 후 그로부터 왕위를 양위받아 나라를 세우고 제나라로 정했다. 백제의 보호국이므로 이름을 제로 한 것이다.

송은 원래 백제 침류황제가 제위에서 물러난 뒤 서주의 유민을 가장해서 동진에 들어가 군부를 장악한 후 양위를 받아 세운 나라였다. 침류황제는 송의 초대황제가 되었고 당시 백제는 침류황제의 손자가 통치를 시작한 때였다.

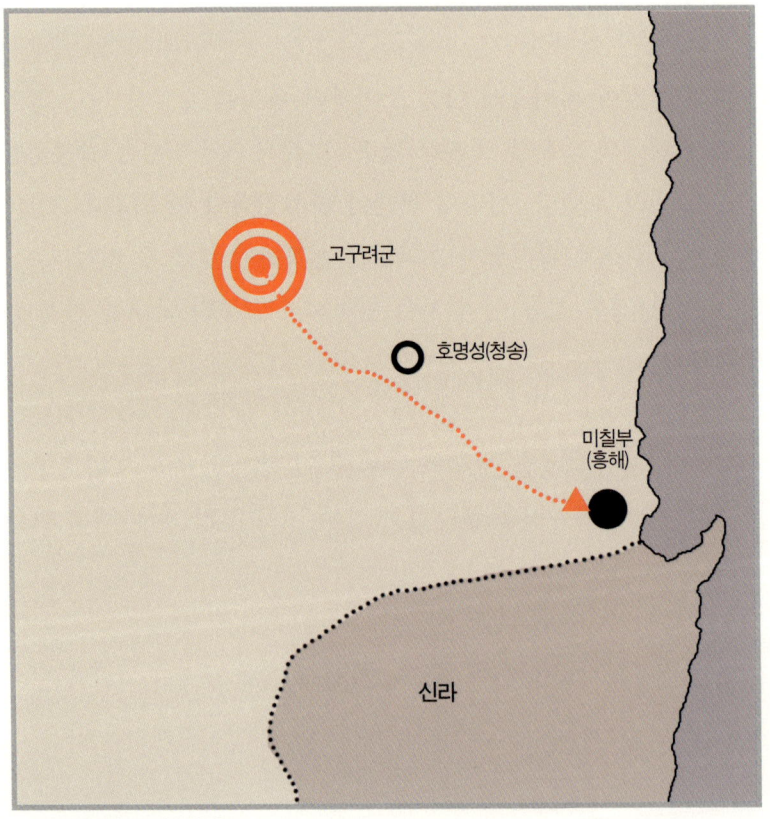

▲ 고구려군의 진격로

이후 백제는 침류황제가 죽은 후 비로소 상국으로서 송의 내정에 깊숙이 관여했다. 송나라가 대를 거듭할수록 무능한 왕이 통치하면서 나라가 어지러워지자 백제인 출신인 소도성을 후원하게 된 것이다. 후세의 사기들이 송을 선국한 유유와 남제를 건국한 소도성이 동이족 백제인이라 하게 된 이유가 여기 있다.

고구려군이 수도에서 불과 70~80리 근처까지 진군하자 신라 소지왕은 고구려에 항복의사를 전했고 고구려군 1만이 금성 근처에 주둔하기로 했다. 막대한 주둔 비용과 조공품은 전에 비해 더 많아졌다.

같은 해에 소지왕은 고구려에 입조하여 태왕께 용서를 구하고 돌아오는 길에 화진포에 주둔 중인 고구려군에게 들러 군복을 선물했다.

제나라 소도성은 같은 해에 즉위한 백제 동성황제의 후원을 잊지 않았다. 아직 어수선한 나라를 정돈하기 위해선 서로의 힘이 필요했으므로 동성천황도 남제를 보호국으로서 북위로부터 보호할 것을 다짐했다.

두 나라가 합해도 고구려의 남진을 저지할 만한 수준이 못되었고 게다가 고구려의 속국으로 자처하는 북위가 힘을 길러 틈틈이 백제의 영역을 노려보는 상황이었다. 제나라의 동쪽과 남쪽은 모두 백제의 땅으로 북쪽은 북위가 버티고 있어서 백제의 힘없이는 나라가 지탱하기 어려운 상황이었다.

동성황제의 고토 수복

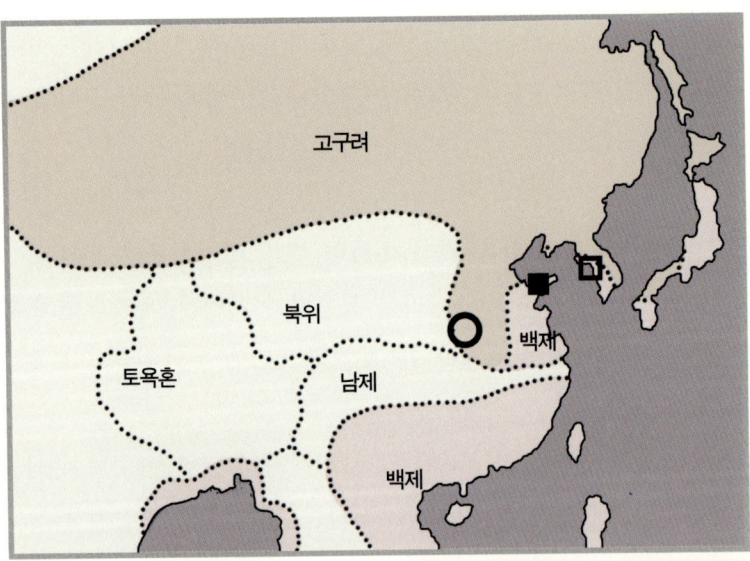

○ : 산서성 평양성(장수태왕이 천도한 고구려의 새 수도)
■ : 산동성 위례성(백제 대륙 수도)
□ : 웅진(한반도 백제 수도)

▲ 동성황제 즉위 당시의 백제 영토

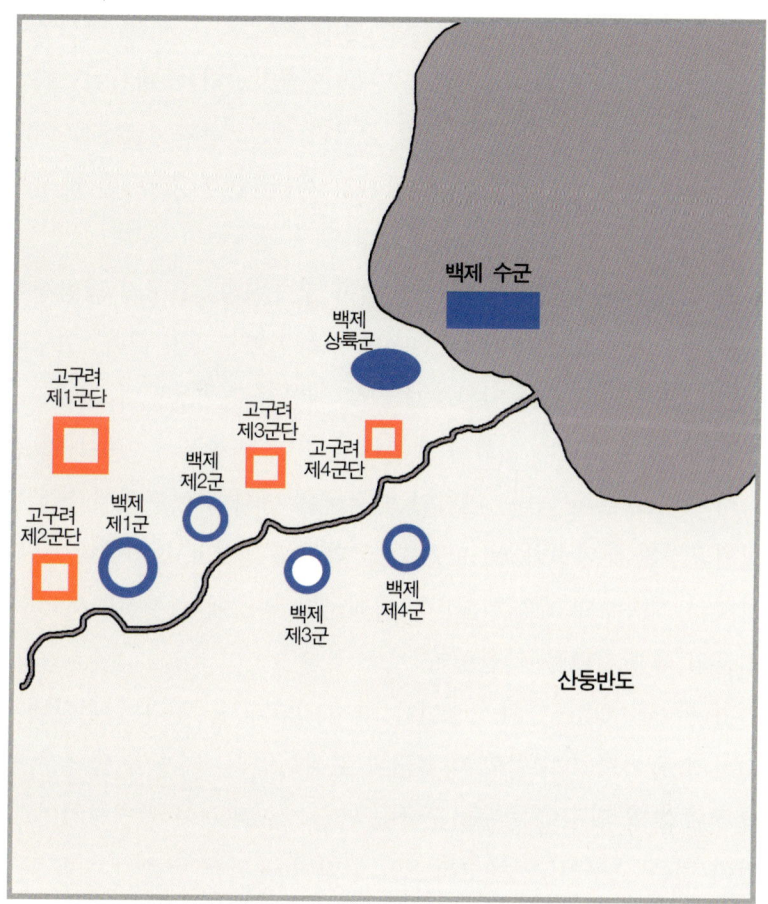

▲ 황하 인근의 양군 배치도

  480년, 백제 동성황제는 20만 대군을 징발하여 고구려 공격을 감행한다. 백제군의 엄청난 기세에 황하 방면 고구려군단이 밀려났다.
  백제군 제1군 5만은 동성황제가 직접 지휘하여 고구려 제1군단과 2군단을 막기 위해 길목을 차단했다. 백제군의 작전계획은 고구려 1군단과 2군단의 10만 명을 황제가 막고, 15만의 백제군이 고구려군 제3군단과 4군단의 8만을 전멸시킨다는 계획이었다.

고구려군은 황하 인근에 보병 중심의 제3군단과 4군단을 배치시키고 후방에 철기군과 기병 중심의 제1군단과 2군단을 배치시켜 만일의 사태에 대비하고 있었다.

먼저 백제 수군 2만이 바다를 돌아 상륙했다. 고구려 정탐병이 이를 보고하여 고구려 제4군단 4만이 해안가로 출병했다. 고구려 3군단 4만도 4군단을 지원하기 위해 해안가로 이동했다. 3군단이 원래 맡은 지역에는 봉화를 설치해서 만일 백제군이 이동하면 신속히 보고하도록 했다. 하지만 백제군은 밤사이 이동하여 봉화를 선제공격하여 점령한 뒤 고구려 3군단의 후방으로 진입했다. 또한 황제의 직속부대 제1군 5만이 백제군의 후방에 위치하면서 고구려군의 후방지원을 차단했다.

고구려군 제3군단과 4군단은 백제 상륙군을 쫓다가 후방에서 갑자기 들이닥친 수만의 백제군에 포위되었다. 기병을 앞세운 백제군은 보병 위주의 고구려군단을 완전히 포위하여 전멸시켰다. 8만이 넘는 고구려군 중 고작 2만 명만이 포위를 탈출하여 유주로 도망쳤고 후방에 있던 고구려군 10만은 동성황제의 강력한 방어에 더 이상 진격하지 못했다.

백제군은 길목에 참호를 파고 목책을 세우고 궁병들을 매복시킨 뒤, 고구려 기병이 지나가면 공격하도록 했다. 난데없이 날아든 화살 세례에 당황한 고구려 기병을 백제 보병들이 창을 들고 막아섰다. 애초에 하루를 버티기 힘들다고 생각했지만 백제군은 이틀을 막아냈다.

이틀 동안 고구려군 3군단과 4군단은 전멸되었고 백제군 2군, 3군, 4군과 상륙군을 합쳐 15만의 대군이 황제를 구원하기 위해 이동했다. 고구려 기병에 포위되어 위험에 처한 황제는 때마침 달려온 백제의 대군에 구출되었다.

고구려군은 또 한 번 대패했고 황하 방어 사령관 연제가 장수태왕에게 불려갔다. 그는 토욕혼으로 유배되었고 휘하 장군 20명이 모두 문책당했다. 황하를 방어하던 고구려 주력군 20만 대군이 백제군에 대패하고 북방으로 쫓겨났다. 이제 백제군이 산서성 평양의 고구려 수도로 몰려오고 있었다.

장수태왕이 분노하여 각 제장들과 대신들을 문책했다. 제장들이 태왕을 설득하여 수도를 포기하고 요하의 평양성으로 옮기자고 했다. 고구려는 졸본에서 시작한 이후 넓어진 제국을 다스리기 위해 수도에 해당하는 도시를 여러 개 두었었다. 고국원태왕이 전사한

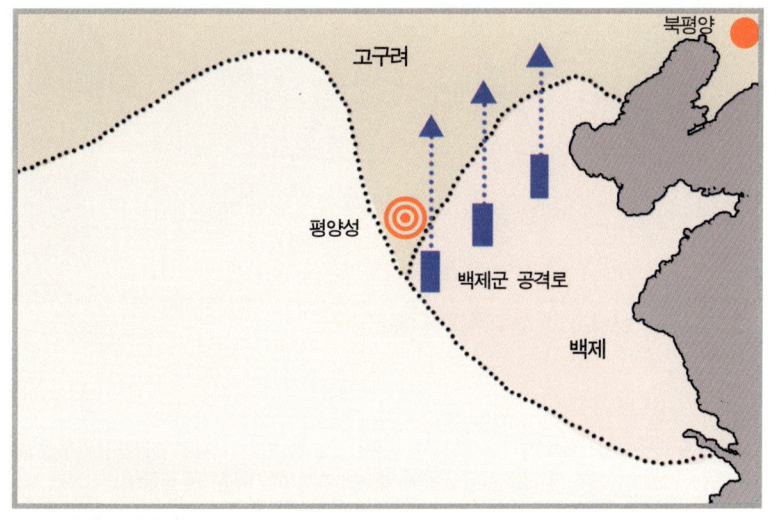

▲ 백제군 북진로

곳은 요동반도 북쪽 북평양이었고 한반도 남단에 남평양을 두었고, 압록강 이북에 평양을 세우기도 했다.*

장수태왕이 전국에 흩어져 있는 모든 고구려 군대를 집결시켰다. 북평양 인근에 무려 30만의 고구려대군을 모았다. 동성황제는 투항한 고구려군과 원래 살던 백제인들을 징집하여 10만 대군을 추가로 모집했다.

산서성 평양성에 무혈입성한 백제군은 곧장 북평양이 있는 요동으로 진격했다. 동성황제는 요하 근방에서 진격을 멈추었다. 30만 백제군은 새로 점령한 땅에 배치되었다. 당시 백제군은 총 35~

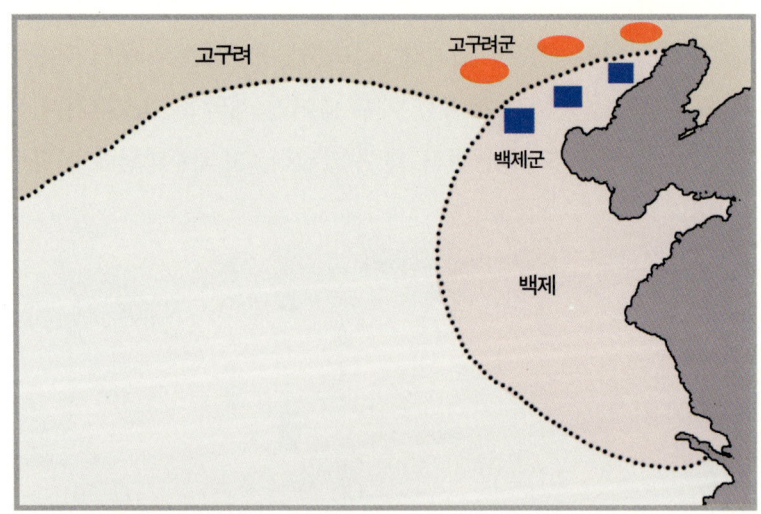

▲ 북진한 백제군과 고구려군의 배치

---

*최근에 중국이 댐을 건설하면서 수몰지구에 동황성으로 추정되는 성곽을 발견했는데 동황이란 말 자체가 황성의 동쪽 즉, 평양성이 근처에 있다는 얘기이다. 국내성을 평양성이라 부른 적도 있었으며 평양은 고구려인에게 수도와 같은 말이었다. 천년 후 건국되는 청나라도 북경을 수도로 했지만 황제가 심양에 1년에 몇 달을 거주하며 심양의 중요성을 잊지 않았다.

40만까지 증가되었다.

고구려 또한 전국에 징집령을 내려 젊은 장정을 모두 동원하여 50만 대군을 모집했다. 양국은 수백 년 후 최치원이 말한 대로 합쳐 100만의 대군을 만들고 유, 연, 제, 노, 오, 월의 땅을 모두 제압했다.

484년, 백제와 남제는 동맹을 체결한다. 백제의 속국으로 전락한 남제는 백제 동성천황의 요구에 언제든지 응해 군대를 파견한다는 서약을 했다.

같은해 고구려 장수태왕은 백제와 신라의 접경지역인 모산성에 2만의 보기병을 파병한다. 우선 동성천황의 국력을 염탐하고 앞으로 있을 대규모 남진정책에 앞선 시험 전투인 셈이었다.

모산성은 주인이 여러 번 바뀌는 땅이었으나 대부분의 시기를 백제의 직속령으로 존재했다. 모산성의 주인 상지는 백제계로 조상은 신라인이나 현재는 백제의 신하로 자처하는 자였다. 상지는 백제와 신라 양쪽에 도움을 요청했고 동성천황은 즉각 병사 2만을 급파한다. 신라 소지왕은 자신이 나설 수 없어 근처 귀족에게 명을 내려 돕도록 한다.

이벌찬 비지는 병사 4천을 이끌고 모산성으로 향했으며 소지왕은 금성 근처에 주둔 중인 고구려군에게 고기와 술을 보내 위로한다. 고구려군 장수는 고구려군의 남진소식을 들었으나 설마 신라가 관여하리라고는 꿈에도 생각지 못했다.

고구려군 2만은 모산성을 겹겹이 포위하고 공격을 시작했다. 산성이라 오르기가 쉽지 않은 데다 상지가 필사적으로 저항했다. 상지는 3천이 안 되는 군대로 하루를 버텼다.

다음날 아침 공격을 준비하던 고구려군에게 백제군이 접근한다는 소식이 들렸다. 3천의 보병을 성 밖에 주둔시킨 뒤 고구려군 1만7천은 백제군 2만을 맞으러 갔다. 낙동강을 사이에 두고 양군이 대치하던 사이 이벌찬 비지의 4천 군사가 모산성 앞 주둔 중인 고구려군을 급습했다. 복면을 하고 백제 갑옷을 입은 신라군은 성문을 에워싸던 고구려군의 후미를 강타하여 대파했다. 성문에서 백제군을 본 상지는 즉각 성문을 열고 총공격에 나서 고구려군을 협공했다. 반수 이상의 군을 잃은 고구려군은 낙동강 진지로 퇴각했다.

고구려군 장수는 백제군이 습격했다는 말을 듣고 귀를 의심했다. 강 건너편에 있는 백제군이 아마도 일부 병력을 빼내 모산성으로 돌린 것이라고 생각된 고구려군 장수는, 부장들이 이렇게 되면 고구려군이 포위되는 상황이니 철군하자고 하자 의견을 받아들여 철군했다.

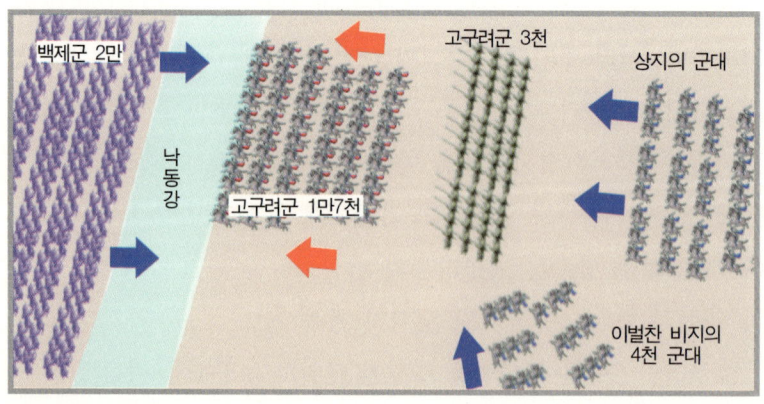

▲ 전투 상황도

원래 백제의 땅 주변은 연나라(전연, 후연)가 차지하고 있었으나 고구려와 백제의 힘이 강해지면서 서서히 흡수되었다. 대륙의 북쪽은 고구려에 밀린 선비족이 여러 나라를 건국하고 사라지는 반복을 겪다 대부분 고구려에 흡수되고 일부는 북위를 건국하여 중원을 노렸다. 하지만 누가 뭐라 해도 당시 최고의 강국은 고구려였다. 장수태왕 시절 최대 50만에 육박하는 대군을 동원할 수 있는 나라는 고구려뿐이었다.

백제 동성천황은 고구려 50만, 북위 20만에 대항하기 위해 병력을 늘려갔고 남제에 대한 간섭을 강화하여 유사시 남제군을 이용하기 위해 노력했다. 한반도에선 비밀리에 신라에 접근하여 고구려의 후미를 칠 계획을 세우고 북쪽 부여에 사자를 보내 독립을 지원하겠다고 했다.

장수태왕은 당시 나이가 이미 90세에 가까운 고령으로 더 이상의 공격적인 전투는 자제했다. 태손 문자왕은 아버지가 이미 죽고 맏손자여서 태자에 등극했다. 장수태왕은 주로 태자에게 일을 맡겨 국사를 보게 했고 문자왕은 할아버지 못지않게 잘해 나갔다.

동성천황은 군대를 재편하고 훈련을 강화하여 다가올 고구려와의 전쟁 준비에 들어갔다. 장수태왕도 병력을 정비하고 주변 제후국에 대한 단속에 들어갔다. 이즈음 북위는 제도를 정비하여 군대를 키우고 강국으로 서서히 부상했다.

485년, 백제와 신라는 정식 동맹을 체결했다. 물론 신라는 백제의 속국도 고구려의 속국도 아니라는 보장을 받았다. 동성천황은 작은 땅에는 별 의미를 두지 않았다. 역시 북위가 강해지고 있는 것이 두려운 사실이었고 북위의 뒤에는 거대한 고구려가 있었다.

497년, 고구려군의 작년 우산성 공격 실패 후 문자태왕은 다시 명을 내려 고정의에게 3만의 군을 주어 공격케 했다. 신라 우산성은 며칠을 버티지 못하고 함락됐다.

이즈음 백제군은 모두 하북성 이남과 산동성에 집결하고 있었다. 고구려군의 대규모 침공이 첩보를 통해 알려졌기 때문이다. 이에 한반도 백제에 왜와 중국 남동부 안남, 흑치국(필리핀), 남동아시아지방의 모든 백제군과 제후국군들이 모여들었다.

한편 백제군의 지원 없이 고구려군을 막을 수는 없는 바, 소지왕은 또 다시 항복했다. 고구려군은 월성으로 밀려들었고 소지왕은 고구려 장수 고정의에게 지난날의 과오를 사과했다.

동성천황의 비인 비지는 계속 신라를 구원할 것을 건의했으나 동성천황은 일단 고구려군을 막는 데 급급했다.

고구려와 백제의 대규모 전면전

 같은 해 가을, 고구려군 40만이 북경 근처에 집결했다. 북위군은 수도를 옮기고 정비한 지 몇 년 만에 20만의 대군을 모았다. 60만의 대군이 백제 대방군과 진평군 쪽으로 나눠서 진격을 준비했다. 반면 백제군은 30만의 병력을 모았고 남제군 10만도 집결했다.
 이번 전쟁에서도 문자태왕은 먼저 북위군의 진군을 명령했다. 북위 고조는 보기병 20만을 이끌고 백제 대방군으로 진격했다. 고구려군은 40만의 대병이 청하군(산동) 방면으로 침공을 시작했다.
 동성천황은 수하 장수들의 전략검토 결과 10년 전 전쟁 때처럼 먼저 북위군을 치고 고구려군을 맞는 전략을 수립했다. 10만의 백제군은 청하군에 집결하여 각 성을 방어하도록 하고 20만의 백제군과 10만의 남제군은 북위군을 맞으러 대방군으로 진격했다.
 북위군은 이경이 대총관으로서 고조가 직접 군대를 이끌고 왔다. 백제군도 동성천왕이 직접 군을 이끌고 대장군 찬수류, 사법명, 해

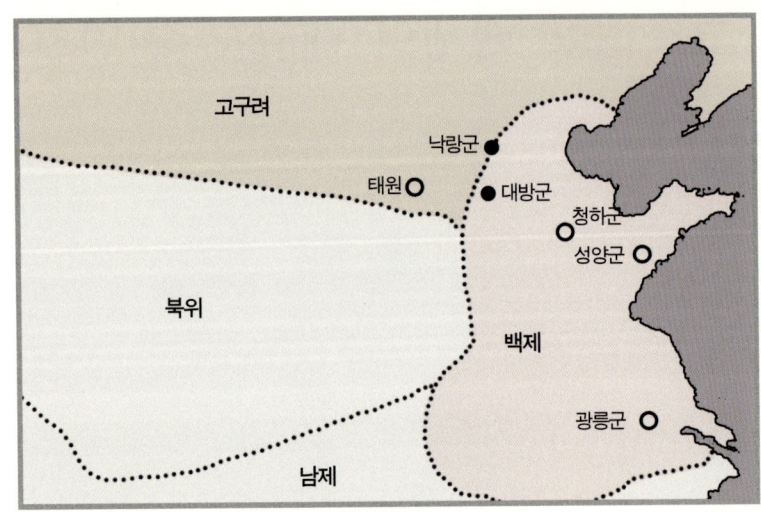
▲ 문자태왕 즉위 초기 고구려, 백제 영토

레곤과 위사좌평 백가가 함께 왔다. 이한은 달솔로 참전했다.

동성천황은 먼저 남제군을 앞세웠다. 들판에서 남제군과 북위군의 전투는 뻔한 결과였다. 남제군은 반나절도 못 버티고 대규모 후퇴를 시작했다. 북위군 기병은 추격을 시작했고 보병은 뒤쳐졌다.

기병 10만이 남제군을 학살하며 쫓고 있을 때 숲에서 수많은 백제 기병들이 나왔다. 또한 앞쪽에서 백제 철기군이 길을 가로막았다. 도망가던 남제군은 사방에서 다시 나와 북위군 기병을 공격했다. 철기군 뒤로는 10만이 넘는 대규모 보병부대가 진격했다.

북위 기병과 보병은 10리 이상의 거리가 있어서 기병이 포위되는 것을 보고도 빨리 구원하지 못했다. 북위 기병이 백제 철기군에게 유린되어 지리멸렬할 때 북위 보병이 도착했다. 하지만 대세는 이미 기울었다.

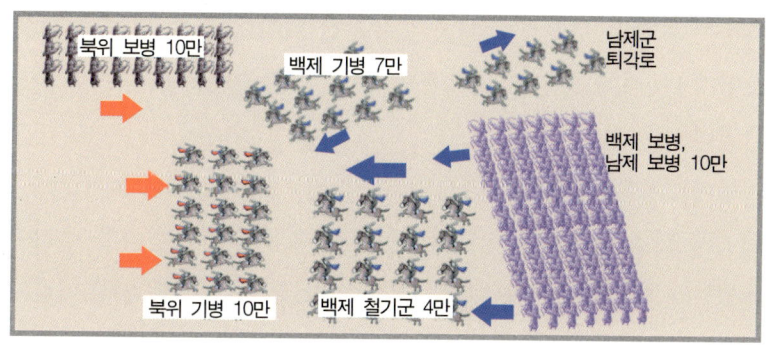
▲ 전투 상황도

오전에 남제군의 패배로 시작된 전투는 오후에 북위군 기병의 전멸로 이어졌다. 북위군 보병은 백제 철기군에게 철저히 짓밟혔다. 해질녘에는 앞이 보이지 않아 아군끼리 교전할 우려 때문에 백제군이 철수하지 않았다면 북위군은 완전히 전멸했을 것이다. 그 날 밤 병력이 1/3로 줄어든 북위군은 철수했다. 낙양으로 급히 말을 몬 고조와 달리 이경은 그 자리에서 자결했다.

다음날 북위군 진영을 접수한 백제군은 수많은 군수품과 식량을 노획하고 그 와중에 진영 한가운데서 나무에 목을 맨 이경의 시신을 수습했다. 장사를 후하게 치르도록 명령한 뒤 동성천황은 전군을 청하군(산둥)으로 돌렸다. 이미 3개 성을 잃었지만 청하군의 백제군은 잘 방어하고 있었다.

북위와의 전투에서 남제군 3만과 백제군 1만을 잃었지만 전체적으로 병력 35만 이상을 보유한 백제·남제연합군과 40만의 고구려군이 맞닥뜨렸다. 백제군은 언덕 위를 선점하고 고구려군과 일전을 벌일 준비를 했다. 화북평야의 넓고 평평한 들에서 언덕을 찾기는 쉽지 않았지만 백제군은 좋은 언덕을 방패 삼아 포진했다.

투석기와 활로 무장한 백제군은 유리한 위치에서 고구려군을 내려다보았다. 게다가 풍향이 백제군의 등 뒤에서 고구려군 쪽으로 불고 있었다.

문자태왕은 적잖이 부담되었다. 40만 대군 중 무려 철기군이 7만이나 되고 경기병은 15만이나 되는 대군이지만 언덕을 올라야 하고, 그 와중에 엄청난 수의 화살에 노출될 것이 뻔한데 어떻게 할 것인가 고심했다. 그리하여 문자태왕은 정면 공격을 피하고 백제군 우익으로 철기군 7만과 경기병 15만을 모두 투입했다. 18만 보병은 좌익으로 공격했다.

정면을 향해 배치된 백제군은 즉시 양 날개 쪽으로 투석기와 궁병의 배치를 바꾸고 공격했다. 백제 철기군 5만은 고구려군 보병을 향해 돌진했다. 기병 10만은 고구려 철기군을 막기 위해 출진했다. 언덕 위에서 쏜 수만 개의 화살은 바람의 방향 때문에 전부 빗나갔다. 동성천왕은 화살 공격을 중지시키고 전 보병을 고구려군 보병 쪽으로 돌격시켰다. 백제 경기병이 고구려 철기군과 경기

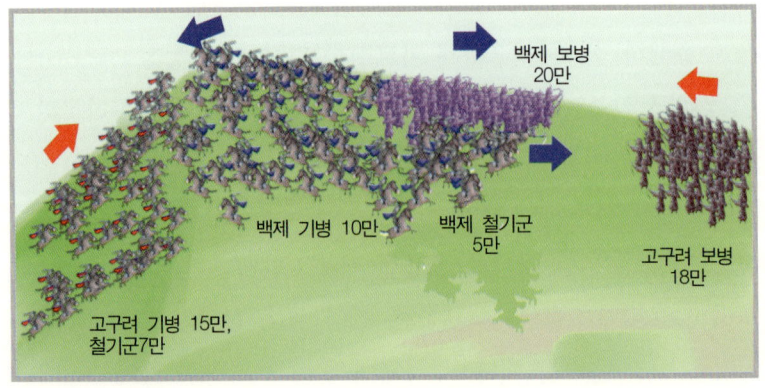

▲ 전투 상황도

병을 막고 나머지 백제 전군이 고구려 보병을 전멸시키고 돌아서 고구려 기병의 후미를 공격한다는 계획이었다.

고구려군 보병은 선두열의 궁병이 화살을 쏘고 창병이 돌진한 뒤 도끼병과 칼을 든 병사들이 나아갔다. 고구려의 화살도 바람에 빗겨갔고 창병은 백제 철기군과 부딪쳐서 곳곳에서 말이 넘어지고 창이 부러지는 소리가 들렸다.

백제 철기군이 고구려 창병을 무너뜨리자 수만의 도끼병들이 나타났다. 도끼 던지는 소리가 난무했다. 날아온 도끼의 육중한 무게에 철기군의 말과 병사들이 많이 다쳤다. 철기군 뒤로 백제 보병 수십만이 들어와 고구려 보병과 뒤섞였다. 양쪽에서 투석기로 수많은 돌이 오고 갔다. 돌은 바람의 세기에 따라 크게 방향이 달라지진 않았다. 양군의 피해는 막심했다.

반대편에선 백제 기병이 필사적으로 고구려 철기군을 막고 있었다. 다행히 철기군은 그 무거운 갑옷 때문에 언덕을 오를 때 힘이 들었다. 상대적으로 지친 고구려 철기군을 언덕 위에서 무서운 기

▲ 전투 상황도

세로 돌진한 백제 기병이 부딪쳤다. 서로의 창이 부딪쳐서 수많은 병사가 낙마했다. 낙마는 바로 사망이었다. 아군이든 적군이든 전부 기병이라서 낙마한 병사는 그대로 말에 짓밟혔다.

고구려 철기군이 앞줄에 있는 때문에 고구려 기병은 뒤에서 더 이상 나아가지 못했다. 그 때문에 백제 기병의 2배가 넘는 고구려 기병이 효율적으로 싸우지 못했다. 하지만 고구려 기병 장수들은 언덕의 정면과 후위로 일부 기병을 빼서 3면에서 언덕을 올라가기 시작했다.

백제 기병은 곧 포위됐고 치열한 교전 끝에 사상자가 눈덩이처럼 불었다. 백제 기병 장군 찬수류는 포위망을 뚫기 위해 언덕 후위로 전군을 몰았고 언덕을 내려가는 가속도를 이용, 포위망을 뚫고 백제 보병 쪽으로 향했다.

이한은 백제 철기군 달솔로 전투에 참전했다. 이한의 사병 5백은 선비족 출신 병사들이었다. 고구려 보병의 숲을 돌파한 이한은 고구려군 보병 후위로 말을 몰았다. 포위 공격하기 위해서였다. 고구려 보병은 포위되어 엄청난 희생을 치렀다. 백제 기병이 고구려 보병을 공격하여 희생이 더 커졌다. 하지만 20만의 고구려 기병이 어느새 다가왔고 백제 보병과 기병은 전부 창병을 앞세워 적군의 진격을 막았다. 백제군 창병은 쐐기 모양으로 30겹 이상 나란히 대열을 지어 고구려 기병의 난입을 막았다. 창이 부러져도 뒤로 밀리지 않고 버텨냈으나 어느새 해가 저물어 가고 있었다. 그날의 대전투는 백제군이 10리 뒤로 후퇴하면서 마무리 지었다.

고구려는 보병 10만, 기병은 2만을 잃은 반면, 백제는 기병 7만, 보병 5만을 잃었다. 28만의 고구려군이 남았고 23만의 백제군이 남았다.

　문자태왕은 백제의 성 몇 개를 빼앗는 데 12만의 군대와 속국 북위의 15만군을 잃은 것에 회의를 느꼈다. 인정하긴 싫지만 백제 동성천황은 뛰어난 인물이었다. 동성천황도 기병을 너무 많이 잃은 반면, 고구려는 20만 기병이 남아있어 평야 전투는 무리라고 판단했다. 2일 뒤 고구려는 회군했다.

　498년, 전쟁의 상처가 치유될 즈음 탐라국의 조공이 줄어들자 동성천황은 목간나에게 수군 1만을 주어 평정케 했다. 탐라에 상륙한 목간나의 수군은 며칠 만에 해안지방 전부를 평정했고 탐라의 왕은 산 위로 도망쳤다. 산 위의 목책 요새에서 1천의 군대로 버티던 왕은 목간나의 화공에 무릎 꿇고 항복했다. 그리하여 탐라는 백제 본토에 편입됐다.
　북위에 사신을 보낸 동성천황은 회수지방의 통치권을 양도하지 않으면 전쟁을 일으킬 것임을 알렸다. 북위는 굴복하여 회수지방의 통치권을 넘겨주었다. 북위는 오랜 전쟁으로 재정이 파탄 났고 군대는 파하고 민심이 흉흉하여 존폐 위기에 봉착했다.
　반면 백제는 이번 승전으로 전국이 들떠 있었다. 최강국 고구려와 전쟁하여 비긴 나라는 백제 외에는 없다는 인식이 각 나라와 백제 전국에 퍼졌다.

동성황제의 몰락

499년, 백제는 전국에 흉년이 들었다. 한반도백제와 왜에는 홍수가, 대륙백제에는 가뭄이 들었다.

동성천황은 산둥성에 거주하면서 백제군을 지휘하고 있었다. 나라 안이 흉년으로 몹시 어려운데 잦은 승리로 마음이 들뜬 황제는 백성들의 고통이 별로 대수롭지 않게 여겨졌다.

이 당시 동성천황은 즉위한 이후 기존 귀족 세력들이 해구와 진남의 반란에 대거 참여했으므로 대규모 숙청 후 신진 세력들을 많이 등용했다. 그중 명장 진로의 부장이던 백가를 천거받아 위사좌평에 봉했다. 그 외에도 수많은 신진귀족들이 정계에 진출했다.

즉위 초, 가신들이었던 여러 장수들은 황제에게, "고구려는 그 궁궐이 거대하고 도성이 장엄하여 북위의 사신이 칭송을 했다고 하는데, 우리 대백제국의 궁궐이 작아서 북위 같은 소국이 비웃을까 염려됩니다"라고 했다.

이에 황제는 궁궐을 크게 짓고 기둥을 무려 5자로 하여 대규모

토목공사를 실시했다. 또한 전국에 알려 진귀한 보석과 동물을 모아 궁내에 전시했으며 궁내에 거대한 연못을 만들었다. 각 제후국과 태수들은 영내에 아름다운 여자들을 바쳐 동성천황은 수많은 비와 비빈을 두었다. 그러나 이러한 조치는 젊은 신진귀족들에게 큰 반감을 샀다.

또한 고구려군이 대륙에서 백제를 이기지 못한 뒤 백제의 수도인 한반도백제로 군대를 향한다는 보고가 잇따르자 황도의 귀족들은 크게 두려워했다. 백제군 30만 중 25만이 대륙에 배치돼 있었으므로 이미 신라를 복속시킨 고구려군이 북쪽과 동쪽에서 압박하고 있었다.

신진귀족 세력을 대표해 위사좌평 백가는 일부 병력이라도 황도에 파견해야 한다고 건의했다. 백가가 먼저 2만의 군대를 이끌고 황도로 출발했다. 황해는 고구려 수군과 백제 수군의 잦은 전투가 벌어지는 곳이라 남쪽으로 항해 길을 잡았다. 그러나 가는 도중 폭풍을 만나 8천의 군사가 바다에 수장됐다.

가림성에 도착한 백가는 황도 귀족들이 너무 적은 지원군이 왔다고 불만을 표출하자 서신을 동성천황에게 보내 추가지원군을 요청했다.

백제 영토 전체에 퍼진 가뭄과 홍수는 민심을 사납게 만들었고 반면 고구려의 문자태왕은 지난 전투의 손해를 만회해 가고 있었다. 다만 속국 북위는 궤멸적 타격을 입어 재기하기 어려워 보였다.

백가가 가림성에 도착하니 마중 나온 신진귀족 세력들은 백가에게 황제께서 직접 이곳에 오셔야 우리의 불안한 마음이 풀릴 것이라며 귀향을 요청해 달라고 했다.

백가는 과거 진로의 부장으로서 진로의 추천으로 동성천황 밑에서 승승장구하며 위사좌평의 위치에까지 오른 인물로 지난날의 주인인 삼근왕의 하야를 원통하게 생각하는 마음이 아직 남아있었다. 하지만 백가는 무엇보다도 야심이 컸으며 한반도백제에서 그는 왕이 될 야심이 있어 고구려에 사자를 비밀리에 보내 자신의 반란계획을 알리고 지원을 요청했다.

당시 백제군은 30만 가량으로 25만 정도가 전부 대륙백제와 고구려의 접경지역을 중심으로 배치되었고 한반도 백제에는 5만의 군대가 있었다. 반면 고구려군 중 10만이 한반도 백제 접경지역으로 이동·배치를 완료했다는 첩보가 들어왔다. 신라에 주둔 중인 고구려군도 3만으로 증강되어 백제의 동쪽지역으로 이동 중이라는 보고도 있었다.

황도의 백성과 귀족들은 고구려군의 대규모 남진에 불안해했지만 동성천황은 이것이 산둥성에 주둔 중인 백제군을 한반도백제로 빼내어 약하게 한 뒤 고구려군이 산둥성에 대규모 공격을 하는 전략이라고 생각했다. 실제로 고구려군 수십만이 하북성 쪽으로 전진 배치되고 있었다.

과거 북위의 수도 평성은 고구려군의 전략기지로 이용되고 북위는 영토를 할양했다. 그 대신 고구려군은 백제로부터 북위의 국경을 지켜주기로 했다. 북위는 내륙 깊숙이 들어가고 고구려군이 빈자리를 메웠다.

하지만 황도에서 고구려군이 계속 올라온다는 보고에 동성천황도 무시할 수만은 없었다.

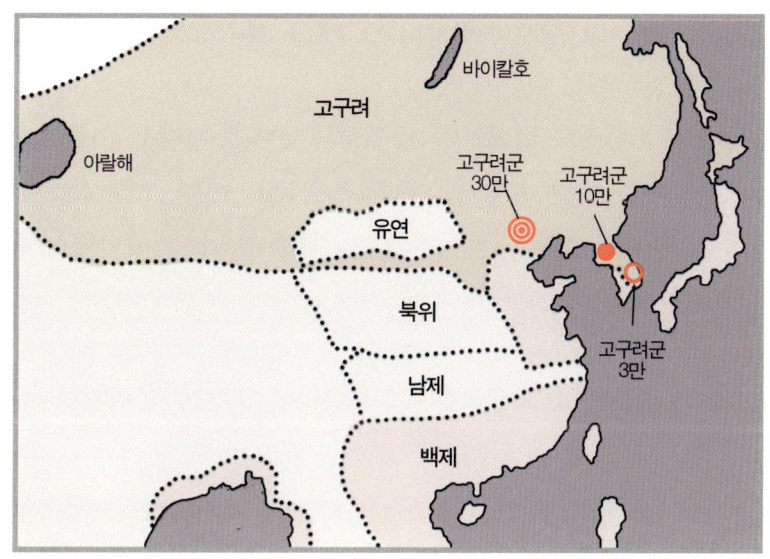

▲ 고구려군 배치도

500년, 신라 소지왕이 죽고 지증왕이 등극하자 동성천왕은 신라와의 동맹관계를 새로이 하기 위해 귀향하기로 한다.

당시 동성천황은 동생 무령왕을 왜왕에 봉해 지난날 왜로 보낸 삼근왕을 감시하도록 했다. 삼근왕은 왜의 수많은 섬 중에서 비교적 온화한 기후에 살기 좋은 곳을 골라 왕으로 봉해지고 통치권을 부여받았다. 삼근왕을 따라간 진로와 일부 진씨들은 삼근왕이 다시 즉위하기를 바라고 계획을 짰으나 번번이 무령왕의 감시로 실패하고 주모자는 왜의 북쪽으로 유배형에 보내졌다.

백가는 비밀리에 진로에게도 사자를 보내 반란계획을 공모했다. 동성천황이 황도를 방문할 때 죽이고 삼근왕을 황제에 옹립하고 자신은 한반도 백제 땅의 왕으로 봉해주면 된다는 것이었다. 대륙 백제의 7대 장군과 왕들은 고구려군을 견제해야 되기 때문에 일단 반란이 일어나고 황제에 등극하면 그들도 삼근왕을 받들지 않을 수 없을 것이라고 했다.

문제는 무령왕의 군대였다. 무령왕의 군대도 대부분 차출당해 그 당시 산둥반도에 집결한 상태로 무령왕은 군대가 사병 5천 정도밖에 없었다. 그나마 그 군대도 삼근왕과 진씨들을 감시하기 위해서 남겨놓은 것이었다.

501년 봄, 1만의 친위군을 이끌고 황제는 황도로 돌아왔다. 황제는 황도에 도착 후 곧바로 지방 순시에 나섰다.

이 당시 이한은 40이 훨씬 넘은 나이에 이제는 백제 내에서도 어느 정도 인정받는 장군이었다. 현재 직책은 위사달솔로 황제의 근위대장을 겸하고 있었다.

황도 주변에는 3개의 산성을 두어 황도를 방위하게 했는데 그중 하나인 가림성에는 백가가 5천의 군대로 주둔하고 있었다. 황제는 근위병 1천을 이끌고 가림성에 들어갔다. 백가는 황제를 성에서 제일 높은 곳으로 안내했다. 순간 백가가 오른손을 들어 흔들자 주변에 있던 수천의 군대는 갑자기 근위병을 공격했다. 황제의 근위병은 무예가 뛰어나 백가는 미리 근위병 주위로 사병을 2~3명씩 붙여주어 손쓸 틈이 없게 순식간에 칼로 해치웠다. 여기저기서 비명소리와 칼 부딪치는 소리가 난무했다.

이한은 수하 백여 명과 함께 황제 주변을 에워싸고 성 밖으로 도망치려 했다. 앞으로 한 보 전진할 때마다 수하 수 명이 죽었다. 얼마 지나지 않아 수천 명의 군대에 둘러싸인 이한은 절망했다. 황제도 친히 칼을 들고 싸웠지만 역부족이었다. 저 멀리서 백가가 웃

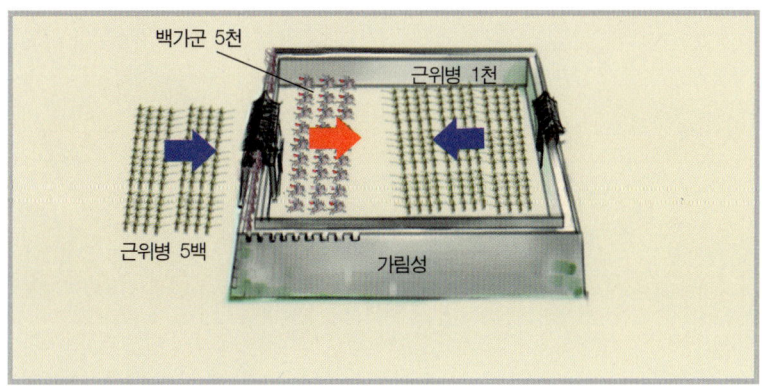

▲ 전투 상황도

는 듯했다.

　가림성 밖에 주둔하던 근위병 수백은 성내에서 벌어지는 소리가 심상치 않음을 듣고 성내로 들어왔다. 해도명은 황제의 최측근으로 이때 성 밖에 있다가 바로 들어왔다. 해도명의 은월도 앞에 백가의 군대는 우수수 목이 잘렸다. 약 5백의 근위병은 이한의 바로 앞까지 진출했다.

　이한은 20~30명 남은 병사들과 황제를 호위하며 해도명에게 가려고 했으나 그들의 틈을 수백의 군사들이 가로막았다. 평소 위사좌평 자리를 백가에게 뺏겨 원한이 많았던 해도명은 미친 듯이 칼을 휘둘렀다.

　백가는 멀리서 활을 들었다. 백가의 화살이 해도명의 근위병에게 날아가자 동시에 수백의 화살이 날아갔다. 순시 중이라 가벼운 가죽갑옷만 입은 근위병들은 낙엽처럼 쓰러졌다. 백가는 해도명의 등에 화살을 명중시켰다. 연이어 10발의 화살을 맞고 해도명의 등은 고슴도치처럼 변했다. 또래 병사들보다 덩치가 크고 머리 하나

대륙정벌 93

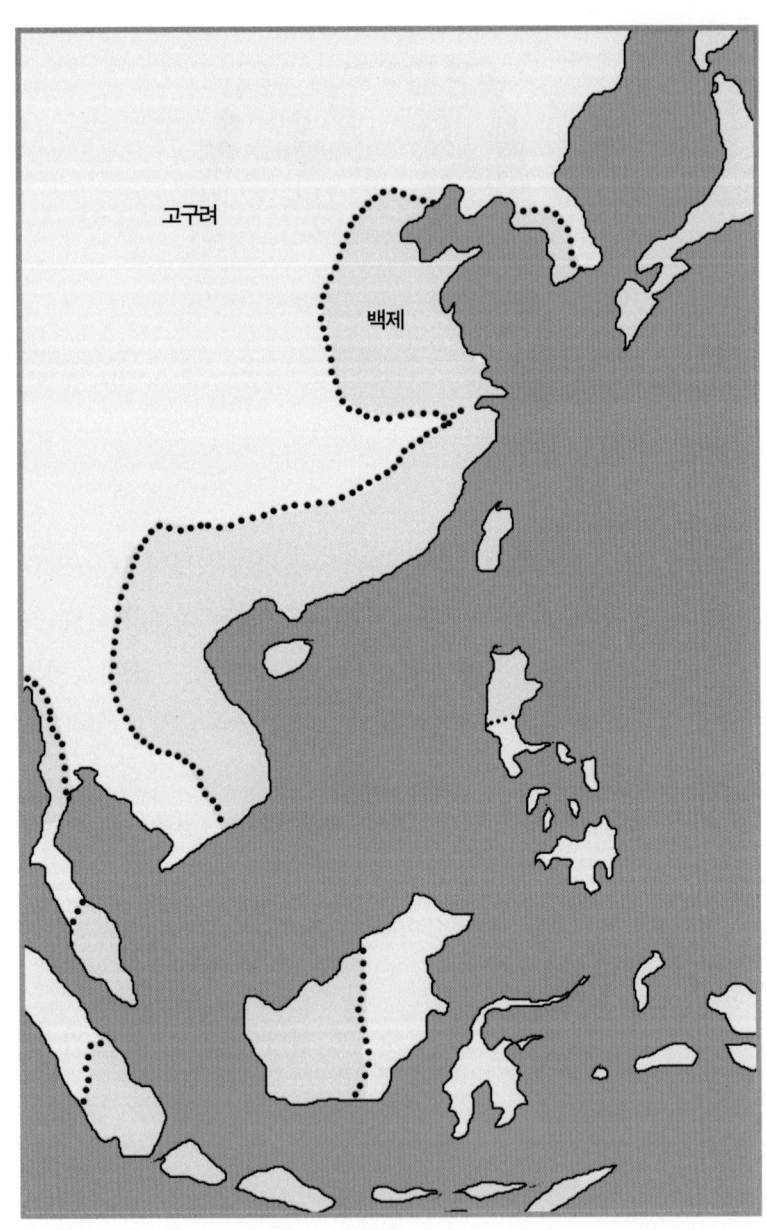

▲ 동성천황 전성기 시절의 백제 영토

가 더 큰 해도명은 쉽사리 표적이 되었다.

한편 이한이 최후의 힘을 내어 해도명 쪽으로 다가가자 또다시 수십의 병사들이 끼어들었다. 결국 해도명이 쓰러지자 벌 떼처럼 병사들이 달려들어 칼을 꽂았다.

이한은 황제를 호위하는 10명의 남은 근위대와 함께 성 밖에서 온 근위대 쪽으로 들어갔다. 하지만 연이어 날아든 수백의 화살은 근위대의 수를 점차 줄여갔다. 그 와중에 황제는 화살을 맞고 쓰러졌다. 이한이 최후까지 막아봤지만 역부족이었다. 물밀듯 밀려든 백가의 병사들은 이한의 목을 치고 황제의 숨통을 끊었다. 같이 따라온 황제의 비빈 2명도 목이 달아났다.

501년, 고구려 문자태왕은 대규모 백제 정벌군을 일으킨다. 40만의 대규모 고구려군은 백제의 대방군과 산둥성 쪽으로 내려온다. 동성천황이 죽고 백제의 장군들은 큰 혼란에 빠진다.

삼근왕은 황제 즉위는 고사하고 무령왕에 포위되어 살해당한다. 진로와 그 일족들도 모두 죽고 유배령에 처해졌다. 무령왕은 동성천황 시해 전에 미리 첩자들을 황도에 풀어놓아 도성의 소식을 비교적 빨리 알 수 있었다. 시해소식을 듣자마자 바로 역모의 주동자들을 처단하기 시작했다. 과거 동성천황이 그러했던 것처럼 사병 5천을 이끌고 가야에 먼저 상륙한 무령왕은 역시 가야군과 백제군을 규합하여 황도로 진격했다.

백가는 주변 병사들을 모아 무령왕과 일전을 벌였다. 황도 주변에 포진한 무령왕은 단기간에 3만의 병력을 모았다. 황도 근처 우두성에 다다른 무령왕은 우두성 성주 한솔 해명의 영접을 받고 그의 병사 5천을 얻었다. 백가는 2만에 가까운 병력을 보유했으나 직속 군대는 5천 내외로 나머지는 어쩔 수 없이 따른 병사들이었다.

무령왕은 칙령을 반포해 주동자만 처리하고 단순 가담자는 모두 용서할 것임을 공표했다. 단 하루 만에 수천의 탈영병이 백가 쪽에서 생겼다. 황도를 포기한 백가는 가림성에 5천의 군대를 이끌고 들어갔다. 무령왕은 한솔 해명에게 명하여 병사 5천을 데리고 가림성에 가서 백가의 목을 베어 오라 했다.

백가는 고구려에 사신을 보내 지원을 요청했다. 고구려군이 올 때까지만 버티면 승산이 있다고 생각한 것이다. 하지만 고구려 문자태왕은 반란군을 도와줄 생각이 전혀 없었다. 목표는 대륙백제의 7군이었다. 대방군, 낙랑군, 광양군, 청하군 등지가 우선 공격 목표였다.

고구려군이 올 줄 알고 버티던 백가는 1개월을 저항했지만 고구려군은 도착하지 않았고 성내에선 반란이 일어났다. 수하 부장들이 백가를 포박하여 성 밖에 주둔 중이던 한솔 해명에게 넘겼다. 해명은 역적에 대한 징벌의 글을 읽고는 목을 베어 백강에 던져버렸다. 이로써 역모는 진압되었다.

502년, 무령왕은 황도에서 무령천황으로 등극했다.

그해 겨울 무령천황은 달솔 우영에게 명해 1만5천의 군대로 고구려 황해도 수곡성으로 진격했다. 수곡성에는 고구려군 5천이 저항하고 있었다. 성문 밖에서 투석기와 불화살을 수없이 날려서 성문을 부순 후 백제군은 성내로 진격했다. 하지만 이때 당도한 고구려군이 백제군의 후미를 공격하여 달솔 우영은 퇴각한다.

제2부
대고구려시대

고구려군의 대륙백제 공격

 7만의 철기군, 15만의 기병, 18만의 보병으로 이루어진 대규모 고구려 정벌군은 백제의 성을 하나씩 차지해갔다. 백제군은 지휘관이 없어 전부 각개격파 당했다. 고구려 5만의 별동군은 산둥성 동성천황의 궁인 임류각으로 진격했다. 성은 함락되고 성주 찬수령은 자결하고 임류각은 철저히 부서졌다. 연못은 메워졌으며 각종 희귀한 동물과 새는 문자태왕에게 보내졌다.
 대륙백제 정예군인 철기군 5만이 모여져 고구려 철기군을 대적했다. 해레곤의 아들 해레원은 5만의 철기군으로 대방군에서 고구려군과 마주했다. 양군은 서로 창병을 앞세워 돌격했다. 대규모 충돌이 있은 후 칼 부딪치는 소리가 10리 떨어진 곳에서도 들릴 정도로 치열하게 싸웠다. 해레원은 고구려 철기군 장군 을지연덕에게 죽었다. 백제군은 무너졌고 100리를 더 후퇴했다. 하지만 고구려군의 진격은 멈추지 않았다.
 광릉군은 5만의 백제군이 지키고 있었다. 10만의 고구려 보기병은 빠른 속도로 진격하여 남경을 포위했다. 태수 양경은 높은 성과 넉넉한 양식을 무기 삼아 고구려군에 맞서 버텼다. 보름 동안 계속된 치열한 공방전에도 성은 무너지지 않았다.

다른 군을 공격하던 고구려군이 합세했다. 문자태왕도 직접 남경에 내려왔다. 고구려군 30만은 성을 완전히 에워싸고 수많은 투석기에 기름을 뿌린 옷과 돌에 불을 붙여 성내에 날려 보냈다. 수백 대의 투석기에서 일제히 날아간 불덩이는 성을 완전히 불바다로 만들었다. 양경이 불을 끄는 데 병력을 분할하자 태왕은 충차로 성문을 뚫도록 지시한다. 성문이 뚫리고 철기군이 먼저 들어가고 경기병이 입성했다. 대세가 기울었음을 안 양경은 항복하고 성주의 지위를 보장받았다.

대륙백제의 땅은 대부분 평야지대라서 고구려군을 저지할 산성이 없었다. 평지의 성은 쉽사리 함락되고 백제가 자랑하는 기병도 고구려 기병에게 무너져 더 이상 저항할 병력도 남지 않았다. 고구려군은 동성황제에게 빼앗긴 고구려의 수도 평양을 되찾았다. 문자태왕은 산서성 평양으로 다시 조정을 옮겼다.

25만 백제군은 지리멸렬한 상태로 복건성 천주 앞에 남은 병사들이 집결했다. 마침 본국에서 무령천황이 건너왔다. 철기군 1만, 경기병 8만, 보병 4만이 남은 군대의 전부였다. 본국에서 무령천황은 3만의 병력과 가야군 1만, 왜군 1만, 신라군 5천을 데리고 왔다. 도합 18만5천의 병력이었다. 하지만 고구려 문자태왕은 철기군 5만, 경기병 10만, 보병 15만을 이끌고 들판에 진을 쳤다. 도저히 상대가 되지 않는 전투였다.

문자태왕은 사신을 보내 항복을 권유했다. 무령천황을 백제왕

겸 대륙남동 절도사 겸 왜국왕, 안남 총관, 흑치국 상지로 봉해준다는 소식을 전했다.

무령천황은, "이 땅은 예로부터 우리 백제의 땅이며, 우리 선조들이 묻힌 곳이다. 우리가 죽을지라도 절대 이 땅을 내어줄 수 없다"라고 했다.

사신은 돌아가 이를 태왕에게 전했고 태왕은 전군 공격준비를 명했다.

복건성 천주 앞 넓은 평원의 옆으로 작은 시내가 흐르고 있었다. 시내 주변으로 길게 포진한 고구려군은 전형적인 돌격 진형을 꾸렸다. 선두열은 철기군 5만, 그 뒤에 경기병 10만, 그 뒤에 보병 15만이 포진했다. 반면 백제군은 철기군과 경기병을 모두 합해 10만의 기병을 시내의 반대편에 포진하고, 보병 8만5천은 그 반대편에 포진했다.

문자태왕이 정면에서 백제군의 진형을 보자 좀 의아했다. 정면에 배치된 백제군은 궁병 외에 거의 없고 모든 군대가 양 날개에

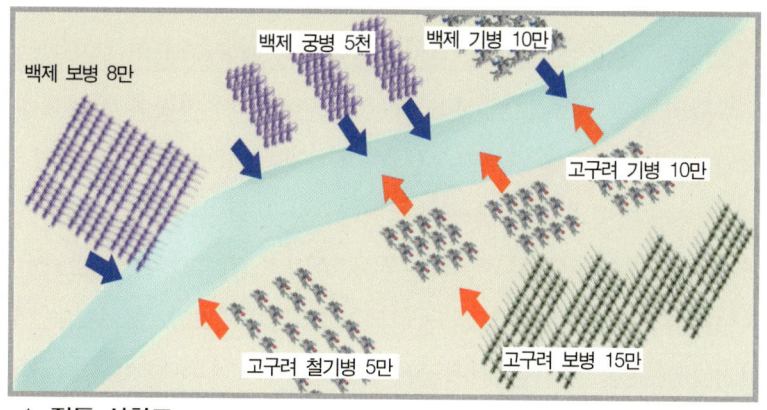
▲ 전투 상황도

배치된 것이다. 아마도 고구려군이 시내를 건너는 동안 화살로 저지시키고 양 날개에서 백제군이 도하하여 공격하려는 전술 같았다.

작은 하천은 넓은 곳은 40m, 좁은 곳은 3~4m였다. 문자태왕은 철기군을 셋으로 나누어 각각 백제 보병과 궁병, 기병 쪽으로 향했다. 물론 후속 기병과 보병도 셋으로 나누었다. 고구려 중앙군이 정면을 돌파한 후 양 백제군의 후미를 친다는 계략이었다.

전투 개시 북소리와 함께 고구려 철기병은 일제히 활을 들었다. 보병 중 5만에 달하는 궁병도 철기병 옆에서 화살을 쏘았다. 한꺼번에 10만 개의 화살이 하늘을 뒤덮었다. 화살끼리 부딪쳐 떨어질 정도였다. 엄청난 화살 공격이 몇 분간 지속되었다. 화살이 100만 발 가량 발사되자 시내와 백제군 진영엔 화살밭으로 변했다. 화살통에 화살이 떨어질 때까지 쏜 후 고구려 철기병이 진군했다.

마찬가지로 고구려 철기병이 시내를 건너려 하자 백제군도 화살 공격을 시작했다. 비록 고구려에 미치진 못하나 수만 개의 화살이 동시에 하늘을 뒤덮으며 고구려 진영을 유린했다. 백제군 궁병의 정확도가 더 나았다. 대부분 정지된 상태에서 땅에서 쏜 것인 반면에 말 위에서 쏘는 고구려 병사들의 정확성은 백제군에 비해 낮았다.

무령천황은 전투 개시 북을 울려 전군에 공격 명령을 하달했다. 백제 보병은 창병을 선두로 서서히 시내를 건넜다. 고구려 기병은 이미 백제 창병과 곳곳에서 부딪쳤다. 창 부러지는 소리, 말이 넘어지는 소리로 천지가 이 대전투의 소리로 뒤덮였다.

이때 백제 쪽에서 수많은 돌덩이가 고구려 쪽으로 날아왔다. 투석기 300대를 준비한 백제군은 먼 거리에서 이동한 고구려군에 비해 투석기 수가 월등히 많았다. 화살에는 어느 정도 방어가 되는 철기군이지만 수십 kg나 되는 돌덩이에는 어쩔 수가 없었다.

백제군의 투석기가 가동될 때마다 수백의 철기군이 쓰러졌다. 하지만 워낙 많은 철기군과 기병이 뒤따르고 있어서 백제군 보병은 서서히 밀렸다. 동성천황은 백제 기병을 이끌고 고구려 철기군과 싸웠다. 양군의 말이 부딪치며 내는 소리가 사방 10리에 퍼졌다.

한편 고구려 중앙군을 지휘하던 문자태왕은 시내를 건너 백제 궁병 진지로 넘어왔다. 나무로 쌓은 방어벽 뒤에서 백제군은 열심히 화살을 쏘았지만 수에서 너무 밀렸다. 궁병들은 활을 버리고 도망쳤다. 일부 백제 궁병은 끝까지 남아서 저항했지만 바로 목이 잘렸다. 중앙을 돌파한 고구려 기병은 반으로 나뉘어서 각자 백제 기병과 보병 쪽으로 향했다.

이때 무령천황이 신호했다. 그러자 백제군은 일제히 고구려군의 측면으로 마주보면서 진격했다. 상황이 이상하게 되었다. 백제군은 고구려군을 상대하지 않고 계속 진군했다. 기병과 보병은 전속력으로 달렸다. 마치 용이 서로의 꼬리를 무는 상황처럼 되었다. 문자태왕은 그제서야 백제군이 중앙을 왜 그렇게 허술하게 두었는지 알 것 같았다.

백제군은 이동하면서 계속 화살을 쏘아댔다. 고구려군은 뜻밖의 상황에 당황했다. 게다가 주력이고 지휘부라 할 수 있는 선두 부분은 저 멀리서 백제군 꼬리 부분을 쫓고 있어서 고구려군 후미는 백제군 선두이자 지휘부에 노출되어 계속 타격을 입었다.

해질녘이 되자 양군의 위치가 반대로 되었다. 문자태왕과 무령천황은 서로 군대를 물렸다. 무령천황은 군을 대륙 남쪽으로 후퇴시켰다.

다음날 아침, 문자태왕은 백제군 진영이 텅 비어 있음을 확인하고 아쉬워했다. 이번 전투에서 백제군을 완전히 궤멸시킬 수 있었는데 그러지 못한 것이 못내 안타까웠다.

백제는 이번 전쟁에서 광양군, 광릉군, 청하군, 성양군, 낙랑군, 대방군(북평), 조선군(북경 이남) 등 7군을 모두 잃었다. 태수 중 5명은 항복하고 2명은 전사했다. 항복한 태수는 그 직위를 보장받았고 전사한 곳의 태수는 고구려인으로 교체되었다.

천주 앞 전투에서 포로가 된 백제군 중에 신라군이 섞여 있었다. 문자태왕은 신라인들의 반란으로 보고 신라 지증왕에게 국서를 보내 크게 꾸짖었다. 월성 인근에 주둔 중인 고구려군은 즉시 월성을 포위하고 신라 왕을 압박했다. 지증왕은 이번 사태가 일부 신라 귀족의 단독행동으로 신라 정규군이 파병된 것이 아니고 귀족의 사병임을 알렸다. 하지만 문자태왕의 분노가 심하여 지증왕은 입조하여 평양성에서 태왕에게 잘못을 구했다.

태왕은 신라인을 대규모로 이동시키기로 결정한다. 원래 고구려는 속국의 백성을 이주시킴으로써 속국의 흔적을 없애는 일을 자주했다. 부여와 후연이 그렇게 멸망한 것이다. 그리하여 신라인 수만을 대륙의 복건성 천주(홍콩 인근)로 이주시켰다. 그곳은 백제의 국경이므로 이주된 신라인들은 고구려군에 편입되어 국경수비대의 역할을 하게 되었다.

요서에서 대륙 남동해안 일대를 모두 장악하고 7군을 세운 백제의 대륙영토는 남해안지방과 대만을 제외하고 모두 고구려에 빼앗겼다. 고구려 문자태왕 시절 고구려의 영토는 속국을 모두 합해 1,700만㎢로 한반도 60배 가량의 땅을 획득했다. 북쪽으로는 끝

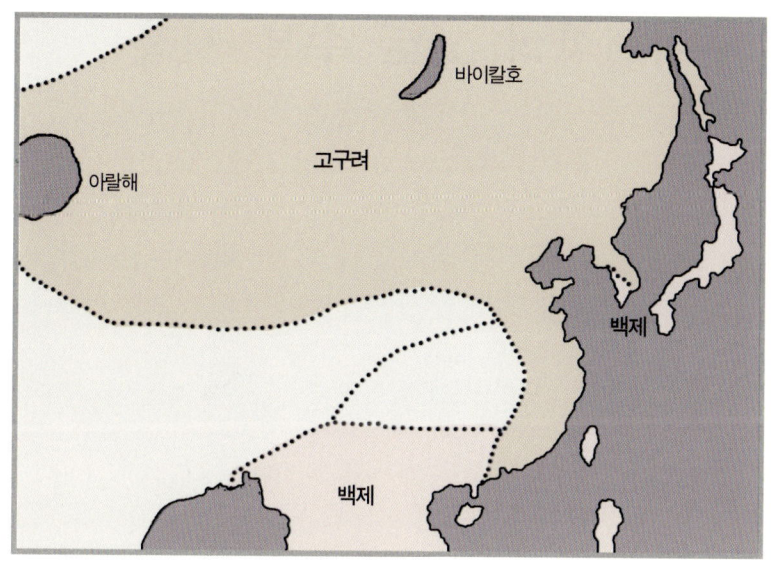

▲ 문자태왕 때의 고구려 최대 영역

이 없어 사람이 사는 모든 땅이 고구려의 땅이었고, 남으로는 대륙 쪽에선 복건성 천주까지, 한반도에선 한강 이남까지, 서로는 토욕혼과 아랄해까지 고구려의 땅이었다.

예전부터 고구려의 땅이 백제 땅보다 넓었으나 고구려의 북쪽 땅은 사람이 적어 국력에서 백제보다 강하다 할 수 없었다. 그러나 인구가 많이 사는 황하유역을 제패하고 대륙 동해안의 기름진 옥토와 인구를 모두 얻은 고구려는 그 국력이 백제의 2배 이상을 능가했다. 고구려의 지배를 받지 않는 모든 나라의 힘을 합해도 고구려에 미치지 못하는 대고구려시대였다.

무령천황의 고토 수복 시작

503년, 지난해의 패전을 딛고 백제는 힘찬 부흥을 향해 매진했다. 제도를 정비하고 군을 모집했고 몇 해 전 가뭄과 홍수로 인한 피해는 어느 정도 완화되었다.

고구려 문자태왕은 보기병 5만을 보내 복건성 이남의 백제 요새 고목성을 치게 한다. 태왕은 이 기회에 아예 백제를 밀어내고 안남까지 진출할 결심이었다.

이 무렵 중국 남부는 남제가 멸망하고 양나라가 건국되었다. 양나라를 세운 소연은 박학하고 문무에 재질이 있어, 남제의 왕자량王子良의 집에서 심약沈約과 범운范雲 등 문인귀족과 교유하여 팔우八友의 이름을 얻었다.

500년에 옹주雍州의 군단장이던 소연은 반란군을 일으켜 그 도읍인 건강健康, 南京을 함락시켜 남제를 멸망시키고 제위에 올라 국호를 양梁이라 불렀다. 백제의 국력이 약해져 속국 남제에 대한 영향력이 줄어든 상태에서 때마침 고구려의 지원을 등에 업은 소연의 반란에 백제는 힘을 쓸 여유가 없었다.

소연은 즉위 후 문자태왕에게서 대장군의 칭호를 받고 양나라 지배권을 인정받았다. 하지만 양나라는 고구려의 속국으로 전락하고 만다.

백제로서는 과거 백제, 남제, 신라, 가야의 연합군이 고구려 북위의 군대에 대항했으나 이제는 백제를 제외한 모든 나라가 고구려의 직속령 내지는 속국으로 변해 사방이 적으로 변했다. 결국 남은 것은 백제의 대륙 남부해안지방과 대만이었다. 대만은 백제의 해군이 지키고 있으나 언제 고구려 해군이 밀려올지 모르는 상황이었고, 남부해안은 벌써 고구려군이 내려오고 있었다.

이번 고구려군의 대장은 걸사사우로 흑수말갈족장 출신의 장군이었다. 역시 그의 군대 5만도 고구려 정예군이 아니라 말갈군으로 이루어진 부대였다. 말갈군의 편제는 주로 경무장 기병 중심으로 걸사사우의 군대 5만은 기병이 4만 이상으로 보병은 공성장비 이동과 궁병의 역할을 담당했다.

고목성은 고구려와 백제의 경계이므로 백제군 최정예 1만이 대기하고 있었다. 고목성 주변에는 울창한 산림이 있어서 성 이름을 고목이라 했다고 한다. 숲 속에 진을 꾸린 고구려군은 공성장비를 점검하고 다음날 성을 공격하기로 하고 쉬고 있었다.

오전에 도착한 고구려군이 공격 없이 쉬는 것을 알게 된 고목성 성주 해곤우는 성내에 약간의 수비병만 남기고 1만의 군대를 모두 이끌고 그날 저녁 고구려군 진지 근처에 매복한다. 고구려군의 수비가 생각보다 허술한 것을 안 성주는 즉시 불화살 공격을 감행했다. 진영이 숲에 위치한 관계로 나무에 불화살을 쏘자 불길이 걷잡을 수 없이 번졌다. 성주 해곤우는 무예가 뛰어난 병사 5백을 골라 마구간을 급습하여 말을 퍼뜨리고, 사병 1백의 결사대를 모아서 고구려군 장군에게 보낸다.

1백의 결사대는 고구려 군복을 입고 불을 끄느라 정신없는 고구려군 사이로 지나 걸사사우의 막사 근처에 다다랐다. 그러나 암호를 묻는 고구려군에 제지당하고 일대 혈전이 벌어졌다. 말갈 군사의 무예 솜씨도 백제군 못지않았다. 고르고 고른 병사들이고 공을 세우면 부장의 자리를 주겠다는 말에 지원한 백제군 결사대는 미친 듯이 칼을 휘두르면서 고구려 장군에게 다가갔지만 걸사사우 역시 무예 솜씨는 그들보다 나았다.

5명이 한꺼번에 달려들었으나 걸사사우는 단도 2개로 2명을 쓰러뜨리고 창으로 맞섰다. 수십 합이 오갔으나 백제군 1명이 또 쓰러졌다. 1백 명 중 20~30명만 남았을 때 고구려군이 몰려와 모두 제압했다. 그동안에도 수많은 불화살이 고구려군 진지로 날아와 양식과 막사를 태웠다. 불에 탄 나무가 쓰러져 많은 병사가 죽었다.

새벽까지 계속된 공격 후 백제군은 성으로 돌아왔다. 하지만 성내에는 고구려 깃발이 날리고 있었다. 고구려군은 추가로 3만의 군대를 보냈고 고정을 지휘관으로 한 철기군과 기병 3만은 밤에 도착해 성 주변에 매복했다가 백제군이 성 밖으로 나가자 성내에 입성한 것이다.

하지만 백제 무령천황의 군대도 새벽녘에 도착했다. 무려 10만의 대군을 이끌고 왔다. 백제군은 먼저 말갈군 진영을 공격했다. 지난밤에 기습으로 혼쭐이 난 말갈군 진영은 새벽녘에 들이닥친

10만 군대에 무너졌다. 게다가 말 수만 필이 도망가서 찾으러 병사를 사방으로 보낸 탓에 진영 내에는 병사가 적었다.

걸사사우는 필사적으로 저항했지만 1시진도 못 버티고 후퇴했다. 말갈군이 후퇴하는 것을 성내의 고구려군은 알 턱이 없었다. 숲이 울창해서 소리만 들릴 뿐 상황 파악이 안 되기 때문이다. 고구려 정탐병은 성 밖에 매복 중이던 해곤우의 병사들이 해치웠다. 게다가 지금은 아직 밤이었다.

다음날 아침, 고정은 성 밖에 포진한 11만의 대군을 보고 깜짝 놀랐다. 급하게 오느라 양식을 3일분만 가지고 와서 고정은 성내에 양식을 찾아보라 했다. 하지만 성내에 지키고 있던 백제 수비군이 도망치면서 양식을 불태워버리고 무기창고까지 타버려 고구려군은 갇히게 되었다.

식량을 제공하기로 한 양나라 군대는 2일 뒤 5천의 호위병을 이끌고 고목성 근처에 도착했다. 하지만 매복한 백제군에게 모두 항복하고 식량을 빼앗겼다. 황제는 양나라 군대를 죽이지 않고 돌려보냈다. 성을 포위한 지 5일째, 고구려군이 굶주리기 시작했다.

한편 걸사사우는 살아남은 병사 3만을 이끌고 성에서 멀리 떨어진 곳에서 사태를 관망하다가 병사를 성내에 잠입시켰다. 새벽에 말갈군 3~4명은 백제 군복을 하고 성에 다가간 뒤 성벽을 타고 올라갔다. 고구려군이 창을 겨누자 말갈군임을 밝히고 고정 앞에 섰다. 걸사사우는 내일 밤에 자신이 말갈 전군을 이끌고 후문을 공격할 테니 고구려군도 성문을 열고 나와서 합세한 뒤 퇴각하자고 했다.

새벽녘, 마침 달은 초승달이라 그리 밝지 않은 상태에서 말갈군은 후문으로 진격했다. 소리가 들리자 동시에 성문을 열고 고구려군도 튀어나왔다. 철기군을 앞세우고 그 뒤로 기병이 달려 나갔다. 정문 쪽에 병사를 집중 배치한 황제는 뜻밖의 기습소식을 듣고 백제 철기군 소집령을 내렸다.

3만의 철기군은 바로 후문으로 진격했다. 후문 주변은 백제군과 고구려군이 엉켜 아수라장이었다. 고구려군은 싸우기보다 후퇴하기를 원했는데 백제군이 계속 앞을 막았다. 철기군의 소리를 들은 고구려군은 즉시 철수했다. 말갈군은 철수하는 고구려군 뒤로 남아 방어했다. 후미는 기병이 남아서 백제군을 막고 보병은 선두에서 도망갔다. 보병이 멀리 도망가자 기병도 퇴각했다. 백제군이 추격하려 하자 황제는 만류했다.

성주 해곤우는 황제 앞에 사죄했다. 성을 빼앗긴 것에 대해 일부 장수는 직위 해제를 주장했지만 황제는 해곤우가 말갈군을 기습하여 수만의 말갈군을 죽이고 피해를 입힌 점과 성을 다시 찾는 데 기여한 점을 들어 용서했다.

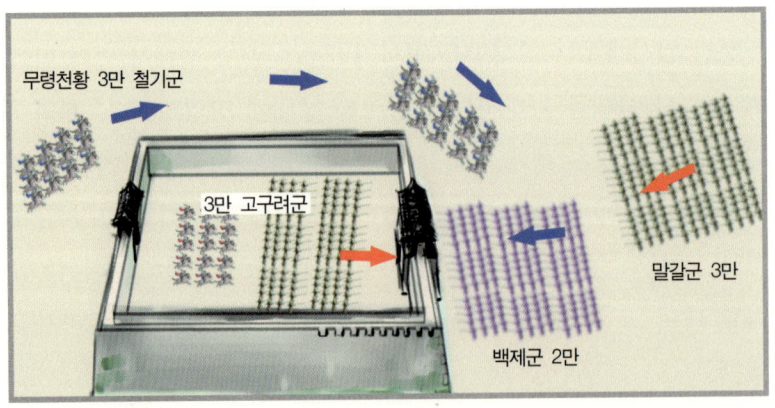

▲ 전투 상황도

503년, 무령천황은 고구려군의 고목성 공격에 대한 저항의 표시로 황해도에 있는 수곡성으로 달솔 우영을 보냈다. 지난번 공격의 실패를 만회해보라고 우영을 다시 보낸 것이다. 달솔은 이번에 해군을 이끌고 공격했다. 배를 타고 온 2만5천의 군대는 일단 황해도의 작은 섬들을 점령하고 요새를 세운 후 상륙했다.

수곡성에는 고구려군 1만이 철저히 대비하고 있었다. 문자태왕은 그때 산둥성에 있었기 때문에 보고가 늦었다. 평양성에 있던 문자태왕의 동생 고려운은 병사 3만을 보냈다. 산둥성에서 백제 동성천황이 지은 임류각에 머무르던 문자태왕도 보고를 받고 해군 2만을 추가로 파견한다.

3일 동안 지속된 맹공격에도 성이 함락되지 않자 우영은 군대를 철수시켰다. 하지만 점령한 섬에는 병사 수천을 그대로 유지시켜 백제의 해군기지로 삼았다. 고구려 해군이 당도해 섬을 포위하고 공격했지만 백제군은 요새에 틀어박혀 상대하지 않았다. 때마침 풍랑이 거세져 고구려 해군은 가까운 고구려 해군기지로 후퇴했다.

이한의 아들 이영은 아버지가 동성황제를 보위하다 반란군에게 죽어 충신의 반열에 오른 덕분에 그 후광을 입어 출세길이 열렸다. 20살도 안 된 나이에 6품 내솔로 출발한 이영은 다음해 5품 한솔로 승진했다. 부서는 아버지가 맡았던 위사부에 있었다. 원래 충신의 가문은 황제의 최측근으로 두게 되므로 등급은 낮으나 무령천황의 심복으로 들어갔다.

504년, 신라는 지증왕이 국가의 체계를 갖추고 나라를 주, 군, 현으로 나누고 중앙군과 지방군 각 귀족의 군대를 정비했다. 또한 월성 인근과 강원도 삼척에 주둔 중인 고구려군에 대한 감시를 비밀리에 하고 군대를 키우기 시작했다.

대륙의 북위는 수십 년간 지속된 백제와의 전쟁으로 국력이 소진하여 고구려의 작은 속국으로 변했고, 양나라 또한 고구려의 눈치만 보는 속국으로 변했다. 양나라의 수도 남경은 사방이 고구려군으로 둘러싸여 역심은 꿈에도 꾸지 못할 정도였다. 북위 또한 고구려군이 낙양 근처에 주둔하여 나라의 존망이 태왕의 명 하나에 달려 있었다.

토욕혼은 이미 고구려에 조공을 바치고 속국을 맹세한 지 오래됐고 위구르지방에도 고구려군이 주둔했다. 몽골의 수많은 부족국가들은 전부 고구려에 통일되어 중요지방마다 고구려군이 진주해 있었다. 거란부족 역시 고구려군 수만이 상시 진주하고 있어 북방의 영토는 전부 고구려의 땅이었다.

북쪽은 추운 지방이고 쓸모없는 땅이 많지만 남쪽은 따뜻하고 인구가 많이 살며 곡창지대여서 문자태왕은 남진정책을 계속 추진했다. 즉위 초와 502년에 실시한 대규모 남진정책으로 백제의 대륙영토 2/3를 차지하고 백제 7군을 얻은 문자태왕은 동성천황의 궁인 임류각에 입성했다. 임류각은 동성천황의 죽음을 가져왔을 정도로 화려하게 지어져 있었다. 비록 점령과정에서 많이 파괴되었지만 태왕은 주요 건물을 복구하여 머물렀다.

백제와의 전쟁을 위해서는 산둥성이 전략지휘부로 안성맞춤이 있다. 또한 북위와 양나라에 고구려의 위력을 보여주고 그들을 압박하기 위해서도 산둥성이 제격이었다. 고구려군은 각 부족과 속국의 군대를 모아 정비했다. 선비족 군대 3만, 거란군 5만, 신라군

2만, 말갈군 15만, 몽고군 3만, 대륙백제 7군 5만, 양나라군 3만, 부여군 3만, 동예군 3만, 고구려군 30만 등 도합 70만이 넘는 군대를 정비했다.

후대에 최치원이 고구려와 백제군을 합하면 강병이 백만이라 했는데 문자태왕 이전에는 고구려군과 백제군의 규모가 약간 차이가 났었으나 문자태왕의 최전성기인 504년 태왕의 군대는 70만이 넘었다. 백제군을 압도한 것이다. 태왕은 모든 나라에 백제와의 교류를 금하고 백제를 압박해나갔다.

한편 백제의 무령천황은 대륙 남부와 안남, 왜, 필리핀(흑치국), 한반도백제, 가야, 신라의 일부 귀족, 대만, 동남아시아의 섬 등에서 군대를 정비케 하고 태왕의 군대와 맞설 군을 모집했다. 그리하여 전 국토에서 모은 백제군 30만을 모두 고목성을 중심으로 한

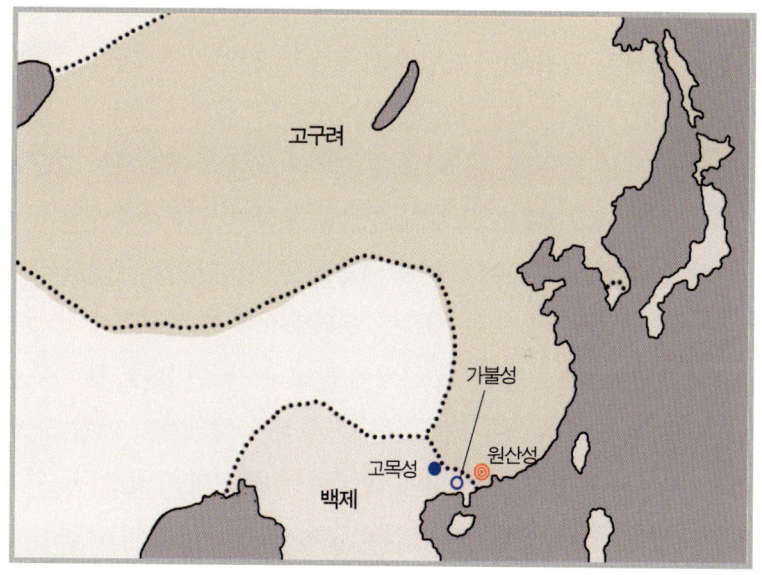

▲ 복건성 이남으로 남하한 고구려군

방어라인에 집결시켰다. 대규모 반격계획을 짠 것이다.

고구려와 백제의 접경지역에는 3개의 큰 성을 중심으로 백제군의 방어선이 구축됐다. 주변에는 작은 요새들을 쌓고 병사 30만을 나누어 주둔케 했다. 황제는 고목성 뒤에 진영을 만들고 주둔했다.

고구려는 예실불을 사신으로 북위에 보냈다. 곧 시작될 백제 잔당 토벌전쟁에 북위군을 동원하기 위해서였다. 예실불이 낙양에 다다르자 북위 효문제는 친히 나와 조상의 방위인 동당에서 예를 갖추어 맞이했다. 태왕의 조서를 낭독한 예실불은 북위의 왕에게 군대 5만을 보낼 것과 군량을 조달하도록 독려했다.

북위의 왕은 예실불에게 창고와 도성을 보여주며 백성이 궁핍하여 창고는 비어있고, 병사는 과거의 1/3로 줄었고, 각 지방의 통치권도 위태로운 시점임을 말했다. 예실불도 이미 들어 알고 있었지만 막상 와보니 북위의 사정이 심각함을 알았다. 그래도 태왕의 명령임을 내세워 북위의 기마병 2만과 수만 필의 말을 데리고 돌아왔다.

한편 태왕은 고구려 정규군보다 속국의 군대를 이용하여 고구려군의 피해를 줄일 생각으로 백제 7군 중 투항한 군대의 장수와 군을 남쪽으로 내려보냈다. 이미 백제 국경에는 신라인으로 구성된 군대가 주둔하여 있었다. 또한 백제를 포위하기 위해 양나라에 군대를 파견했다. 양나라 왕은 수도 근처에도 고구려군이 있을 뿐 아니라 나라 전역에 고구려군이 진주하는 걸 원하지 않았지만 어쩔 수 없었다. 지금의 호남성, 강서성에 고구려군 10만이 주둔했다. 이제 백제의 땅은 북쪽 전체에서 고구려군에 포위된 상황이었다.

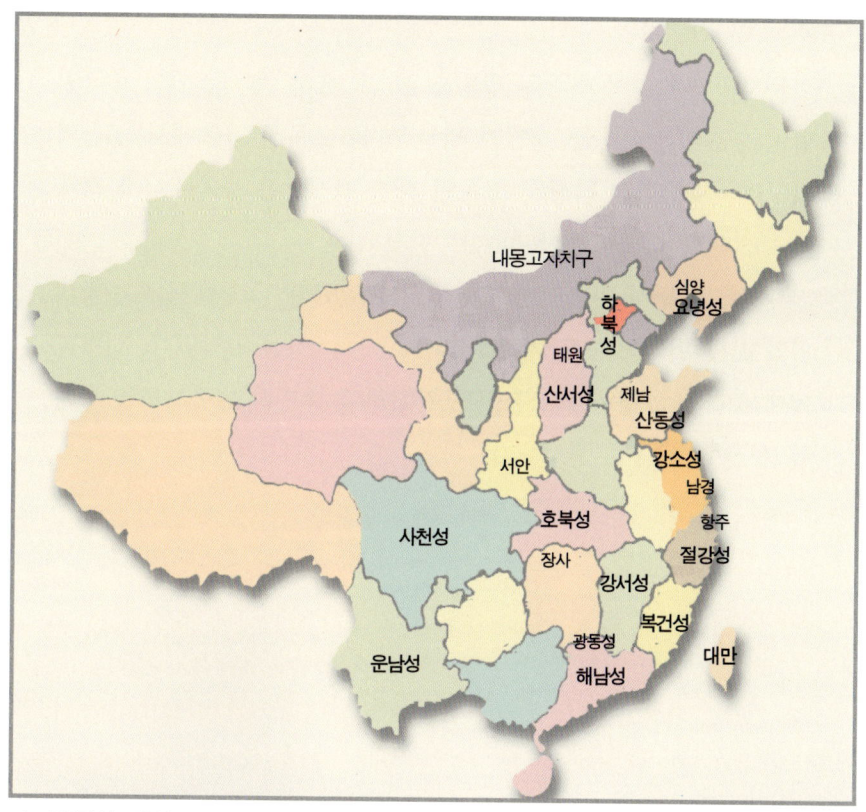

▲ 중국의 각성

　506년 8월, 문자태왕은 호남성으로 내려왔다. 2년 동안 임류각에 살면서 호화스런 생활을 했지만 역시 백제를 멸망시키고 호화스런 생활을 하는 것이 좋다고 생각했다. 게다가 각 장군과 대신들의 상소가 끊이지 않아 그곳을 벗어나기로 했다.
　양나라 왕은 친히 나와 태왕을 영접하고 태왕은 양나라 왕과 같이 용산에서 5일간 사냥을 했다. 사냥에 동원된 군대가 수만에 이르고 사냥터는 그 넓이가 거대하여 고구려의 강대한 국력을 말해

주는 것 같았다.

　문자태왕은 고목성을 두 방향으로 공격했다. 병력 5만의 속국연합군(2만의 양나라군, 3만의 말갈군)은 고목성 북쪽에서, 5만의 고구려군과 3만의 낙랑군 소속인 과거 백제군은 동쪽에서 진격했다. 13만의 대군이 고목성으로 진격했다.

　해곤우는 당시 3만의 병력을 가지고 있었다. 국경에서 최전방에 있었고 몇 번의 전투도 치른 터라 해곤우는 자신이 있었다. 성벽도 높게 증축했고 병사들의 훈련도 강화하여 충분히 고구려군을 무찌를 승산이 있다고 생각했다.

고구려군의 고목성 2차 침공

　무령천황은 이때 한반도 백제에 있었다. 황해도에 있는 고구려의 수곡성을 칠 계획이었다. 대륙백제와 고구려 접경에 20만의 대군을 남겨두고 10만의 병사를 한반도 백제에 모았다. 황제는 황해도에 있던 백제 해군기지들을 발판으로 수곡성 인근에 5만의 군대를 상륙시켰다. 친정한 것이다.
　이영은 황제의 친위군 소속으로 같이 상륙했다. 5백 척의 대규모 해군에 전투병 6만, 선원 1만의 대규모 상륙전이었다. 과거 광개토태왕이 백제를 공격할 때 동원한 해군 5만보다 더 많은 규모였다. 하지만 고구려는 이미 준비가 되어 있었다. 고구려 해군 5만이 이미 황해도로 집결했고, 수곡성 인근에도 증원군 3만이 와있었다. 황제는 내부 첩자를 의심했다. 백제군의 동향을 이미 누군가가 고구려에 전한 것 같았다.
　이영은 황제의 명령으로 각 장군과 부장들을 감시하기 시작했다. 백제군은 수곡성 인근에서 진영을 펼쳤고 이튿날 회의에서 황제는 고구려 증원군 3만을 먼저 공격한다는 계획을 발표했다. 이영은 근위군을 2명씩 나누어 각 장군과 부장들에게 붙였다. 그런데 그날 밤 내솔 연소개가 사병 한 명을 진영 밖으로 보내는 것이 포착되었다. 이영은 즉시 사병과 연소개를 체포하고 연소개가 고구려군에 보내는 밀서를 얻었다.

심문한 결과 연소개는 고구려로 망명한 연신과 연락을 주고받고 있었다. 연소개는 연신의 이종사촌 조카지만 해구와 연신의 반란 때 아직 3살 아기였던 관계로 용서받았다. 이후 자라면서 연씨 일족의 비참한 말로가 전부 동성천황 때문이라 생각하고 반감을 품었다가 이제 동성천황의 동생인 무령천황이 황제가 되자 고구려에 있는 연신과 서신을 주고받으며 나라를 판 것이었다.

연소개는 능지처참을 당하고 그의 사병들은 노예로 보내졌으며 연씨 일족 중 관련자에 대한 색출 작업이 실시됐다. 수십 명이 사형당하고 유배되었으며 연씨는 지난번 반란사건 이후 또 한번 막대한 타격을 입었다. 일부 연씨들은 고구려로 망명했다. 고구려에도 연씨 세력은 큰 힘을 갖고 주요 요직에 있었으므로 망명한 연씨들은 고구려에 안정적으로 정착하여 백제에 대한 내부정보를 제공했다.

배신자로 인해 군의 사기가 저하되었고 고구려 수군이 이곳으로 온다는 소식에 황제는 철군했다. 그러나 황해도 인근의 여러 섬에 있는 백제 해군기지와 요새들은 그대로 둔 채 경비병력 수천을 남겨 두었다. 황제는 백제 해군 전군을 대동한 채 대만으로 항해한다.

반면 고구려 해군 5만은 백제의 황해도 해군기지에 대한 공격을 시작했다. 3개의 섬에 5천의 백제 병력이 지키고 있었지만 얼마 버티지 못하고 무너졌다. 마지막 요새는 3천의 백제군이 옥쇄를

▲ 전투 상황도

  각오하고 버텼다. 배와 지상에서 수많은 불화살을 쏘고 투석기 수백 대로 엄청난 돌을 쏘아댔지만 백제군은 3일을 버텼다.

  수비대장은 사법천으로 북위군을 격파한 사법명 대장군의 아들이었다. 명성에 걸맞게 그는 모든 준비를 철저히 했다. 해안가에는 수많은 철 조각들을 뿌려 상륙하는 고구려군이 많은 부상을 당했고 투석기 50대를 높은 절벽에 배치해 고구려 배를 격침시켰다. 토성 위에 돌을 쌓고 그 위에 10m가 훨씬 넘는 나무목책을 세워 고구려군이 쉽게 오를 수가 없었다. 대부분의 식량과 무기고는 땅을 파고 지은 관계로 불화살을 아무리 쏘아도 백제군은 타격이 적었다.

  요새에는 3달간 백제군이 먹을 수 있는 양식이 있고 무기 또한 화살 10만 벌 이상이 있었다. 7일간 지속된 전투로 고구려군이 5천이나 죽었다. 백제군은 5백이 죽거나 부상당했다. 앞서 무너진 2개의 백제 요새와 달리 이 요새는 쉽사리 문을 열지 않았다.

  백제군은 벌써 가을이 지났고 이제 곧 11월도 지나가므로 추위

질 때까지 견디면 승산이 있다고 생각했다. 처음 3천의 군대가 3달간 먹을 양식은 이제 병사가 줄면서 4달간 먹을 양식이 되었다. 전투에서 백제군이 죽어도 식량 사정은 오히려 충분해진다. 군의 사기도 높았고 수비대장 사법천은 충성심이 높아서 항복을 계속 거부했다.

고구려군 해군 대장 고영은 무예가 출중한 병사 3백을 뽑아서 밤에 섬의 절벽을 오르도록 했다. 절벽 위에는 목책이 4~5m 가량 서 있고 투석기부대가 있었다. 병사들 중 무예가 특출한 원길이라는 병사는 한 시진 만에 수십 미터나 되는 절벽을 기어올라 줄을 설치하고 다른 병사들이 기어오르도록 도왔다. 수십 명이 바다에 떨어져 죽었지만 대부분이 무사히 절벽을 기어올랐다.

그때 절벽 위 목책에 밧줄을 던져 다시 목책을 오르려 하자 백제군 수비병이 이를 보고 북을 울렸다. 곧 수백의 백제군이 절벽으로 증파되었고 목책을 오른 고구려군과 전투가 벌어졌다. 원길은 횃불을 들고 흔들어 고구려군에 신호했다. 그러자 요새 밖에서 매복 중이던 1만의 고구려군이 일제히 요새로 밀어닥쳤다.

사법천은 절벽에 병사 200을 추가로 보내고 대부분의 병사는 요새 정문 앞으로 모았다. 화살 공격과 끓는 물로 공격했고, 기름을 붓고는 불화살을 쏘아 요새 밖의 고구려군이 무수히 쓰러졌다. 파쇄차는 오는 도중 불화살 공격에 불타버리고 운제 또한 절벽에서 쏜 백제군의 발석차에 맞아 무너졌다.

밤새 전투에서 절벽을 오른 고구려군은 패퇴했고 40명 가량의 고구려군은 목책을 뛰어넘어 도로 내려가다가 대부분이 죽었다. 요새 정문을 공격하던 고구려군은 2천 이상이 죽었다. 하지만 백제군의 피해도 커서 이제 수비군은 2천밖에 남지 않았다. 고영은 요새 밖에 진영을 설치하고 막사를 세웠다. 추위에 견딜 수 있게 나무로 집을 짓고 아예 장기전에 대비했다.

요새 안에서 바라보던 사법명은 긴장하지 않을 수 없었다. 고구려군은 더 이상 무리한 공격을 포기한 채 요새 밖 백제군 투석기의 사정거리 밖에 집을 짓고 겨울을 보낼 생각인 것 같았다. 고영은 사자를 보내 협상을 제의했다.

사법명과 고영은 요새 밖에서 만났다. 고영은 사법명에게 요새를 포기하면 안전한 백제군의 퇴각을 보장하며 다른 요새에서 포로로 잡은 백제군 1천 명을 돌려준다고 했다. 만일 계속 저항한다면 포로 1천 명을 모두 앞장세워 화살받이로 쓰겠다고 했으며, 함락될 경우 성내의 모든 백제군과 민간인을 학살하겠다고 협박했다. 또한 고구려군은 이미 월동준비를 끝냈으니 백제군은 우리가 겨울이라 물러갈 거라고 생각하지 말라고 했다. 그러자 사법명은 조건에 동의하고 철수했다. 포로 1천 명을 돌려받았고 고구려군 포로 2백을 돌려주었다. 이로써 수곡성을 위협하던 백제군은 모두 정리되었다.

한편 고목성에선 13만 대군에 포위된 해곤우의 3만 백제군은 2달을 버텼다. 용산에 주둔 중이던 문자태왕은 겨울이 오기 전에 전투를 끝맺고 싶었다. 그래서 20만의 증원군을 불러서 즉시 친정했다. 백제의 주요 전략 요충지인 원산성과 가불성의 백제 원군을 포위하기 위해 직접 나선 것이다.

태왕과 황제의 전투

 무령황제는 11월 대만에 도착해 대만 지원군 2만을 포함하여 8만의 대군을 복건성에 상륙시켰다. 마침 기다리던 백제연합군 15만을 규합하여 23만의 대군은 고목성으로 진격했다. 태왕의 20만 군대도 백제군과 마주했다. 태왕과 황제의 대결이 또 시작되었다.
 백제군은 이번 전투에 많은 준비를 했다. 신설한 5만 명 규모의 장창부대와 10만의 궁병, 철기병 3만을 포함한 8만의 기병으로 전투에 임했다. 태왕은 철기병 5만과 경기병 10만, 보병 5만이었다.
 태왕이 철기병과 경기병을 선두에 배치하고 보병을 후미에 배치한 전형적인 고구려 진형을 보이자 백제군은 선두에 장창부대를 배치했다. 그 뒤로는 10만의 궁병이 배치되고 후미에 기병이 배치됐다.
 먼저 고구려 철기병과 기병이 일제히 백제군 쪽으로 달려갔다. 사정거리까지 기다리던 백제 궁병은 창병 앞으로 나가서 화살을 연속으로 3회 발사한 후 창병 뒤로 후퇴했다. 창병들은 앞으로 전진해 쐐기모양을 형성했다. 다시 궁병이 3회 발사한 후 창병과 고구려 철기병이 부딪쳤다. 화살 날아가는 소리, 철기병과 창이 부딪치는 소리, 말이 넘어지는 소리 등 엄청난 소음이었다.

이영은 자원해서 창병의 선두열에 섰기 때문에 진투의 한가운데에 있게 됐다. 4m 가량 되는 이영의 긴 창은 고구려 철기군의 말을 찔렀다. 말이 넘어지면서 말 위의 병사도 같이 넘어졌다. 그 뒤로 온 철기병의 말이 그 병사를 밟았고 병사의 내장이 튀어나왔다. 어떤 병사는 머리가 깨져 뇌가 보일 지경이었다. 여기저기서 비명소리가 들렸다.

뒤에서 화살 쏘는 소리가 들렸고 수만의 화살이 고구려군 쪽으로 날아갔다. 고구려군도 엄청나게 많은 화살을 쏘아댔다. 기병도 쏘고 보병도 뒤에서 화살을 쏘았다. 옆에 있던 병사는 10발 가량의 화살을 맞고 쓰러졌다. 이영은 왼팔에 맞았지만 그나마 갑옷 덕분에 깊은 상처는 나지 않았다. 백제군은 쓰러지면서도 버텼다.

어느 정도 시간이 지났을까. 고구려군 선두열의 정체로 갑자기 전군이 정체되고 혼란이 일어났다. 뒤에선 전진하려 하고 선두는 창병에 막혀 더 나아가지 못하고, 말에서 떨어진 병사는 어김없이 같은 편 말에 짓밟혀 목숨을 잃었다. 또다시 수만 발의 화살이 고구려군 쪽으로 날아왔다. 하늘이 보이지 않았고 해도 가려졌다. 화살소리가 마치 비 오는 소리 같았다. 10만 발의 화살이 일제히 하늘을 날아가자 고구려군 수천이 넘어졌다. 한 시진을 그렇게 싸우자 수만의 고구려군이 죽었으나 백제군은 피해가 적었다. 태왕은 후퇴했다.

이영은 전투에서 왼쪽 허벅지에 화살을 맞았고 왼쪽 팔에도 맞

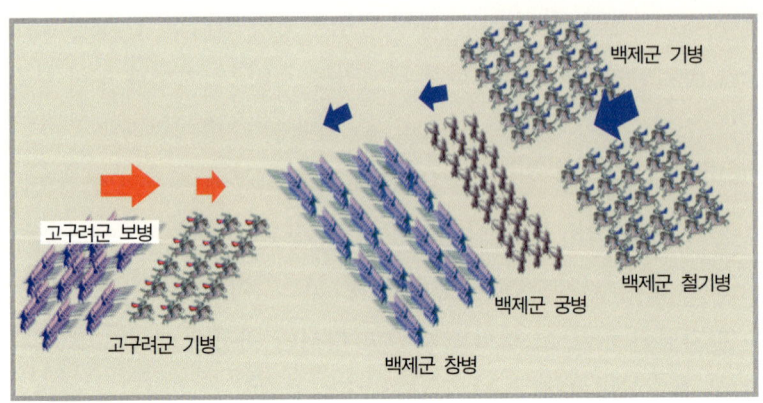

▲ 전투 상황도

앉다. 황제께서 직접 막사에 와서 격려했다. 이제 이영의 가족은 백제에서 인정받는 명문에 들어선 것이다.

전투 결과 고구려군 5만이 죽었다. 1만의 포로가 생겼고 백제군은 3만의 손실을 입었다.

고목성 근처에서 벌어진 대전투에서 백제군은 이겼지만 고목성 전투는 달랐다. 해곤우는 죽기로 성을 방어했으나 5배에 가까운 대병을 이기지는 못했다. 두 달의 기나긴 항전 끝에 고구려군이 성문을 부수고 진입했다. 성문에서 해곤우는 병사 5천과 함께 막았으나 철기병을 이기지는 못했다. 고구려 철기병은 성에 난입해 백제군을 유린했다.

성내에 작은 요새로 후퇴한 해곤우는 수하 1천과 함께 끝까지 싸우다 고구려군이 쏘아올린 수많은 불화살에 요새가 타면서 같이 죽었다. 수만의 백제군과 백제인들이 포로로 잡혀갔다. 그 후 무령천황이 대군을 이끌고 올라온다는 소식에 고구려군은 퇴각했다. 성은 불에 탔고 성벽 하나하나마다 모두 파괴됐다.

이번 전투에서는 말갈군이 큰 공을 세웠다. 말갈군이 성문을 부수었고 처음 진격한 군대도 말갈군이었다. 태왕은 말갈군에 큰 상 주었고 말갈군은 잠시나마 고향으로 돌아갔다. 말갈군과 더불어 과거 백제 7군 중 하나인 낙랑군 태수의 부하들도 이번 전투에서 공을 세웠다. 이에 태왕은 치하하고 역시 낙랑군으로 돌려보냈다.

 이번 고목성 전투로 고구려군은 8만의 손실을 입었고, 백제군은 6만을 잃었다. 하지만 백제인 수만 명이 전부 고목성에서 고구려군에 의해 끌려갔으므로 피해 인구는 더 많았다.

장령성 축조

　고목성이 파괴되자 황제는 근처에 장령성을 축조하여 507년에 완공되었다. 또한 1년 반 동안 수십만을 동원하여 완공된 장령성은 내성과 외성을 쌓아서 방비를 철저히 했고 인근의 산과 연결되어 공격이 쉽지 않도록 했다.
　문자태왕은 같은 해 옛 백제군 낙랑부 출신 군사들을 규합하여 평양으로 보낸다. 그리고 평양 수비병 일부를 낙랑부에 주둔시켰다. 혹시 있을지 모르는 반란을 미연에 막고 백제 공격을 다시 시작하기 위해서였다. 그러나 대륙백제는 장령성의 완공으로 치기가 쉽지 않았다.
　고구려 모달 고로는 낙랑부 군사들 2만과 고구려군 1만으로 3만의 군사를 정비한 후 백제의 북한산성으로 파견되었다. 북한산성에는 백제 국경수비대 5천이 주둔하고 있었다. 북한산성은 산세가 험하여 올라가기가 쉽지 않은 곳에 지어진 요새라서 고구려군의 수는 월등해도 전진이 불가능했다.

성을 포위하고 며칠이 지났지만 성과가 없자 고로는 5천의 병사를 성 밖에 매복시키고 2만5천의 병사를 이끌고 한성으로 진군한다. 횡악에 주둔한 고로는 기회를 보고 있었다. 이때 무령천황은 장령성에서 돌아와 인천에 상륙한다. 병력 3만과 같이 상륙한 황제의 군대는 곧장 고로의 군대를 뒤쪽에서 우회하여 포위하려 했다. 고로는 앞쪽에 한성, 뒤쪽에 북한산성과 무령천황의 군대에 둘러싸이자 밤사이 후퇴한다. 그러나 백제군 기병이 한성에서 출동하여 고구려군의 후미를 기습하여 수천의 수급을 베고 고로는 황해도 수곡성으로 후퇴했다.

무령천황의 외교정치

 양나라는 사실상 고구려의 영토였다. 나라 곳곳에 고구려군 기지가 세워지고 용산은 태왕의 사냥터로 지정되었다. 태왕은 백제와의 전쟁 때문에 용산에 머물기도 하고, 산둥성 임류각에서 쉬기도 하고, 산서성 평양성에서 국사를 보기도 했다. 양나라가 백제와의 전쟁에 전진기지로 전락하자 무령천황은 여러 차례 비밀리에 사신을 보내 동맹관계를 회복하려고 시도했다.
 그리고 503년에는 무령왕의 뒤를 이어 왜왕이 된 동생 게이타이에게 동경을 보내어 장수를 기원하고 왜에 대한 통치를 강화했다. 그리고 오경박사 단양이段楊爾와 고안무高安茂를 각기 일본에 보내어 백제의 선진문화를 일본에 전해주기도 했다.
 무령왕은 백성들의 생활에도 많은 관심을 기울였다. 동성천황의 말년에 가뭄과 홍수로 피해를 입고 회복되지 못하고 굶주리는 백성들을 위해 곡식을 나누어 주고, 떠돌아다니는 백성들에게는 고향에 돌아가 농사를 지을 수 있도록 했다. 이때 백제는 풍작을 이루었는데 우수한 철제 농기구를 많이 만들어 썼을 뿐만 아니라 안남지방에선 따뜻한 날씨와 기후로 인해 대규모 풍작을 이루어 많은 식량이 저장되었다. 국가가 정비되고 병사들은 훈련에 강도를 더해 갔으며 외교에도 힘써서 과거 동성친황의 위세를 회복해 가고 있었다.

508년, 고구려 태왕은 시조를 제사하는 고려묘를 청주(산동반도)에 세웠다. 양무제 소연은 문자태왕에게 대장군의 칭호를 올렸다. 태왕도 양무제를 양나라의 왕으로 인정하고 보호국으로서 백제와 북위의 침략으로부터 지켜주겠노라고 했다.

양왕 소연은 이름만 왕이었고 수도 근처에도 고구려군이 주둔했고 나라의 주요 성과 요새에도 고구려군이 넘쳐나서 실제 힘은 없었다. 북위 또한 지난 세월 동안 백제와의 전쟁에서 너무 큰 피해를 입어 다시 일어서기 힘들었다. 다행히 백제 7군이 모두 고구려의 영토가 되는 바람에 북위가 전쟁에 나설 일은 없어졌다.

509년, 북위는 국력을 조금 회복하여 그 과시로 낙양에 영명사를 건립한다.

고구려, 백제, 신라는 자국 백성들을 돌보기에 바빴고 국가는 살찌워졌다. 군대는 점차 증강되고 평화가 지속되었으나 마치 폭풍 전야 같았다.

신라 지증왕은 비밀리에 백제에 사신을 여러 차례 보내 고구려군을 도성에서 몰아낼 계획을 세웠다. 하지만 대세는 고구려였다. 사방의 모든 나라들, 즉 토번, 북위, 양나라, 북쪽의 선비족은 모두

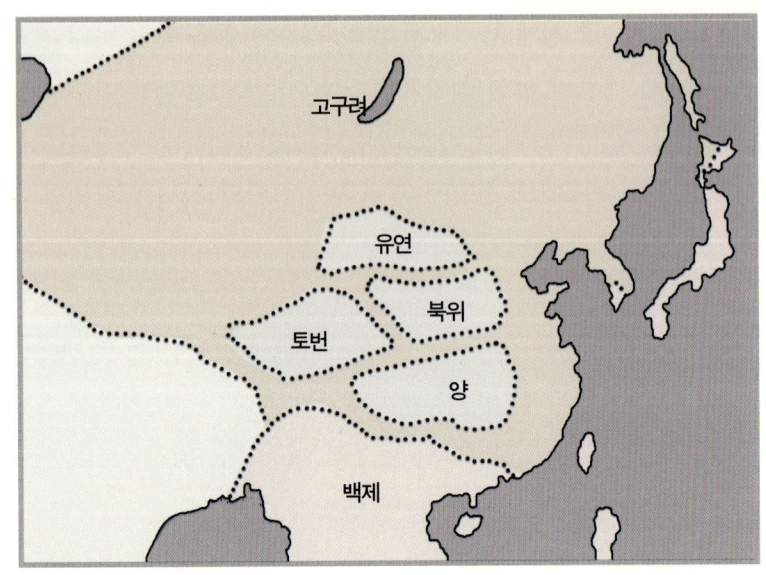

▲ 대고구려시대

고구려의 속국이었다.

　문자태왕은 모든 고구려와 속국의 군대를 규합하여 대규모 편제를 만들고 상시 동원이 가능하도록 체제를 정비했다. 그리하여 고구려의 영토는 점점 넓어져서 고구려 건국 역사상 최대의 규모가 되었으며 넓이가 1,000만km^2를 넘어서 1,200~1,500만km^2 가량 되었다. 몽고의 초원에는 수많은 부족이 있었지만 모두가 고구려에 복종했다. 북쪽의 시베리아를 넘어 사람이 살 수 없는 곳까지 고구려의 힘이 느껴졌고 남으로는 이제 백제만 홀로 외로이 전쟁을 준비하고 있었다.

　고구려군은 고구려 정예군 40만에 말갈군 15만, 거란군 5만, 투항한 백제군 10만, 선비족 군대 5만으로 군대를 재편성했다. 인구는 2,000만이 넘었다.

북위는 광개토태왕 때 수도인 업에서 평성으로 쫓겨 가고 다시 백제에 의해 평성에서 낙양으로 쫓겨 가는 수모를 겪은 후 국력이 쇠약해졌다. 영토도 전부 고구려에 빼앗기고 사실상 번국의 처지로 전락했다. 북방의 패자라 자처했던 북위는 그 국력이 해가 갈수록 약해셨고, 고구려의 백제 정벌로 인해 백제군이 중국 남쪽으로 쫓겨 가자 그제야 국력 회복의 실마리를 얻었으나 태후 효는 불교에 빠져 사찰건립에 힘을 쏟아 국력이 다시 쇠약해졌다.

또한 양나라의 상황도 같았다. 양나라 무제의 치세는 50년에 이르는데, 그 전반은 정치에 정진했으나 후반에는 그의 불교신앙이 정치면에도 나타나 불교사상에서는 황금시대가 되었지만 정치는 파국의 징조를 보이기 시작했다. 548년에 일어난 후경侯景의 반란으로 양무제는 병사하고 견강(남경)은 황야로 변했다. 북위와 양나라가 모두 국력이 쇠약해졌고 불교에 헌신해 국력이 사찰건립에 낭비되었다.

몽고의 초원지대는 유연과 지두우가 분할하고 있었으나 지두우는 479년 고구려에 멸망되고 유연 또한 고구려에 복속되어 사실상 천하는 고구려의 땅이었다. 고구려의 끝은 지금의 위구르지방까지 이어져 지금도 위구르지방에는 고구려 복식을 한 그림이 있는 무덤이 출토된다.

509년, 고구려는 북위와 양나라를 감시하여 백제와 연계하지 못하게 했다. 그러나 무령천황은 고구려 지배 하에 있는 각 나라와 번국에 비밀리에 사신을 보내 동맹을 모색했으나 유연과 북위, 양, 신라, 토번 등 각 나라들은 백제의 요청을 모두 거절했다. 백제는 양나라의 도움이 제일 아쉬웠으나 양나라는 고구려군의 직접 지배 하에 있어서 백제군을 도울 수가 없었다.

512년, 문자태왕은 다시 한번 대규모 군대를 일으켰다. 문자태왕도 이젠 나이가 들어서 60에 가까워졌다. 할아버지 장수태왕은 거의 100세를 살았지만 문자태왕은 할아버지만큼 오래 살지는 못할 거라고 생각했다. 장수태왕이 죽기 전 백제를 멸망시키려 했지만 동성천황에게 막혔었다. 문자태왕은 이제 후손들에게 완성된 고구려 제국을 물려주고 싶었다. 할아버지는 백제 7군을 멸망시키지 못했지만 자신은 백제 7군을 멸망시켰고 영토를 더욱 넓혔다.

문자태왕은 이제 남은 백제의 세력을 완전히 짓밟고 통일을 이루고 싶었다. 하지만 백제 무령천황도 형인 동성천황만큼 뛰어난 황제였다. 백제는 남쪽으로 많은 땅을 가지고 있었고 남아시아에 있는 수많은 섬들이 모두 백제의 땅이었다.

무령천황은 30만의 군대를 보유하고 고구려군에 대항했다. 고구려군이 70만에 이르지만 속국과 번국에 흩어져 있었고, 정예 고구려군은 40만 정도로 백제에 크게 앞선 상황은 아니었다. 장수태왕 때 이용했던 북위의 군대는 이제 지리멸렬의 상태였고 고구려의 상황이 크게 좋은 것은 아니었다.

원산성, 가불성 전투

고구려군과 말갈군 30만은 문자태왕의 지휘 하에 대규모 남벌을 시작했다. 이번에는 복건성 천주 아래 방향으로 진격했다. 고목성이 황폐화되고 백제가 쌓은 장령성은 아무래도 점령하기가 쉽지 않았다. 따라서 그 아래쪽에 있는 원산성과 가불성에 각각 15만에 달하는 병력을 파병했다.

백제군도 역시 30만을 동원해 수성에 나섰다. 무령천황은 이때 군대를 동원하면서 비밀리에 양나라에 사신과 선물을 보냈다. 양나라 무제는 진작부터 고구려의 지배에서 벗어나고 싶었는데 마침 고구려군이 백제 쪽으로 이동하자 독립의 꿈을 꾸게 되었다.

원산성과 가불성에는 백제군이 각각 2만과 3만이 있었고, 장령성에는 백제군 10만이 주둔하고 있었다. 지원군 15만이 남쪽에서 올라오자 무령천황은 군을 정비하고 양나라 왕의 반란을 기다렸다. 성을 공격하는 고구려군이 지치면 앞뒤에서 공격할 작전이었다.

하지만 태왕의 전략도 치밀했다. 4~5년 동안 전쟁이 없는 평화로운 시기에 태왕은 수천의 군사를 평민으로 위장하여 두 성에 들어가게 했다. 일부는 수문장으로까지 승진한 병사도 있었다. 고구려군이 두 성에 다다르자 그들은 긴밀한 통신을 주고받으며 반란을 모의했다. 원산성에 보내진 1천의 고구려군은 절반은 농부로, 절반은 상인으로 보내졌고 그들 중 50명 가량은 백제군에 입대하여 몇 년간 근무하고 있었다.

성이 포위되자 그날 밤 원산성의 고구려군은 성문을 기습하여 문을 열었다. 밖에서 대기하던 15만의 고구려군이 일제히 성문으로 들어가자 성주 국호는 자결하고 백제군은 대부분 전사했다. 가불성은 동시에 포위되었으므로 원산성의 소식을 알지 못했다. 고구려군이 성 밖으로 나와 원산성 성주 국호의 목을 들어 보이자 가불성의 백제군은 사기가 가라앉았다.

역시 그날 밤, 성의 뒷문으로 몰려간 고구려군은 백제 문지기를 척살하고 문을 열고 고구려군을 맞이한다. 가불성 성주 연남호는 죽기를 각오하고 정문에서 남은 백제군과 함께 저항했다. 고구려로 망명한 연신의 조카가 앞에 나서서 항복을 권유했으나 연남호는 화살을 쏘아 연신의 조카를 죽였다. 연남호는 만일 자신이 항복하면 백제의 연씨는 씨가 마를 것이라 생각했다. 한때 신흥귀족 세력으로 주목받았던 연씨 가문이 은솔 연신의 반란으로 몰락했고, 이제 남은 연씨마저 멸족시키지 않는 방법은 자신이 명예롭게 죽는 것뿐이었다.

성문을 근거지로 1만의 백제군은 그날 밤 내내 버텼다. 고구려군이 성안과 밖에서 공격했지만 쉽지 않았다. 고구려군은 후문 성벽위로 올라가 성벽을 점령하는 전술로 차츰차츰 백제군이 지키는 성벽까지 밀어붙였다. 하지만 백제군은 창병이 선두에 서고 궁병이 뒤쪽에서 화살을 쏘면서 저항했다. 성 내부에선 남은 백제군이 곳곳에서 저항하고 있었다.

성문이 열린 지 3일간 전투가 벌어졌다. 고구려군이 성내의 골목길을 행군하면 갑자기 쏟아진 백제군의 화살에 피해를 입고 물러나는 경우가 허다했다. 정문 쪽은 백제군이 나무와 돌을 모아 장애물을 만들고 고구려군의 진입을 막았다. 정문은 열리지 않았다. 그러나 제한된 공간에서 버티다 보니 백제군은 식량과 무기가 떨어졌다. 연남호는 계속된 고구려의 항복요구에도 버티다 마지막 순간이 다가왔음을 직감했다.

살아남은 백제군 5천은 모두 정문과 성벽 근처에서 마지막 고구려군의 공격을 받았다. 고구려 기병은 갈고리를 던져 장애물을 치웠고 수만의 고구려 궁병이 화살을 쏘아대며 남은 백제군을 궤멸시켰다. 백제군은 고구려군이 쏜 화살을 주워서 다시 사용했지만 주울 시간도 없이 고구려군이 화살을 억수같이 퍼부었다.

뒤이어 고구려 창병 수만이 들이닥쳐 백제군을 밀어붙였다. 정문의 성벽 위에서 고구려군을 향해 화살을 쏘던 백제군도 정문 밖에서 쏘아대는 고구려군의 수만 개의 화살에 쓰러졌다. 성벽 위에서는 고구려군이 창병을 앞세워 다시 진군했다. 폭 5~6m의 좁은 성벽을 수천의 군대가 창을 앞세우고 부딪쳤다. 한참 동안 서로 밀다가 백제군의 기력이 딸리면서 밀리기 시작했다.

정오에 시작된 전투는 해질녘이 되자 연남호의 사병 5백 가량만 정문 위에서 저항하는 상황으로 바뀌었다. 곧 성문이 열리고 고구려군이 완전히 포위하자 정문의 성벽 위에서 끝까지 버티던 연남

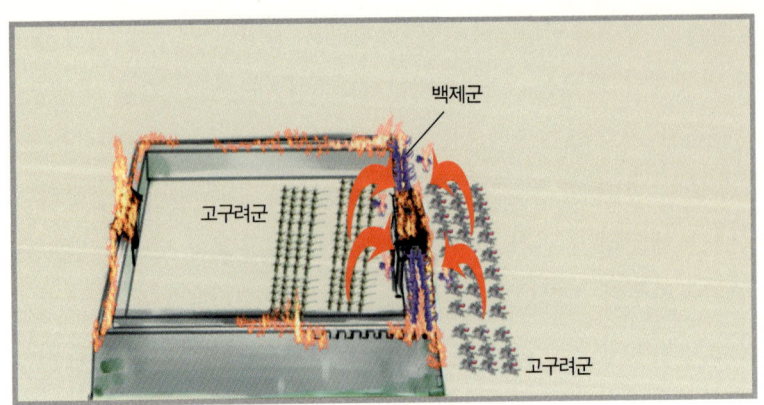
▲ 전투 상황도

호는 고구려군의 화살 수십 발을 맞고 성 위에서 떨어졌다. 남은 백제군도 모두 연남호를 따라 끝까지 싸우다 죽었다.

백제 무령천황은 원산성과 가불성이 2~3개월을 버텨주면 겨울이 다가올 것이고 이때 지친 고구려군을 백제군이 장령성에서 출격하여 전멸시킨다는 계획이었으나 백제군은 모두 전멸하고 말았다.

고구려군은 군대를 정비하여 28만의 대군을 이끌고 백제 장령성 근처로 이동했다. 그러나 25만 백제군이 장령성 주변에 포진해 있었지만 전쟁 개시 일주일 만에 두 성을 점령한 고구려군의 사기는 높았다.

들판에 서로 포진한 양군은 며칠간 관망했다. 3일째 새벽, 고구려군 5만은 백제군 진영의 후미로 돌아 매복했다. 말에 재갈을 물리고 발굽에 짚신을 신겨 최대한 저소음으로 이동했다. 하지만 백제군 첨병들이 고구려군의 이동을 파악했고 백제군 역시 후미로 이동한 고구려군의 뒤로 3만의 병사를 뒤따르게 했다.

고구려 총사령관 을지령은 고백의 5만 군대가 백제군의 후미에 포진하면 다음날 아침 전군이 백제군 진영을 공격하여 양군이 팽팽히 접전할 때 백제군 뒤에서 고백의 5만 군대가 급습하여 전투를 이긴다는 계획을 세웠다. 하지만 무령천황도 그리 만만한 상대가 아니었다.

다음날 아침 고구려군 23만은 정면에서 백제군 진영을 공격했으나 백제군 진영은 제대로 방비가 안 된 듯했다. 수만의 백제군이 개미떼처럼 흩어졌다. 을지령이 신호하자 10리 밖에 대기하던 고구려 기병 5만이 백제군 진영으로 돌격했다. 백제군 진영 곳곳에서 전투가 벌어졌으나 백제군은 도망가기에 바빴다. 이때 백제군이 갑자기 양쪽에서 나타났다. 곧이어 일시에 수만 개의 불화살이 떨어졌다. 백제군 진영 곳곳에는 짚단이 쌓여져 있었고 막사 안은 짚단으로 가득했기 때문에 삽시간에 불바다로 변했다.

갑자기 고백의 기병 뒤에서 와 하는 소리와 수만의 백제 기병이 화살을 쏘며 돌진해왔다. 3면이 모두 백제군으로 둘러싸인 채 화살 수십만 개가 쏟아졌다. 고구려군은 불바다에서 당황하여 제대로 대처할 수 없었다. 속은 것을 안 을지령은 즉시 후퇴 명령을 내

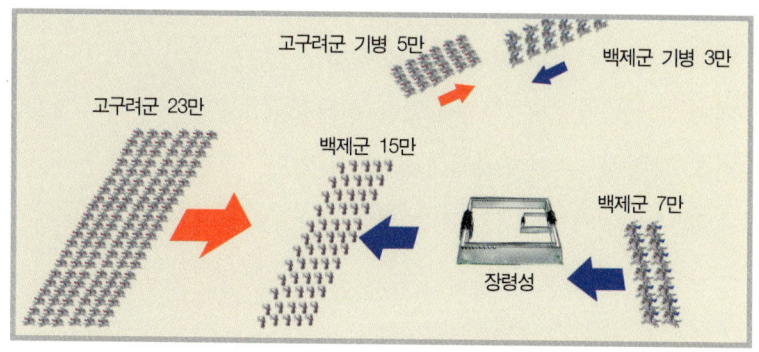

▲ 전투 전 양군 배치도

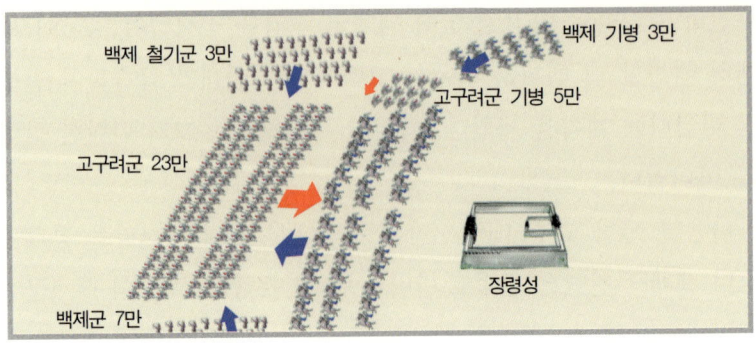

▲ 전투 상황도

렸다.

고구려군이 후퇴하자 이때 숲에 숨어있던 3만의 백제 철기군이 돌진했다. 고구려군은 측면에서 대규모 철기군의 공격을 받고 허리가 끊어졌다. 고백은 을지령에게 후미를 맡겠다고 했다. 을지령은 고백에게 뒤를 맡기고 전군을 후퇴시켰다.

원산성까지 후퇴한 뒤 성에 들어간 고구려군은 그제야 안심할 수 있었다. 그러나 고백의 기병 5만은 백제 철기군에게 반수 이상이 죽었다. 고구려 철기군은 백제 진영에서 맞은 불화살 공격으로 막대한 피해를 입고 전투능력을 상실했다.

백제군은 원산성과 가불성에서 수비군 5만을 잃고 장령성 앞 전투에서 3만을 잃었다. 고구려군은 원산성, 가불성 전투에서 2만을 잃었고 장령성 앞 전투에서 10만을 잃었다. 백제군이 고구려군을 물리쳤으나 잃어버린 두 성을 회복할 순 없었다.

무령천황의 친정

　무령천황은 성을 되찾기 위해 고구려군이 쓰던 수법을 그대로 사용하기로 했다. 무령천황이 직접 3천의 군사와 함께 양나라 상인인 것처럼 변복하고 원산성에 들어갔다. 일부는 고구려 백성으로 위장하고, 일부는 기술자로 위장하여 성내에 잠입했다. 그리고 백제군 대부분은 장령성으로 철수하여 원산성의 고구려군이 경계를 소홀히 하도록 유도했다.

　성내에는 많은 백제인이 고구려로 끌려갔으며 전투 과정에서 많은 백제인이 죽었으므로 집이 군데군데 비어 있었다. 그러나 원산성 성주로 임명된 고을부는 성내의 3만 고구려군을 경계태세에 임하도록 하여 빈틈이 없었다. 성주는 점령한 성내에서 군의 약탈을 금지하고 치안을 확립하여 다스리는 데 별 문제가 없는 것처럼 보였다.

　무령천황을 따라온 병사 중 2천은 후문 근처에 매복하고 1천은 성주의 처소 근처로 이동했다. 그러나 고을부는 항시 갑옷을 입고 이곳이 전쟁터임을 잊지 않으려는 모습이었다.

황제는 성내의 미인을 골라 고을부가 지나가는 곳에 두어 눈에 띄게 했다. 고을부가 성내를 행차할 때 미인들이 눈에 띄는 복장을 하고 기다렸으나 고을부는 눈길도 주지 않았다. 작전이 번번이 실패하자 황제는 고을부의 부장을 매수하여 고을부를 시중들게 하는 하인으로 미인 둘을 들여보냈다. 고을부는 시중드는 하인이 너무 아름답자 뭔가 이상하다고 생각했다. 부장을 추궁한 끝에 마을 기생집 주인이 선물로 보냈다는 것을 알게 됐다.

기생집으로 행차한 고을부는 거기서 양나라 상인으로 변복을 한 무령천황을 만났다. 고을부가 왜 선물을 보냈는지 묻자 변복을 한 무령천황은 성주님께 잘 보이기 위해 보낸 것이라며 황금상자를 주었다. 고을부는 즉시 돌려주며 받지 못하겠다고 했다. 그러자 황제는 고을부에게 백제 장령성으로 들어가는 비밀 문이 담긴 지도를 소장하고 있다고 했다. 지도를 줄 터이니 성내에서 영업을 보장해 달라고 귀띔했다. 고을부는 이 말에 솔깃하여 황제를 따라갔다.

황제는 깊숙한 방으로 고을부를 안내하여 상자를 열어보였다. 그러나 거기에는 단검이 있었다. 고을부가 놀라서 당황하는 순간, 방 뒤에서 대기하던 고을부의 호위병들은 고구려군으로 위장하고 있던 백제 병사들에게 살해당했다. 고을부가 칼을 뽑으려 하자 황제는 단검으로 위협했다. 집 여기저기서 숨어 있던 백제 병사들이 나왔다.

집 밖에서 대기하던 고구려 병사들은 영문을 몰라 허둥대었다. 이윽고, 집에서 나온 한 고구려 병사가, "오늘밤은 성주님이 여기서 머무르신다고 전하라"고 했다. 그 고구려 병사 뒤에는 백제 병사 두 명이 단도를 겨누고 있었다.

저녁이 되자 고구려 병사로 분장한 백제 병사들과 고을부, 무령천황이 후문으로 갔다. 고을부에게 문을 열라고 위협했으나 고을부는 거절하며 버티더니 갑자기 성문을 지키는 고구려군에게 자신의 주변에 있는 병사들이 백제군이라고 소리쳤다. 이때 숨어 있던 백제군이 봉기하여 성문에서 백제군과 고구려군의 치열한 접전이 벌어졌다.

고을부는 뒤에 있던 백제군에게 등이 찔렸고 곧 죽었다. 성주가 죽었다고 백제군이 소리쳤지만 고구려군은 결사적으로 항전했다. 3천의 백제군은 성문을 열었고 성 밖에서 매복 중이던 수만의 백제군이 쏟아져 들어왔다. 지휘관을 잃은 고구려군은 열심히 싸웠지만 결국 성을 내주고 패퇴했다.

512년, 양나라 왕은 양나라 학승 10명을 고구려승 승랑에게서 수학케 했다. 고구려인들은 양나라에 군대뿐 아니라 많은 학자와 기술자들을 보냈다.

고구려는 백제와의 원산성, 가불성 전투에서 입은 피해가 커서 신라의 군대가 강해져 가는 것에 대해 신경 쓰지 않았다.

문자태왕은 512년 전쟁 후 산동성 임류각과 산서성 평양성에 번갈아가며 거처를 옮겼다. 오랜 전쟁에 태왕도 지치고 백성들도 지쳤다. 이미 중원은 고구려의 차지이며 사방의 모든 나라가 고구려에 복속되었고, 유일한 맞수인 백제마저 약해진 지금 태왕은 남은 여생을 쉬고 싶었다.

황위 계승 때 그의 나이는 40이었고 이제 20년이 지나 환갑이 되어 그의 몸과 마음이 예전 같지 않았기 때문이다. 할아버지 장수태왕은 100세를 사셨건만 나날이 쇠약해져 가는 자신을 볼 때 안타까웠다. 백제의 무령천황도 나이가 들었지만 아직 그보다는 많이 젊었다.

514년, 신라의 지증왕이 죽었다. 그의 사위이자 양자인 모진이 왕위에 오르니 이가 법흥왕이다. 법흥왕의 선조는 고구려, 백제와의 전쟁에서 패배한 선비족으로 그들이 고구려, 백제로 유입될 때 신라까지 내려온 선비족이었다. 그는 신라 내에서 성씨를 김으로 바꾸고 왕실에 영향력을 미치다 결국 왕권을 부여받게 된 것이다.
백제 무령천황은 이영을 사신으로 신라에 축하사절을 보냈다. 이영도 선비족 출신이므로 양국의 우호관계를 회복하는 데 도움이 되리라 생각했기 때문이다. 이영은 사병 50인과 함께 신라 국경을 지났다. 곳곳에 신라군 요새와 고구려군 요새가 있었으며 아직 신라에는 1만이 넘는 고구려군이 각 요새에 주둔하고 있었다.
이영이 월성에 도착하자 월성 밖에서 주둔 중이던 고구려군에게 제지를 당했다. 이영은 자신은 백제 황제가 보낸 조문사절 겸 축하사절이라고 밝히고 임무를 수행할 수 있게 해달라고 요청했다. 그러나 고구려군이 협조할 리 만무했다. 고구려 수비대장은 즉시 돌아갈 것을 요구하며 체포하지 않은 것만으로 감사하라고 윽박질렀다. 이에 이영의 수하들이 분에 겨워 칼을 들려 했지만 이영이 만류했다. 수천의 고구려군에 대항한다는 것은 어리석은 짓이기 때문이다.
이영이 주변을 둘러보니 고구려군 수비대장 뒤에 부장으로 보이는 자가 선비족의 표시를 한 목걸이를 하고 있었다. 그래서 선비족 언어로 이야기하자 그가 반응을 보였다. 자신을 모산이라고 소개한 이 장수는 고구려군의 북연 침공 때 잡혀온 귀족 후손이라 했다. 이영이 자신의 선조도 선비족임을 밝히고 협조를 요청했다. 모산이 수비대장에게 이영이 전해준 황금을 주었더니 흔쾌히 통과시켰다.

잠시 후 이영 일행이 월성에 다다르자 조그만 성이 보였다. 그곳이 월성이라는 얘기를 듣고 소국이라 그런지 수도도 작다는 생각을 했다. 월성에 있던 신라 대신들은 백제 사신을 환대했다. 그러나 왕은 즉위하자마자 고구려에 입조하러 갔다고 했다.

대신들이 그를 맞이했다. 신라 대신들 중에는 왕위 계승에 문제가 있다고 생각하는 사람들이 많았다. 비록 신라 조정에도 선비족 출신이 여럿 있었지만 힘이 약했다. 그러나 법흥왕은 그러한 상황에서 상국인 고구려의 책봉만 있으면 여러 대신들을 힘으로 누를 수 있다고 생각한 것이다.

한 달 뒤, 법흥왕이 귀국하자 이영은 독대를 요청했다. 이영은 백제가 대규모 군사훈련을 하고 있으며 곧 수십만의 군대가 고구려를 향해 침공할 것이라고 했다. 이때 신라도 병사를 지원해 주었으면 한다는 황제의 밀서를 보여주었다.

"우리 대백제군과 신라국은 과거부터 상국과 신하국의 관계로 지금 고구려가 강성하여 그 관계가 끊어졌다. 이에 선조의 땅을 되찾고 고구려와 일전하여 다시금 백제가 조선과 삼한의 상속자이며 세상의 중심임을 공표하려 하노니 신라왕은 이에 따를 것을 권유하노라."

또한 이영은 신라의 독립 약속도 강조했다. 백제군의 신라 주둔도 없을 것이며 왜구의 침입도 막아줄 것임을 천명했다.

517년, 백제와 고구려의 평화가 지속되었고 신라 법흥왕은 군제를 개편하고 병부를 두어 권력을 강화했다. 또한 신라 법흥왕은 백제 황제가 고구려를 공격하면 군량과 일부 귀족의 군대를 파병하겠다고 약속했다. 정규군은 전시에는 고구려군으로 편입되기 때문에 일부 귀족의 사병 파병을 약속한 것이다. 고구려의 모든 제후국들은 전시에 병력을 차출해야 했는데 신라도 예외는 아니었다.

518년, 무령천황은 30만 대군을 육성하여 각지에 배치했다. 외교관계도 동원하여 양나라와 비밀리에 긴밀한 협조를 했다. 토욕혼과 유연에도 사자를 보냈으나 반응이 없었다. 백제의 옛 땅인 백제 7군의 각 태수들에게는 비밀리에 사자를 보내 호응할 것을 권유했다. 또한 고구려 각지에 첩자를 보내 고구려군의 이동과 배치 상황을 파악했다.

황제는 먼저 고구려의 민심을 혼란케 하고자 황도 평양에 무예가 뛰어난 첩자 수백을 보냈다. 고구려의 황도 내에서 첩자들은 우물에 독을 풀고, 고구려 무장이나 대신들의 암살을 기도했고, 황궁 밖 나무를 베어 넘어뜨렸다. 이영도 황제의 명을 받고 사병 50인과 장사꾼으로 변장하여 고구려 황도에 잠입했다. 그 무렵 태왕의 건강이 심상치 않다는 소문이 돌고 있었다. 벌써 몇 달째 태왕이 거리를 행군한 적이 없다고 했다.

안학궁의 남문에 매복한 이영과 병사들은 수비하던 고구려 병사들을 처치하고 고구려 군복을 입은 채 근무하는 척했다. 그리고 남문의 기초석을 부순 뒤 남문을 밑에서 넘어지게 했다. 남문이 부서지는 소리에 수비병 수백이 달려왔다. 이영은 남문이 저절로 무너졌다고 보고했다.

　태왕이 임류각에 행차한다는 소문이 들렸다. 3백의 백제군은 상인으로 변장하고 거리에 매복했다. 고구려 정예근위군 1만이 거리를 행진했다. 하지만 황제의 마차라고 생각되는 마차가 너무 많았다. 똑같이 생긴 마차가 수십 대 지나가자 어느 마차를 기습해야 할지 알 수 없었다. 결국 행렬은 다 지나가고 말았다.

무령천황의 반격

519년, 고구려 문자태왕이 위독하다는 소식을 들은 무령천황은 드디어 병력을 움직였다. 백제의 정예군 30만은 일제히 북진했다. 전국 각지에서 모은 수군 5만은 5백 척의 배에 나누어 타고 산동성으로 진군했다.

백제의 위쪽 방어선인 장령성에 모인 30만 대군은 무령천황의 지휘 하에 일제히 절강성과 강소성을 거쳐 백제의 옛 광릉군으로 진격했다. 원산성과 가불성에 모인 고구려군 10만은 뒤에서 허를 찔린 것이다. 이미 옛 백제의 7군이 모두 호응하기로 했던 터라 각지에서 백제 7군과 고구려 점령군이 전투를 벌였다. 산동성으로 상륙한 5만 백제 수군은 곧장 광양, 청하, 성양군으로 진격했다. 호남성 용산에 주둔 중이던 고구려군 수천은 양나라군의 인도를 받은 백제군이 기습하여 제압했다.

한편 문자태왕이 죽고 안장태왕이 즉위했다. 문자태왕의 부음을 들은 각 제후국들은 상복을 입고 태왕의 죽음을 애도했다. 북위의 왕도/조상의 방위인 동쪽 별당에서 상복을 입고 애도했다.

안장태왕은 즉위하자마자 대군을 징발했다. 50만의 대군이 북경 인근 평성에 모였다. 태원으로 20만 대군을 미리 보내고 30만 대군은 해안선을 따라 백제군을 공격했다.

무령천황은 백제 7군에 소속되어 있던 백제군 10만을 얻어서 도합 45만의 대군이 모여졌다. 그리하여 청하군 제남에 100만의 군대가 모였다. 고구려군 50만, 백제군 45만은 평야에서 횡대로 서로 마주보게 됐다. 고구려군은 철기군 7만, 기병 30만, 각종 보병 13만인 반면 백제군은 철기군 6만, 기병 15만, 궁병 15만, 창병 9만으로 구성됐다. 전진과 백제·동진연합군의 비수 전투 이후 최대 규모이다.

제남성 전투

 드넓은 평야지대에서 두 나라의 대군이 마주쳤다. 고구려군은 말갈군과 신라군, 유연 군대, 북위군, 부여군이 모두 동원됐고 수천의 토번 군대까지 있었다. 반면 백제군은 안남, 흑치(필리핀), 왜, 신라군, 양나라군이 모여 있었다. 주력은 양군 모두 고구려군과 백제군이었으나 고구려군의 2할, 백제군의 3할은 동맹군이었다.
 고구려는 철기군이 앞장서고 그 뒤에 기병, 그 뒤에 보병이 서는 전형적인 형태였다. 백제군은 궁병 15만이 제일 앞에 서고 그 뒤에 철기군, 그 뒤에 창보병, 그 뒤에 기병이 섰다.
 태왕의 신호로 모든 고구려군이 일제히 백제군 쪽으로 달려 나갔다. 그 소리는 마치 천둥과도 같았다. 백제군은 고구려군이 사정거리까지 오기를 기다렸다 150보 근처까지 오자 무령천황은 신호했다. 그러자 수십만 개의 화살이 일제히 고구려군 쪽으로 날아갔다. 고구려 기병들은 전진하면서 활을 쏘았다. 역시 수만 개의 화살이 백제 궁병을 맞추었다. 양군에서 쓰러지는 병사의 수를 셀 수 없을 정도였다. 하지만 백제군의 화살이 한 번 하늘을 가를 때마다 고구려군은 수천 이상이 쓰러졌다.

　백제 궁병은 고구려군이 30보 앞까지 돌진하자 바로 뒤로 후퇴했다. 다음에는 백제 철기군이 진군했다. 하지만 가속도를 단 쪽은 고구려군으로 고구려 철기군의 충격량이 백제군을 압도했다. 백제 철기군이 여기저기서 무너졌다. 뒤를 이어 백제 창보병이 앞으로 전진했다. 그 뒤에선 궁병이 수십만의 화살을 쏘았다. 백제 창보병도 무너지자 백제 궁병은 손에 칼을 들고 싸웠다. 고구려 철기군 선봉대가 궁병을 뚫고 나오자, 겹겹이 싸였던 백제군의 마지막 방어막이 총공격에 나선 것이다. 백제 기병들은 고구려 철기군을 에워싸고 혼신의 힘을 다해 막았다. 황제는 기병 속에 있었다.

　이때 태왕은 전선의 후미에서 고구려군을 보았다. 고구려군이 백제군을 밀어내는 것처럼 보였다. 태왕도 역시 근위군을 이끌고 합류했다. 태왕은 다른 병사보다 키가 크고 힘도 장사였고, 게다가 태왕의 말도 다른 말보다 컸다. 태왕이 전군의 중심에서 군을 인솔하자 고구려군이 백제군을 더 힘차게 밀어냈다.

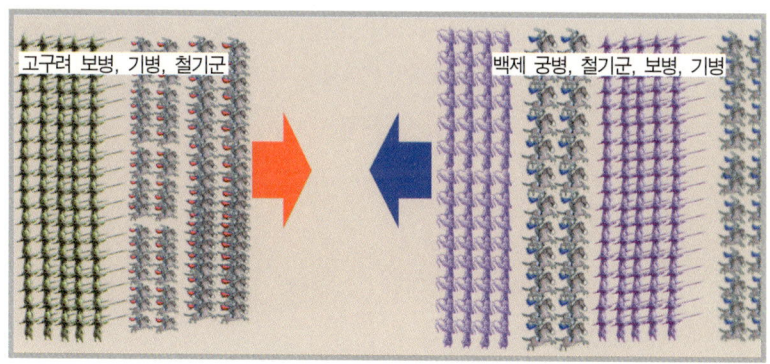

▲ 전투 상황도

정오에 시작한 싸움이 두 시진이 지나자 백제군이 후퇴하기 시작했다. 제남성으로 백제군이 후퇴해서 들어갔으나 제남성을 포위한 고구려군은 더 이상 공격하지 못했다. 비록 이겼지만 피해가 너무 컸다. 15만이 죽거나 다쳤다. 대부분 화살 공격 때문이었다. 백제군은 20만을 잃었다.

고구려 대신들도 더 이상의 공격이 불가함을 아뢰었다. 70만 고구려군 중에서 백제 7군 10만을 빼앗기고, 또 15만이 전투에서 죽었으니 속국에 대한 통제력이 약해질 것이 분명했다. 이 상태로 백제와 전면전을 펼치면 전쟁에서 이길 수는 있으나 고구려의 국력이 약해져 속국들의 독립을 막지 못한다.

한편 백제도 병사의 절반에 가까운 손실을 입고 더 이상의 평야전은 하지 않기로 했다. 태왕은 사절을 보내 백제에 화의를 문의했

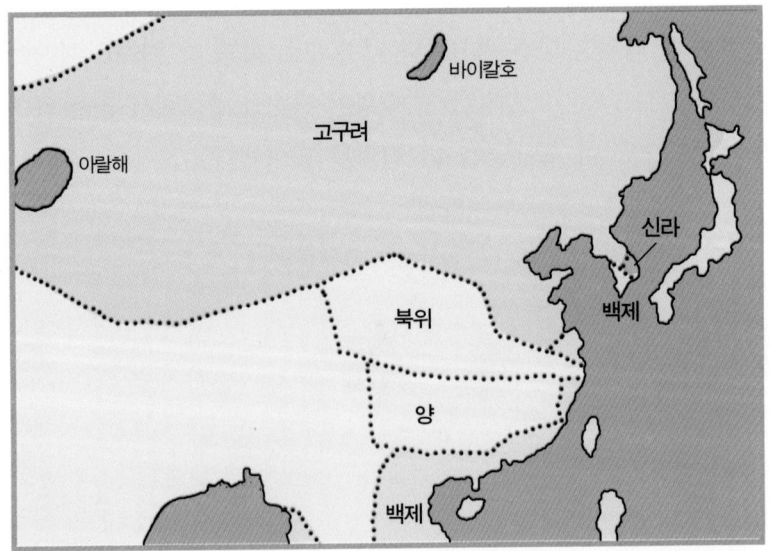

▲ 백제군의 반격 후 영토

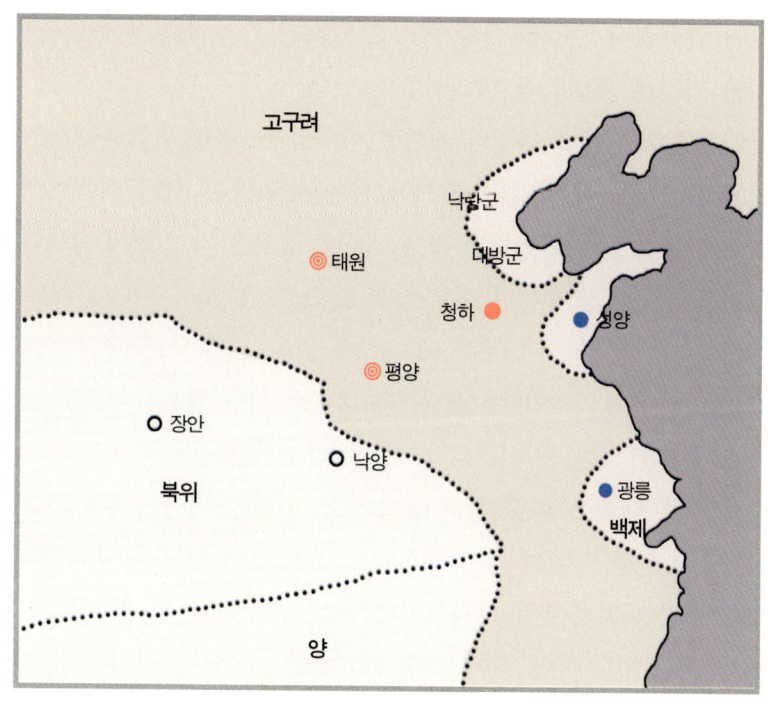

다. 백제도 화의에 동의하고 국경선을 새로 정하기로 합의한다. 전황이 고구려에 유리하니 백제는 차지한 땅의 상당 부분을 돌려주기로 했다.

백제 무령천황은 광릉군과 성양군을 얻고 나머지 점령한 땅은 고구려에 돌려주었다. 그 대신 요서군 일부는 인정받았다. 황제는 형식상이나마 고구려를 천하제국으로 인정하고 조공을 바칠 것을 약속한다. 그리하여 무령천황은 애초의 목표를 채우지 못했지만 상당한 영토를 점령하고 백제 귀족들과 제후국왕으로부터 존경과 신뢰를 얻게 된다.

반면 안장태왕은 즉위 후 바로 영토를 상실함으로써 태왕의 권위가 약해졌다. 광개토태왕 이래로 약화된 각지 제후와 귀족들은 이번 기회로 말미암아 발언권을 높였다.

안장태왕은 이번 전쟁의 패배뿐 아니라 또 한번 귀족들에게 빌미를 제공한 일이 있었다. 태자 시절 안장왕은 문자태왕의 명으로 백제 고봉산 근처로 위사병 몇을 데리고 정찰을 나간 일이 있었다. 그런데 그곳에 거주하던 미인을 보고 반한 안장왕은 며칠을 동거하게 된다. 안장왕이 떠나갈 때 신분을 밝히고 자신이 나중에 고구려의 태왕이 될 것이라고 했다. 곧 태왕이 되면 병사를 이끌고 이곳으로 와서 당신을 아내로 맞이하겠다고 했다.

즉위 후 태왕은 바로 수하 을밀을 보내 한주 미녀를 구하게 했다. 당시 한주 미녀는 백제 태수에게 잡혀 첩이 될 운명에 처했었지만 정절을 지켜 몸을 허락하지 않았다. 태왕이 된 안장왕이 평양에서 한주 미녀가 돌아오기만을 기다리는 동안 백제군은 대규모 침공을 감행했고, 을밀이 한주 미녀를 데리고 오자 안장태왕은 그제서야 안심하고 대군을 이끌고 전쟁터로 향한 것이다. 태왕의 늦은 군사행동은 당연히 많은 비판을 받았고, 이후 태왕의 입지는 좁아졌다.

520년, 고구려 안장태왕은 양나라에 첩자를 보내 각종 정보를 수집했다.

2월, 양의 사신 강주성이 '영동장군도독영평주제군사고구려왕'이란 봉표 받들고 고구려에 오다 북위군에게 잡혔다.

9월, 북위에 사신을 보내 강주성을 구명하고 양무제 소연을 위로하면서 연호를 보통으로 개칭한 사정을 알아왔다. 북위 효명제

(11세로 호태후 섭정)는 안장태왕에게 '안동장군영호동이교위 요동군개국공고구려왕'이란 호를 올렸다.

신라 법흥왕은 같은 해 율령律令을 반포하여 백관百官의 공복公服을 제정했고 국가의 틀을 세웠다.

521년, 양나라의 무제는 무령천황에게 '사지절도독백제제군사영동대장군'이란 칭호를 선사했다. 고구려의 위협이 줄어들고 백제가 다시 양나라 주변을 차지하면서 백제의 영향력을 받게 된 양나라는 백제와의 관계를 대외적으로 선포했다.

4월, 태왕이 국도인 평양성(환인)에서 첫 국도인 요양(졸본)으로 가서 시조사당에 제사를 올리고, 5월에 귀경하면서 지나는 주·읍의 곤궁한 백성을 찾아 한 사람당 한 가마의 곡식을 하사했다.

백제 무령천황은 양나라에 사신을 파견했다. 신라 법흥왕도 신라왕국의 사신을 백제 사신과 함께 양나라로 보냈다. 몽고는 유연 남북으로 분열되었고, 남쪽의 가한은 북위에 귀순했다.

안장태왕의
첫 번째 대규모 백제 공격

523년, 안장태왕은 몇 해 전 빼앗긴 땅을 되찾기 위해 대규모 군대를 일으켰다. 명분은 백제가 조공을 바치지 않는다는 이유였다.

고구려 정예군 20만으로 이루어진 대규모 기병군단은 산동성 제남 방면으로 공격해 들어갔다. 낙랑군 영역이 제일 먼저 공격을 받았다. 당시 낙랑군은 조선朝鮮·염한·패수浿水·점제黏蟬·수성遂成·증지增地·사망駟望·둔유屯有·누방鏤方·혼미渾彌·탄열呑列 등 11현이 있었다. 이중 패수 방면으로 고구려 장군 고선의는 기병 5만을 이끌고 쳐들어갔다.

이번에 백제군은 성에 틀어박혀 대응하지 않는 전술을 썼다. 겨울이 아직 끝나지 않은 이른 봄이라 아직 추위가 남아있었다. 태왕은 15만의 군대를 이끌고 직접 백제의 성을 포위하며 각종 공성기기를 이용하여 공격했지만 백제의 성은 열리지 않았다. 무리하게 공격하면 고구려군의 희생도 크므로 일단 포위 후 항복을 권유했지만 이미 넉넉한 식량을 갖고 있던 백제군은 끈질기게 저항했다.

패수 방면으로 공격하는 고구려군에 대항해 무령천황은 태자인 성왕을 급파했다. 성왕은 장군 지충과 함께 철기군 3만을 이끌고 패수에서 고선의의 5만 기병과 격돌했다. 그 후 패수를 사이에 둔 양군은 며칠간 경계만 했다. 고구려 부장 고선의는 이령에게 군사 1만을 주어 패수를 상류에서 건넌 후 정면에서 4만의 기병이 공격하고, 뒤에서 1만의 기병이 공격하는 합동작전을 구상했다. 하지만 지충은 상류에도 첩자를 풀어놓아서 고구려군의 이동을 파악하고 있었다.

은솔로 승진한 이영은 병사 5천과 함께 진영에 남아서 허수아비로 수많은 백제군을 만들어 곳곳에 세워놓았다. 그리고 수많은 깃발과 특히 성왕의 깃발을 진영 앞에 걸어놓아 백제군이 전부 진영에 있는 것처럼 조작했다.

한편 성왕과 지충은 철기군 2만5천을 이끌고 후미로 이동한 고구려군 1만을 기습했다. 해가 지면 합동 공격을 감행할 계획이어서 고구려 군사들이 푹 쉬고 있던 차였다. 오전에 바로 기습한 백

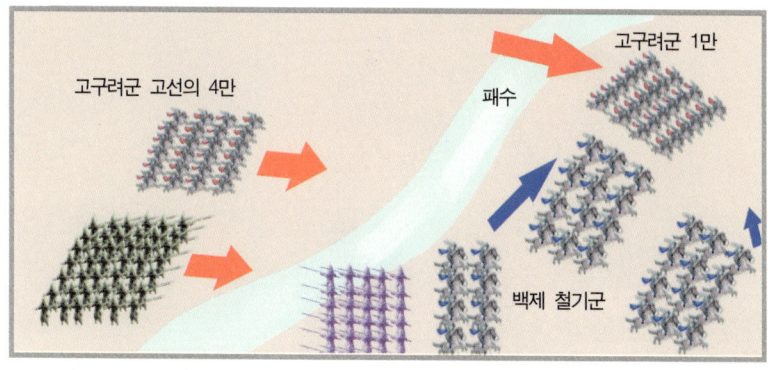

▲ 전투 상황도(오전)

제군은 고구려군 1만을 전멸시켰다. 이령은 전투 중 죽었고 고구려군은 일부 수백의 기병만 살아남았으나 모두 도망쳤다.

이 소식을 까맣게 모르는 고선의는 역시 군사들을 푹 쉬게 하고 있었다. 정면의 백제군 진영엔 수많은 백제군이 경계를 서는 모습이 보였기 때문이었다. '저들은 곧 닥칠 자신의 운명을 모르는구나' 하면서 고선의는 속으로 비웃었다. 하지만 고구려군을 궤멸한 백제 철기군은 그 길로 패수를 건너 고구려군의 후미로 잠입하고 있었다. 그들은 오전에 고구려군을 치고 오후에 바로 강을 건너 진을 쳤다. 전광석화처럼 재빠른 이동이었다.

정오가 지나고 2시진쯤 지나자 백제군의 진영이 완료되었고, 즉시 기습에 들어갔다. 이때 고구려군 진영에 1만 군대 중에서 살아남은 패잔병이 들어와 보고를 했다. 고선의는 즉시 경계태세에 임했다. 하지만 백제 철기군은 이미 고구려군을 공격하고 있었다.

이영도 군사 5천을 이끌고 강을 건너 공격했다. 하지만 패수 반대편의 고구려군의 궁병 공격에 수백이 죽었다. 반면 궁병의 공격에서 자유로운 고구려군 후미의 백제군은 물밀듯 고구려 진영으로

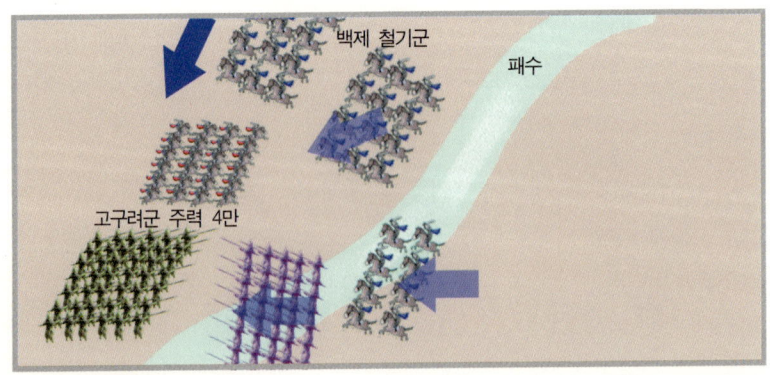

▲ 전투 상황도(오후)

들어갔다. 한 시진 만에 전투가 끝나고 지충은 고구려 부장 여럿의 목을 베었다. 성왕도 직접 전투에 참전해 여러 고구려군을 베었다.

고선의는 1만의 군사를 또 잃고 패퇴했다. 반면 안장태왕은 여러 백제성을 동시 공략했지만 겨우 작은 성 1개를 점령한 후 백제 무령천황의 조공약속을 받고 출전 후 1달 만에 철수했다.

523년, 무령천황은 또다시 고구려군이 출진할 것을 대비해 인우因友·사오沙烏 등에게 명하여 한북주漢北州(산둥성 위쪽 북경 이남)의 장정을 동원하여 쌍현성雙峴城을 쌓았다. 다시 회복한 산둥성지역의 땅을 확고히 하기 위해 주변 백성을 동원하여 거대한

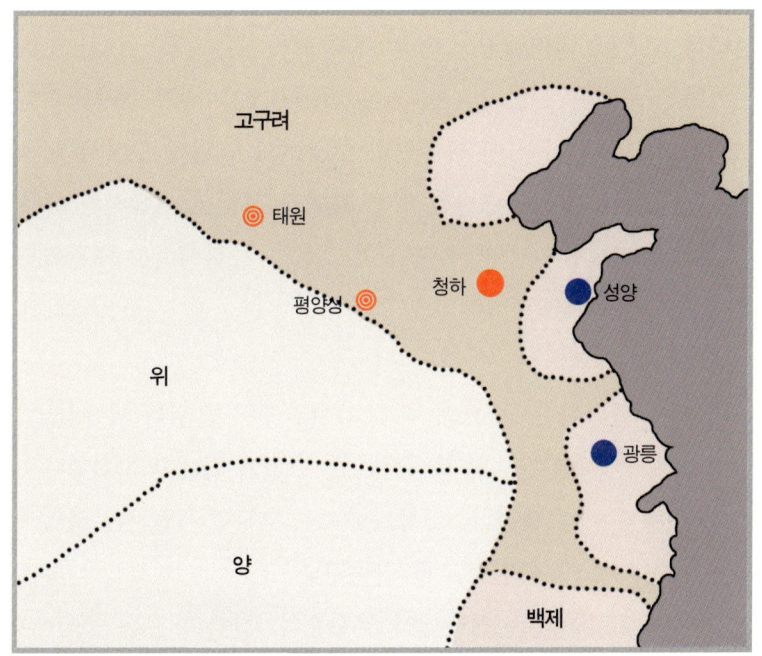

▲ 전투 후 확대된 백제 영토

방책을 세웠다.

　무령천황은 같은 해 쌍현성의 완공을 보고 붕어했다. 향년 60세였다. 즉위 후 대륙백제 7군을 상실했으나 말년에 다시 일부를 수복하고 대백제국의 영광을 재현했다.

　반면 고구려는 광개토태왕, 장수태왕, 문자태왕에 이르는 약 150년간의 아시아 최고 제국의 위치가 점점 약해지고 있었다. 절대적이었던 태왕의 위치는 백제와의 전쟁에서 패전으로 인해 귀족과 황족들에게 힘을 잃어갔다. 또한 가뭄과 기근이 겹쳐 제국이 어려워졌고, 각지에서 반란의 기미가 보여 태왕은 이를 막기 위해 애썼다. 제후국의 모반 기미도 감지되었고, 모반에 대한 대가를 강하게 보여줘야 한다는 동생 안원왕의 충고로 태왕은 정예 군대를 편성하여 모반에 대비했다.

　이즈음 북위는 유연의 땅을 일부 차지하고 기세가 등등해졌다. 조공을 빠뜨리는가 하면 공공연히 고구려의 권위에 도전했다. 이에 안장태왕은 정예군 5만을 편성 북위군 경계로 이동시켰고, 결국 북위의 변방을 공격했다. 북위가 조공을 등한시하고 태왕의 권위에 도전했기 때문이다.

　524년, 북위는 옛 수도의 북쪽 옥야진에서 발생한 파육한발릉의 반란이 곧 여러 진으로 확대되었고, 그들의 군대가 남하함에 따라 나라가 혼란에 빠졌다. 설상가상으로 고구려군 5만은 북위 변경을 침공하여 수천의 포로를 잡아간다.

　같은 해 고구려군은 신라에서 철수했다. 신라와 같은 소국에까지 병력을 주둔할 여유가 없었던 것이다. 물론 신라의 국력은 고구려군 3만 명 정도면 언제든지 수도 점령이 가능한 상태라 신라의 수도 월성 근처에는 수백의 수비군만 두고 대부분의 군대는 백제 접경지역으로 이동했다.

한편 신라 법흥왕은 월성 남부지방을 순행하고 황무지를 개간하여 군사당주(지방군 장군)를 두고 다스렸다. 신라는 가야와의 국경을 강화하고 영토확장을 꾀했다.

북위가 심상치 않은 붕괴조짐을 보이고 있을 때 고구려 출신 북위 장군 고환은 수하의 군대를 모아 대규모 반란을 일으켰다. 안장태왕은 고환의 뒤에서 지원을 해주었다. 고환은 북위 정권을 얻게 되면 고구려에 충성하고 매해 조공을 확실히 바치겠다고 약속했다. 동위의 창건자 고환高歡은 북위의 무장이었으나 내란을 틈타 북방민족계의 반란민 수령이 되어 세력을 떨치게 되었다. 안장태왕은 북위의 혼란이 고구려에 득이 되므로 오히려 혼란을 부추겼다.

태자 시절부터 용맹을 떨친 성왕은 즉위 후 성명천황이라 하고 양나라와 외교관계를 수립하여 그 내정에 간섭하려 했고 신라와도 연계하여 고구려에 대항하려 했다. 성명천황은 이와 더불어 사비천도를 전후하여 웅진시대 이래 행해졌던 내외관제를 대폭 정비하여 지배체제와 통치질서를 확립했다.

중앙관제로는 1품 좌평에서 16품 극우에 이르는 16관등제와 전내부 등 내관 12부와 사군부 등 외관 10부로 된 22부제를 확립했다. 성왕은 또 지방통치조직으로 종래의 담로제(지방행정구역에 왕자나 왕족을 파견하여 다스리던 제도)를 개편하여 전국을 동방, 서방, 남방, 북방, 중방의 5방으로 나누고 그 밑에 7~10개의 군을 두었다. 이와 같이 성왕은 중앙관제와 지방통치조직을 정비함으로써 귀족회의체의 정치 발언권을 약화시켜 왕권 중심의 정치 운영체제를 확립했다.

백제 동방은 왜국으로 10군을 두었다. 백제 서방은 대만, 흑치국, 광릉군으로 7군을 설치했다. 백제 북방은 요서 산둥지방으로 7군을 설치했다. 백제 남방은 남아시아 섬과 안남지방으로 10군을 설치했다. 백제 중방은 한반도 백제 땅으로 10군을 설치했다. 관제개편은 황제의 권위가 곳곳에 미치도록 하며 중앙집권적인 국가를 만들기 위함이었다.

종래의 담로제에서 담로를 맡은 귀족은 그 세력이 커서 반역하기 쉬웠고, 무령천황 초기에 잃은 백제 7군의 경우도 중앙군이 약하면 지방군이 언제든 배신할 수 있다는 것을 일깨워 주었다. 따라서 지방 귀족 한 사람에게 권력이 집중되던 담로제에서 수십 개의 작은 군으로 쪼개진 태수들은 권력이 그만큼 약해졌다.

또한 황제는 왜왕을 겸임해서 왜군을 직접 통솔하도록 했다. 종래에는 황제의 동생이나 자식들 중에서 왜왕을 임명했으나 성명천황은 자신이 겸임했다. 이 또한 중앙권력이 약해지는 것을 방지하려 한 것이다.

526년, 고구려 안장태왕은 양나라에 사신을 보내어 나라 상황을 염탐하고 백제와 동맹하지 말도록 협박했다. 고구려의 국력으로 백제와 양나라를 모두 멸망시킬 수 있다고 자신 있게 말했다. 양나라에 주둔했던 수많은 고구려군은 백제와의 접경지대로 몇 년 전 이미 이동하여 양나라 왕은 사실상 독립적으로 행동했다. 양나라 수도 남경은 고구려군과 백제군의 경계에 위치하여 사실상 중립적으로 행동한 것이다.

백제와 고구려의 국력이 예전만큼 못했지만 백제의 성명천황은 지혜로운 황제로서 나라를 강하게 하는 데 있어서 고구려의 안장태왕보다 더 유능했다.

527년, 고구려는 양나라와의 외교에 주력했다. 양나라는 세력이 약해진 북위를 공격하는 등 그 힘이 강해졌지만 왕이 불교에 너무 심취하여 그 세력이 백제에 비할 바는 아니었다. 하지만 양나라가 백제 편에 선다면 고구려로서도 부담스런 일이었다.

안장태왕은 무너진 태왕의 권위를 회복하기 위해 전쟁을 선택했다. 나라 안 사정이 어려운지라 일단 외교적으로 주변 속국들에 대한 단속을 강화했다. 또한 백제 정벌을 대내외적으로 선포한 태왕은 수십만의 군대를 조련하고 군량을 저장했다.

이영은 황제의 명령으로 양나라에 와있었다. 양나라 왕 무제는 백제와의 협력은 원하지만 무령천황의 명령에 따르지는 않을 심산이었다. 달솔 이영은 양나라 군대를 파악하고 고구려와의 관계를 알아보기 시작했다. 그런데 양나라는 양다리 외교를 하고 있었다. 고구려가 언제 다시 군대를 파병해 양나라를 복속시킬지도 모르고, 백제는 양나라를 에워싸고 언제 다시 내정간섭을 할지 모르니 양 국가를 적절히 이용하려는 계획인 것이다. 현재 판세는 고구려가 아직 최강국이므로 백제 쪽으로 양나라는 많이 기울어져 있는 상황이었다.

안장태왕은 자주 사절을 보내 양나라를 협박했다. 만일 협조하지 않으면 북위의 장군 고환이 반란을 일으킨 것처럼 양나라를 내분으로 몰고 가겠다고 했다. 이영은 왕승변과 같은 양나라의 젊은 무장들과 접촉했다. 이중에는 진패선 같은 장수도 있었다. 한편 고구려는 비밀리에 양나라의 여러 지방 장군들과 접촉했다. 고구려와 백제 양국은 양나라에서 치열한 첩보전을 벌였다.

 이영은 혼란한 북위 땅으로 건너갔다. 거기서 고환과 우문태의 군대가 싸우는 것을 보았는데 고환의 군대 중에는 고구려 철기군이 섞여 있었다. 필시 고구려군이 개입한 증거였다. 이영은 다시 북쪽으로 기수를 돌려 업성으로 향했다. 그곳은 이미 고구려군이 넘쳐났고 대규모 군대의 이동이 의심되는 상황이었다. 또한 백제 요서군 쪽으로 사병 50명과 함께 말을 달리면서 곳곳에 고구려군의 요새가 강화되는 것을 보았다. 수천에서 수만의 고구려군이 속속 백제의 대륙 영토 주변으로 이동하고 있었다.

 529년, 안장태왕은 평양성(산서성 평양) 근처에서 사냥을 한다. 그러나 사냥은 핑계일 뿐 백제군의 눈을 속이기 위한 것이었다. 문자태왕도 전에 호남성 용산에서 사냥을 핑계로 대군을 이동시켜 백제를 공격한 적이 있었다. 30만 대군이 집결했고, 이처럼 고구려의 국력은 아직 녹슬지 않았다.

 백제에서 성명천황이 등장하여 대륙백제의 영토를 확대하려는 움직임이 포착되어, 고구려 안장태왕은 직접 군대를 이끌고 대륙백제의 북쪽 요새인 혈성을 포위했다. 혈성은 대륙백제 요서군의 최전방요새로 토성이었다. 백제 수비군은 5천으로 30만의 대규모 고구려 정예군에 맞서 싸웠으나 하루를 견디지 못했다. 성주 해명

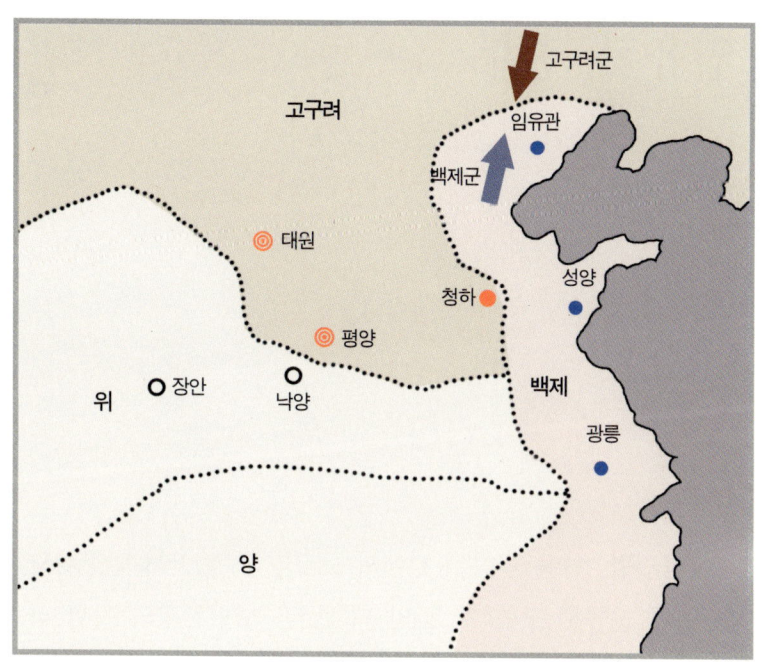

▲ 백제군과 고구려군의 이동방향

은 전사하고 5천 수비대는 몰살당했다. 혈성 함락을 시작으로 고구려의 대규모 서진이 시작되었다.

  요서군 태수 사비수는 요서군 전 병력 5만을 이끌고 안장태왕의 군대에 맞섰다. 성명천황은 백제 수군 전 병력 5만과 상륙군 5만, 산둥성 수비군 5만을 요서군으로 이동시켰다. 요서군의 절반이 고구려에 점령당한 후 20만의 백제군이 임유관으로 모였다.

임유관 전투

　529년 3월, 임유관 앞 평지에서 고구려군 30만이 안장태왕의 지휘 하에 진영을 꾸렸다. 20만 백제군은 성명천황의 지휘 하에 반대편에 진영을 만들었다. 고구려 장군 을밀이 고구려군 우익을, 태왕의 동생 안원왕은 좌익을, 태왕은 중앙을 맡았다. 반면 백제군은 대장군 지충이 백제군 우익을, 달솔 이영이 백제군 좌익을, 중앙은 성명천황이 직접 맡았다.
　먼저 을밀의 5만 철기군이 백제군의 왼쪽으로 크게 우회하여 진격했다. 뒤로 돌아서 백제군을 포위할 심산이었다. 또한 안원왕의 기병 10만이 백제군 오른쪽으로 진격했다. 역시 뒤로 돌아서 백제군을 포위하는 전술이었다.
　황제는 고구려군 중앙은 전부 보병만 15만이 있으니 한 번 붙어볼 만하다고 생각했다. 그리하여 군대를 천천히 전진시켜 고구려 궁병의 사정거리까지 진군하자 전군에 빠른 진격을 알렸다. 그러자 20만 백제군이 고구려군 중앙으로 돌파했다. 고구려군의 1차

방어선은 궁병이었다. 10만 궁병은 엄청난 화살을 날렸다. 많은 화살이 날아와서 백제군이 걷는 땅에 화살이 너무 많이 박혀 있어서 걷기가 힘든 상황이었다. 백제군은 중앙에 철기군과 기병 10만이 쏜살같이 돌진했고 그 뒤에 보병은 방패를 들고 선진했다.

태왕은 백제군이 고구려 기병을 막기 위해 군대를 분산할 줄 알았다. 백제군이 분산되면 중앙군을 이끌고 진격하여 백제 황제를 사로잡을 계획이었다. 하지만 백제군 전군이 자신을 잡으려고 진격하자 놀라지 않을 수 없었다. 고구려군의 궁병은 백제군이 30보 앞까지 다가오자 뒤로 후퇴했고, 대신 창병과 도끼, 칼을 든 보병이 앞으로 나섰다.

백제군이 20보 앞까지 전진하자 고구려 보병도 일제히 돌격했다. 백제군의 철기병과 고구려 보병이 맞붙었다. 고구려 보병은 낫 모양의 긴 창을 이용하여 백제군을 말에서 떨어뜨리려 했다. 하지만 쐐기모양으로 돌진하는 백제군이 빈틈을 보여주지 않았다. 일부 고구려군도 쐐기모양으로 적의 기병과 대항했지만 무너졌다. 곳곳에 균열이 생기고 고구려군은 밀리고 있었다. 그리하여 태왕은 뒤로 돌아간 고구려 철기병과 기병을 불러들였고, 을밀과 안원왕은 전속력으로 회군하고 있었다.

저 멀리서 고구려군 기병의 말발굽 소리가 가까워지자 백제군은 죽을힘을 다해 고구려 보병을 돌파했다. 고구려 궁병도 전부 칼과 창을 들고 막아섰다. 황제는 태왕만 잡으면 전쟁이 끝날 거라고 생각했다. 그리하여 백제 철기군 대다수는 태왕을 잡기 위해 돌진했다. 하지만 태왕의 친위군 5천은 뚫을 수 없는 벽과 같았다. 고구려 전군 50만 중에서 고르고 고른 최강의 병사들로 구성된 친위군은 백제 철기군이라 할지라도 벅찬 상대였다.

　백제 대장군 지충은 태왕을 사로잡으라는 명령을 받고 1만의 정예 철기군으로 태왕의 주변 친위군을 포위했다. 저 멀리서 태왕이 깃발인 삼족오가 보였다. 포위된 친위군을 구하기 위해 사방에서 고구려군이 돌격했다.

　지충이 철기군을 앞세워 태왕의 친위군을 돌파하여 태왕의 깃발까지 진군했다. 지충은 직접 태왕의 목을 베었다. 태왕의 목을 창

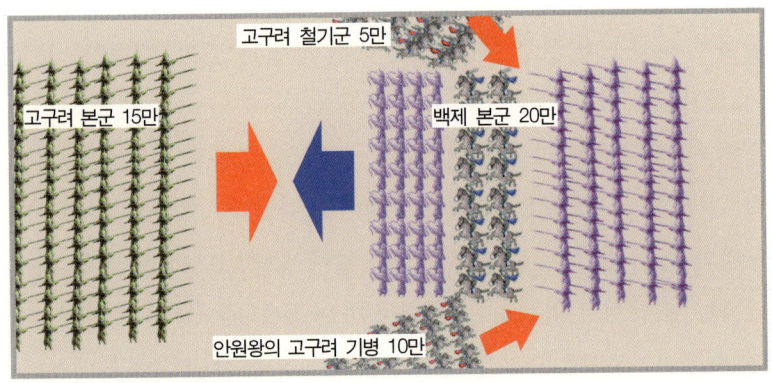

▲ 초기 전투 상황도

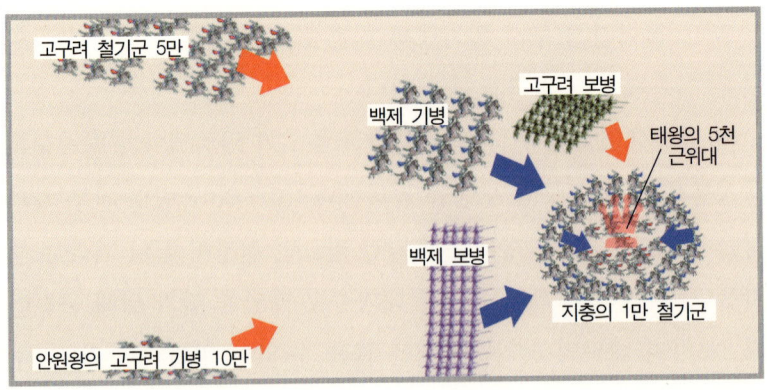

▲ 후기 전투 상황도

에 꽂은 지충은 창을 들어올리며 환호했다. 그런데 고구려 보병의 뒤쪽에서 태왕의 깃발이 다시 올라갔다. 아뿔싸! 이것은 미끼였다. 태왕은 같은 옷을 입은 장수를 하나 더 두고 있었던 것이다.

이영도 사병 5백과 함께 태왕 쪽으로 다가갔지만 고구려 보병은 필사적으로 막아냈다. 수만의 고구려 보병이 쓰러졌지만 끈질기게 버텨냈다. 황제는 전 백제군을 태왕 쪽으로 돌렸다. 고구려군은 무수히 쓰러지면서도 태왕을 보호했다.

이윽고 고구려 기병이 도착했다. 백제군은 진영 뒤편에서부터 저항도 못해보고 대열이 무너졌다. 황제는 더 이상 지체했다간 백제군이 전멸할 수 있음을 깨닫고 곧 전군에 후퇴 명령을 내렸다. 이영은 백제 철기군 3만을 이끌고 고구려 기병을 막도록 임무를 부여받았다.

백제군은 고구려 중앙을 돌파하여 도망했다. 이영의 철기군은 고구려군을 막기에 역부족이었지만 한 명이라도 더 많은 백제군의 탈출을 돕기 위해 필사적으로 막았다. 이영은 누구에게도 뒤지지 않는 활 쏘는 실력을 발휘하여 고구려 장수들을 향해 날렸다. 4~5명이 쓰러졌다. 한 번에 한 명씩 명중이었다. 그러나 한 시진도 못 되어 백제 철기군은 전멸했다.

이영은 끝까지 저항했으나 포로가 되었고 성명천황은 남은 군대를 이끌고 요서 남부 해변가로 이동했다. 고구려군 8만, 백제군 10만이 죽는 대참사였다. 백제군 포로는 5천을 헤아렸다. 그중에는 이영과 그의 사병 5백도 있었다.

529년 10월, 고구려와 백제는 지난 전투에서 잡은 각자의 포로를 교환했다. 이영은 겨우 백제로 돌아올 수 있었다.

오곡성 전투

529년 11월, 안장태왕은 친히 보기병 5만을 이끌고 황해도 서흥 오곡성으로 진군한다. 원래 이 일대는 광개토태왕 때 고구려가 남하하여 쌓은 성으로서 100년 이상 고구려의 지배를 받았다가 문자태왕이 붕어하면서 시작된 대규모 백제군 공격으로 다시 빼앗긴 땅이었다. 오곡성은 장군 연모가 3만의 보기병으로 지키고 있었다. 연모는 용감했지만 지략도 뛰어났다. 하지만 자신을 너무 믿는 것이 탈이었다.

요서군지역에서 백제군이 패했다는 소식이 알려지자 연모는 불같이 화내며 고구려군을 격파하기 위해 병사들을 조련시켰다. 오곡성 벌판에 고구려군이 당도하자 그는 성내에 있지 않고 바로 출격했다. 그가 자랑하는 백제의 철기군 1만이 앞장서고 2만의 보병이 뒤따랐다. 고구려군이 진영을 갖추기도 전에 백제군은 들이닥쳤다. 태왕은 깜짝 놀라며 서둘러 방어 태세를 갖추라 명했지만 고구려군은 패퇴했다. 제대로 저항도 하지 못하고 수천의 고구려군

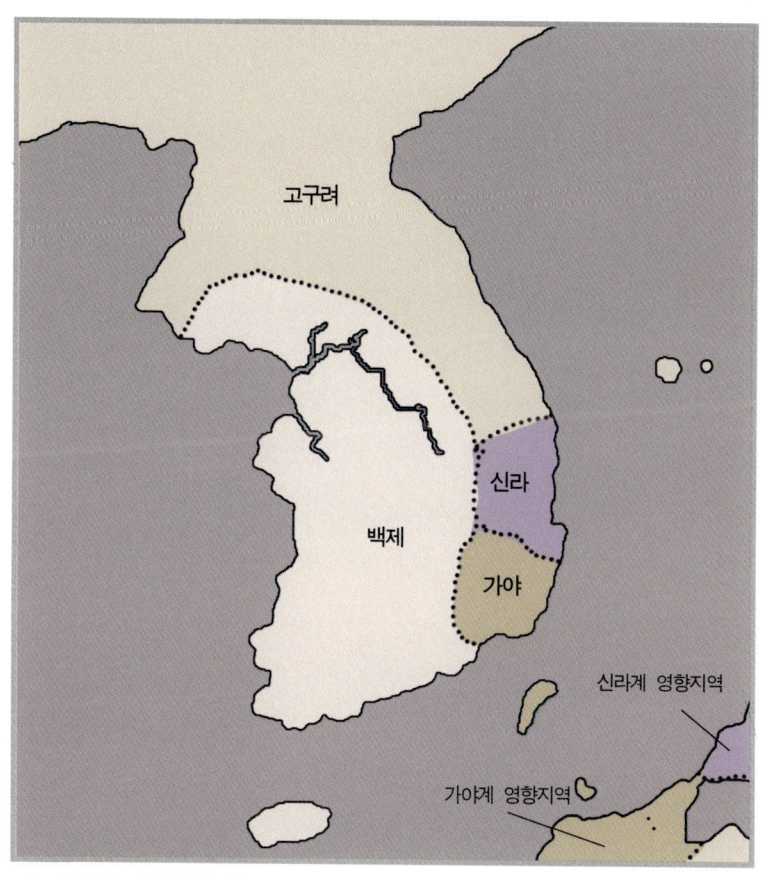

▲ 한반도 강역(백제)

의 목이 잘렸고 고구려 철기군과 기병은 먼저 도망가 버렸다.
 연모는 태왕을 쫓아서 백제 철기군을 이끌고 뒤따라갔다. 한참을 추격하다가 뒤를 보니 백제 보병이 한참이나 뒤쳐져 있어서 보이지도 않았다. 연모는 문득 이상한 기운이 감도는 것을 느꼈다. 주위를 둘러보니 계곡이었다. 연모는 낌새를 알아채고 즉시 회군 조치했지만 계곡의 시작 지점에서 수많은 고구려군이 튀어 나왔다. 그때 도망가던 태왕의 친위군도 뒤를 돌려 공격에 가담했다. 뿐만 아니라 계곡 위에서는 수많은 고구려군이 창과 활을 던졌다.

태왕은 오곡성 밖에서 5만의 군사만 보여주었고 사실은 을밀의 5만 군대가 계곡에 매복하고 있었다. 한 시진도 못 되어 백제 철기군은 포위되어 겨우 수백의 군사만 도망쳤다. 뒤따르던 백제군 보병도 10만의 고구려군에게 포위되어 전멸했다. 연모는 겨우 수백의 병사만 이끌고 도망쳤다. 그리하여 오곡성을 시작으로 광개토태왕이 쌓은 7성은 모두 고구려에게 다시 돌아왔다.

안장태왕은 529년의 대승 이후 다시 백제 공격에 나선다. 요서군의 대부분은 고구려에 복속되었고 산둥지방도 고구려 수군의 상륙작전으로 크게 피해를 입었다. 백제의 성명천황은 패전하여 엄

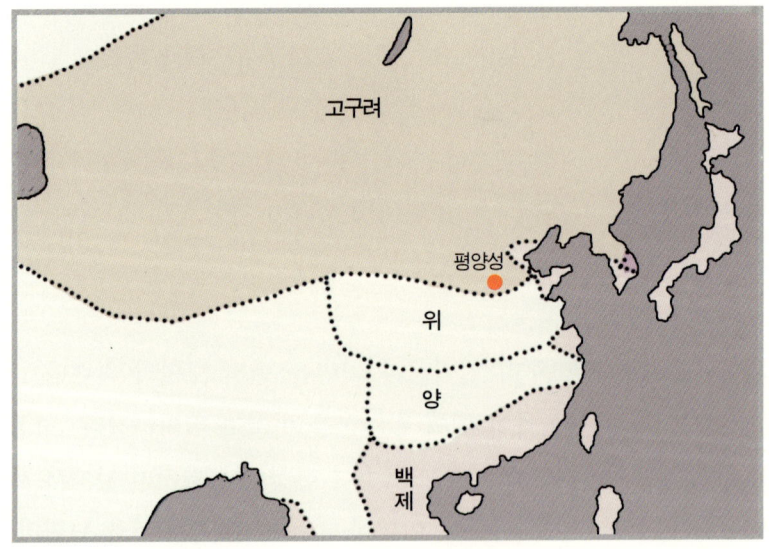

▲ 고구려, 남해안 영토 상실(북방으로 밀려남)

청난 영토를 잃고 황제의 지위가 위협받는 상황에까지 이르렀다. 귀족들은 노골적으로 중앙정부의 일에 사사건건 시비를 걸었다.

531년, 북방은 북위의 장군 고환이 실권을 장악했다. 물론 고구려 안장태왕의 적극적인 개입과 병력지원으로 가능한 일이었다. 북위는 다시금 고구려의 속국이 되었다.

백제 성명천황은 패전의 상처를 치유하느라 동분서주했다. 각 제후국을 단속하고 귀족 세력을 누르며 양과 신라에 사절을 보내 협조를 요청했다.

반면 고구려 제국이 안정을 찾아갈 때 거대한 제국에 균열이 생기기 시작했다. 다음 태왕자리를 놓고 여러 귀족들이 나뉘어진 것이다.

안장태왕이 무서운 속도로 백제를 압박하자 성명천황은 두려움을 느꼈다. 황제의 명을 받고 고구려 수도 평양성으로 향한 이영은 수하 사병 중 최고의 병사 50인과 황제 친위군 중 가장 무예가 뛰어난 50명의 병사를 데리고 갔다.

장사꾼으로 변장한 이영의 원래 임무는 고구려 정탐이었지만 이영은 다른 생각이 있었다. 지금 고구려는 안장태왕의 권위에 귀족들이 눌려 당분간 조용하지만 귀족들은 차기 태왕자리를 놓고 안장태왕의 동생들 중에서 누구를 선택할 것인지 말이 많았다. 고구려의 권력은 안원왕과 을밀장군이 태왕을 보좌하며 쥐고 있었다.

을밀은 과거 안장태왕의 황후가 된 백제 여인을 구출해 낸 공로로 안장태왕의 여동생과 결혼하여 하급장교 출신에서 일약 최고 권력 반열에 오른 인물이었다. 백제와의 여러 전투에서 태왕을 모시고 혁혁한 공을 세웠고 안원왕과도 사이가 좋았다. 하지만 이영은 을밀 대장군이 여러 귀족들에게서 미움을 받고 있는 것을 알아냈다. 태왕의 황후가 백제인이라는 것은 모든 고구려 귀족에게는 치가 떨리는 일이었다.

한주 사람이어서 한주 여인이라 불린 황후는 미모가 대단하여 수많은 후궁을 제치고 안장태왕이 가장 사랑하는 사람이었다. 황후는 자신을 구해주고 태왕과 만나게 해준 을밀을 좋게 보고 기회가 있을 때마다 도와주곤 했다.

이영은 을밀의 사가에 장사꾼으로 변장하고 집사장을 매수하여 들어가게 된다. 자신이 서역에서 구한 진귀한 장신구를 을밀에게 보여주며 황후에게 바치면 황후께서 좋아하실 거라고 했다. 을밀이 기뻐하며 대가를 묻자, 자신은 선비족 출신의 장사꾼이라고 소개하며 유연을 지나 서역으로 가는 상단의 안전을 보장해 줄 것을 요청했다. 특히 북위지방이 지금 반란으로 시끄러우니 북위의 실력자 고환 장군으로 하여금 자신의 상단을 공격하지 않도록 조치를 취해 주셨으면 한다고 요청했다. 을밀은 이를 약속했고 이후로도 이영과 가깝게 지낸다.

한편 이영은 또 다른 귀족들에게도 접근하여 을밀이 북위의 고환 장군과 연합하여 다음 왕을 안원왕으로 밀려고 한다고 고했다. 고구려 5부가의 귀족들 중에는 안원왕에 반대하는 자가 많았는데, 이들 중 일부가 태왕에게 을밀이 반역하려 한다고 거짓으로 고했다. '을밀이 반역할 리가 없는데 어찌 저런 모함이 들어온단 말인가' 하고 태왕은 자기 귀를 의심했다. 게다가 귀족들은 황후와 을밀이 사이가 좋은 것이 아무래도 수상하다고 고했다.

태왕이 황후 전에 들어 보니 황후가 못 보던 장신구를 하고 있었다. 태왕이 묻자 황후는 을밀이 보낸 선물이라 했다. 게다가 을밀의 집 주변에 수상한 인물이 드나든다는 보고가 들어오자 태왕은 몸소 을밀에게 행차했다. 을밀의 집에는 이영이 수하들을 시켜 미리 잠복하고 있었다.

태왕이 친위병 2천을 거느리고 을밀의 집에 들어섰다. 을밀은 대문 밖에서 머리를 조아리며 태왕을 맞았다. 을밀은 태왕의 오해에 대해 상세히 설명했고 태왕은 만족해했다. 태왕과 을밀이 방을 나서는 순간 을밀의 종으로 들어온 백제 군사들과 집 내부에 숨어 있던 백제 군사들이 일제히 나왔다. 태왕과 을밀의 병사들도 무예가 출중했지만 이영의 사병들은 더 대단했다.

이영은 거사 전 병사들을 모아놓고 태왕을 죽이는 자는 그 가족을 귀족에 봉하고 성 하나를 주고, 을밀을 죽이는 자는 그 가족 중에서 한 명을 장군에 봉하고 영지를 주겠다는 약속을 했다. 물론 이영의 성과 영지 중에서 주겠다고 했다. 이영은 성 5개와 드넓은 영지를 가지고 있었다. 선대가 동성천황을 호위하다 죽었으므로 충신의 반열에 오르고 그 후에도 많은 공을 세워 백제에서 존경받는 가문이 된 까닭이었다.

100명의 백제군은 태왕의 근처로 달려갔다. 그중 10명은 동시에 표창을 날렸으나 태왕의 친위군이 몸으로 막았다. 태왕과 을밀은 여러 백제 병사를 죽였다. 한참을 싸운 끝에 백제 병사 한 명이 태왕의 팔에 칼을 던져 상처를 입혔지만 태왕의 칼에 그 병사는 목숨을 잃었다. 을밀의 무예도 대단하여 3~4명의 백제군이 한꺼번에 덤볐으나 오히려 을밀에게 당하고 말았다.

문을 부수고 들어온 태왕의 친위군은 순식간에 백제군을 포위하더니 섬멸했다. 부상은 입은 태왕은 즉시 도성에 경계령을 내리고 환궁했으나 며칠 후 숨을 거두었다. 이영이 모든 백제군의 칼에 독을 묻혔기 때문이었다.

을밀은 태왕 승하 후 안원왕을 모시고 태왕 즉위를 선포한다.

531년, 안원왕은 고구려 안원태왕으로 즉위한다. 양무제 소연은 사신을 보내 안장태왕을 조문하고, 안원태왕의 즉위를 축하했다.

당시 백제는 많은 영토를 잃고 약해졌다. 요서군을 거의 상실하고 산둥지방도 절반 가량을 빼앗겼다. 한반도 백제는 한강유역을 빼앗기고 남으로 밀려왔다.

고구려 안원태왕은 즉위 후 백제에 대한 복수로 10만 대군을 동원하여 다시 요서군을 공격한다. 백제 성명천황은 지혜롭고 용감하기로 소문나 있었지만 국력이 고구려에 미치지 못하여 계속 밀릴 수밖에 없었다.

안원태왕은 키가 7척5촌이나 되고 도량이 넓어 충성하는 무리가 많았다. 형인 안장태왕이 한주 미녀와의 일로 귀족들의 반감을 산 반면에 안원태왕은 고구려 귀족의 딸을 황후로 맞았다.

돌궐의 등장

535년, 유연이 다스리던 몽골지방에는 변화가 일어난다. 바로 앞으로 100년 동안 강국으로 등장할 돌궐의 등장이었다. 돌궐의 지도자 부민칸*은 고거족을 접수한다.

고거족은 중국의 남북조시대를 전후하여 준가르지방에서 활동했던 투르크 계통의 부족이다. 이들은 바퀴가 높은 수레를 사용하므로 고거라 불렸다. 처음 이들은 유연에 예속되어 있다가 485년부터 알타이 서쪽 준가르지방에서 독립했다. 이때부터 유연의 국력이 눈에 띄게 약해졌다. 이 부족은 남북으로 나뉘어 북부는 알타이산의 서남 산록에, 남부는 천산산맥의 북쪽 산록에 거주했던 듯하다.

6세기에 접어들어 고거는 돌궐에게 멸망당했고 돌궐의 부민칸

---

*돌궐제국의 창건자는 부민(Bumin, 土門)으로서 그가 돌궐 부족연맹의 지도자로 부상하고 집권하기까지의 과정은 잘 알려져 있지 않다. 그가 중국 사서에 등장하는 시기는 535년이다.

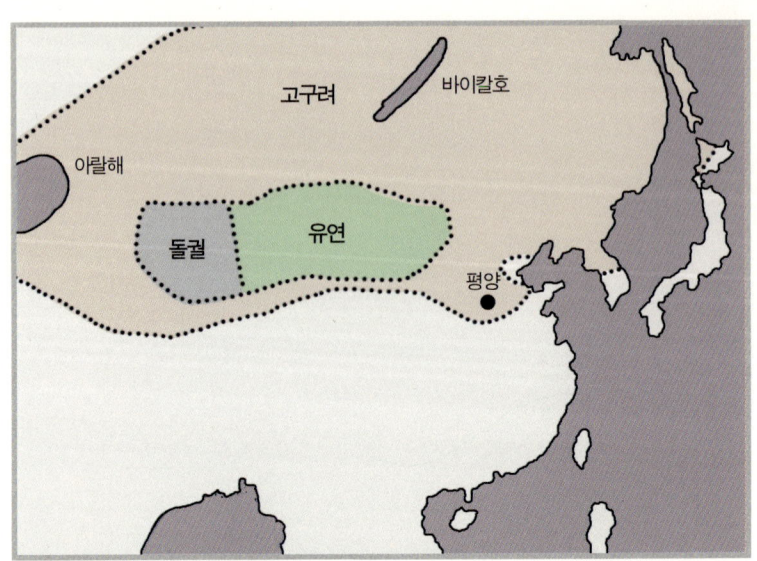
▲ 돌궐제국 초기의 고구려 영토

은 철륵 무리 5만여 명의 투항을 받아 국가의 기초를 튼튼히 했다. 그러나 아직까지 돌궐은 소국이었고 유연의 작은 속국이었다. 물론 유연은 고구려의 간접지배를 받고 있는 번국이었다.

반면 고구려는 커다란 불씨를 안고 있었다. 황후에게 아들이 없었던 것이다. 이에 귀족의 딸 둘을 비로 삼았는데 두 여인이 각각 아들을 낳았다. 장남인 평성은 동부 귀족출신의 외삼촌이 있었는데 이를 추군이라 불렀고, 차남인 평원은 북부 귀족출신의 외삼촌을 두었는데 이를 세군이라 불렀다. 하필 두 황자의 외숙이 고구려 최고 귀족가문이라는 데서 문제가 있었다. 태왕이 살아있을 때는 이 문제가 노출되지 않는 것처럼 보였으나 다음 태자자리를 놓고 대립의 불씨가 생긴 것이다.

당시 국제 정세는 일종의 혼돈시기였다. 고구려의 국력은 약해졌고 모든 나라를 제어하던 고구려가 예전 같지 않았다. 북방에는 새로운 강자 돌궐이 그 힘을 키워가고 있었고 북위는 내란으로 고환과 우문태 간의 전투가 빈번했으며, 양나라는 이미 국력이 많이 기움이 통제가 안 되는 상황이었다.

  백제는 고구려와의 잦은 전투로 많은 영토를 상실한 반면 신라는 나라의 토대를 다지고 군대를 양성하고 있었다.

가야의 몰락

　가야는 국가 초기부터 연맹왕국체제로 출범하여 강력한 철기군을 바탕으로 주변국을 위협하고 일본 규슈에 상륙하여 영토를 확장했다. 하지만 백제군에 밀려 백제의 소국으로 전락하다가 고구려 광개토태왕 때 점령당한다. 그러나 광개토태왕 사후 다시 백제의 동맹국으로 변신한다.
　가야는 금관가야와 대가야 양국이 주도하는 형세였는데 금관가야는 친고구려 쪽이었고, 대가야는 친백제 쪽이었다. 대가야 쪽 세력은 백제의 황제 계승에도 영향을 미쳐 군대를 보내기도 하고 백제와 고구려의 전쟁에 백제 쪽에 군대를 파병하기도 했다.
　반면 금관가야는 고구려에 계속 충성을 보내고 있었다. 처음 광개토태왕에 점령당한 후 속국으로 전락하여 매해 조공을 보내고 고구려의 전투에 철기군을 파병하기도 했다. 물론 옆에 있는 신라 내에 고구려군이 주둔하고 있었으므로 감히 반역할 수가 없었다. 하지만 고구려 안장태왕이 죽은 후 안원태왕은 오로지 백제 공격에만 집중하고 있었고, 소국 신라와 금관가야에는 별로 신경 쓰지 않았다. 신라의 법흥왕은 지속적으로 남부지방 공략에 들어갔다.

532년, 금관가야의 1만 군대와 1만5천의 신라군은 김해평야 앞에서 마주쳤다. 가야군은 왕의 셋째아들인 무력이 5천의 철기대와 차남 덕무가 5천의 보병을 이끌고 진을 쳤다. 신라는 이사부 장군이 직접 1만5천의 보기병으로 진을 쳤다. 먼저 신라군은 기병을 앞세우고 보병이 뒤따르면서 가야군을 공격했다.

반면 가야의 유명한 철기대는 창을 앞세우고 신라 기병을 공략했다. 양군이 부딪치는 소리가 평원에 퍼졌다. 한참을 싸우자 신라군의 기병이 밀리기 시작했다. 기병 뒤에 있던 보병들은 아예 도망가기까지 했다.

무력은 승기를 잡았다고 생각하고 나머지 보병 5천의 동원을 명했다. 장남 노종도 가야군이 이기는 것처럼 보이자 지체 않고 보병을 투입시켰다. 그러자 신라군이 후퇴하기 시작했다. 가야군이 한참을 추격했지만 신라군이 보이지 않았다. 이때 뒤에서 금관가야 왕과 장남 노종이 수백의 기병을 데리고 왔다. 성에 있어야 할 왕이 전쟁터로 오자 이상하게 생각한 무력이 추격을 멈추고 왕을 맞았다. 왕은 서둘러 도망 나온 듯한 표정이었다.

신라군은 애초에 2만의 군대로 진격했다. 1만5천은 이사부가 직접 이끌고, 거칠부는 5천의 별동대를 이끌고 북쪽에서 야간에 내려왔다. 이사부가 성을 포위하지 않고 김해평야에 진을 친 것도 가야군을 이끌어내기 위함이었다.

김무력이 1만의 가야군을 이끌고 성 밖으로 나오자 한 시진 뒤

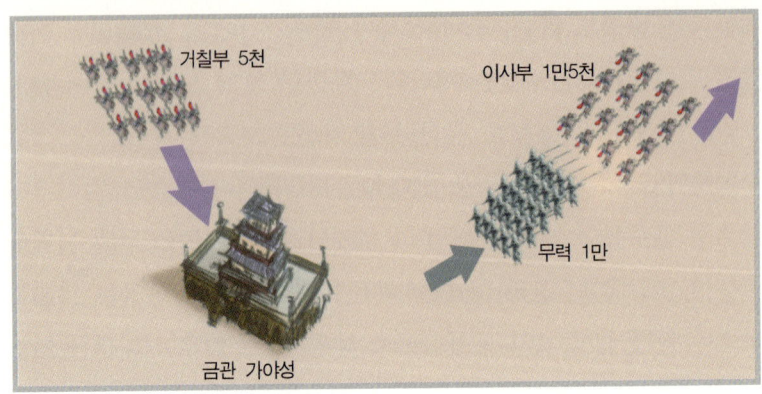

▲ 전투 상황도

거칠부의 5천 별동대는 성을 공격하여 함락시켰다. 가야 왕은 궁을 버리고 탈출했고, 성내에 있던 8백의 가야군은 저항도 못해보고 항복하거나 왕을 따라 탈출했다.

왕과 세 아들들은 회의를 했다. 이대로 성을 되찾을 것인가, 아니면 이사부의 군대를 추격할 것인가. 그때였다. 가야군의 전방과 후방에서 동시에 큰 소리가 들렸다. 신라군에게 포위된 것이다. 가야 왕은 항복하기로 했다. 하지만 조건을 걸어서 금관가야의 땅을 자신이 계속 다스릴 수 있도록 해달라고 했다.

532년, 금관가야가 신라에 항복하자 백제 성명천황은 잔존 가야국을 회유하여 표면상으로는 신라에 대해 적대하는 것처럼 보이면서 실제적으로는 가야의 분할을 획책했다. 대가야를 중심으로 한 가야국들은 모두 백제의 영향력을 더욱 받게 되었다. 고구려 안원태왕은 신라와 동맹을 맺어 백제를 위협할 기미가 보였다.

성명천황은 고토 수복을 위해 본격적인 외교전과 부국강병에 매진했다. 또한 백제는 일본에 사람을 보내 불상佛像·번개幡蓋·경론經論 등을 전해주니 이것이 일본에 불교가 전해진 시초였다.

이영은 성공적인 안장태왕 암살 후 평양성에 남아있었다. 하지만 평양성에 내려진 경계령 때문에 운신의 폭이 좁아지자 서쪽으로 이동했다. 마침 황제로부터 고구려에 맞설 나라를 알아보라고 명령이 내려져서 사병을 이끌고 상단으로 위장하여 서쪽으로 갔다.

예전에 백제와 다투었던 북위는 이미 패망의 길로 치닫고 있었다. 양나라는 백제에 협력하기로 했으니 이제 유연 쪽으로 넘어갔다. 그러나 이미 유연도 그 힘이 다했다. 유연은 남북으로 갈라졌고 남부 쪽은 북위에 흡수되었고 북부 쪽도 새로 일어난 돌궐에 밀리는 형국이었다.

돌궐지역으로 들어간 이영은 칸을 만나기를 청했다. 돌궐의 부민칸은 휘하 병사가 10만에 이르고 대부분 기병으로 용감하기도 했다. 이영은 성명천황의 명을 전달했다. 돌궐이 유연을 멸망시키면 고구려와 대결하게 되므로, 백제가 고구려의 후방에서 공격하여 고구려를 양면에서 치면 큰 수확이 있을 것이라 주장했다. 또한 돌궐의 성장을 위해 백제는 철기와 식량을 제공할 것이라고 했다. 돌궐은 동맹약속을 했고 이영은 비밀리에 백제 철기와 식량을 수송해주었다. 이영은 고구려의 귀족들과 안면을 쌓은 덕에 고구려군의 검문에도 쉽사리 통과할 수 있었다.

533년, 고구려 안원태왕은 왕자 평성을 태자 겸 양원왕으로 승격시켰다. 동생 평원은 제후로 승격시켜 요서군을 맡게 했다. 이로써 후계를 둘러싼 암투가 가라앉을 것이라 생각했지만 오히려 분열은 더 커졌다. 문제는 양원왕의 모후가 동생인 평원후의 모후보다 서열이 낮다는 것이다. 황후는 자식이 없었지만 은근히 평원후의 모친과 가까웠다. 비록 태자가 양원왕이긴 하나 그 외숙인 추군의 세력이 동생의 외숙인 세군의 세력과 비교해 뒤떨어지는 상황이었다.

이영은 평원후의 외숙인 세군 세력의 수장 사제령을 찾아간다. 대장군 을밀과 사제령은 앙숙이었다. 을밀이 안장태왕이 붕어한 후 그 호위 책임을 물어 작은 군의 태수로 강등되자 이를 가장 앞장서서 탄핵하여 외지로 쫓아낸 인물이 사제령이었다. 을밀은 태왕을 옹립한 일등공신임에도 불구하고 세군의 모략에 빠져 밀려난 것이다. 사제령에게 접근한 이영은 자신이 북방 유목민족의 신흥 강자인 돌궐의 부민칸과 친하고, 또한 백제의 병관좌평인 해원과 위사좌평 연진과도 친하다며 자신의 세력을 은근히 과시했다.

지금 고구려는 백제의 조공을 받고 잠시 백제 공격을 중단한 상태였다. 성명천황도 사신을 보내 고구려를 형의 나라로 섬긴다고 약속한 상태였으므로 백제가 사실상의 주적에서 형제국으로 바뀐 상태였다. 이영은 은근히 사제령에게 안장태왕을 살해한 세력이 현재의 태자 양원왕의 외숙인 추군 세력일 것이라고 얘기했다. 사제령은 이 말을 듣고 추군을 의심하며 추군을 역적으로 규정하고 은밀히 세군 세력을 결집시켰다.

추군과 세군의 세력다툼 속에서 고구려의 나날이 약해져 간다. 북위의 장군 고환은 사절을 보내 업성에 입성한다. 고구려군은 이미 곳곳에 주둔하던 군대가 본국으로 귀환하는 상황이었다. 특히 추군 세력과 세군 세력은 각기 자신의 군대를 수도 평양 근처에

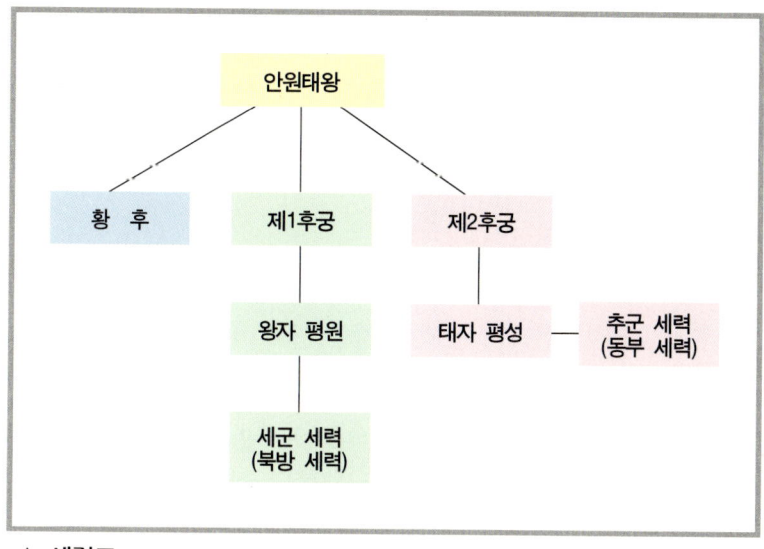

▲ 세력도

두길 원했다. 추군 세력 하에 있던 업성은 고환 장군이 추군을 지지하기로 약속하고 얻게 된다.

535년, 북위의 왕이었던 효무제는 우문태 장군의 보호 하에 낙양에서 서위의 왕으로 임명되었다.

534년, 고환은 동위를 건국한다. 왕은 허수아비이고 실권은 고환이 쥐었다. 고환은 북위 종실의 한 사람인 효정제孝靜帝를 옹립하여 도읍을 낙양에서 허난성의 업으로 옮겨 동위라 하고 서위의 우문태와 대립했다.

534년, 고구려는 고환의 동정을 파악하고 고환은 업에서 동위

효정제를 조종하여 고구려 안원태왕에게 국서로 표기대장군이라 봉표를 올리고 태자 양원왕에게도 선물을 보낸다. 추군은 태왕을 설득해 고환 군대의 업성 주둔권과 동위의 북위계승을 인정받아 낸다. 서위는 이로 인해 고구려에게 조공을 바치지 않고 북방의 신흥강자 돌궐과 연계하기 시작한다.

535년 2월, 고구려는 양에 첩자를 보내 정보를 수집했다.
5월, 고구려 국도 남쪽에 홍수로 200명이 사망했으며, 10월에는 지방에 지진이 발생하고, 12월에 우레가 있었고 역질이 돌았다.
백제 성명천황은 신라에 자주 사신을 파견하고, 한편으로 서위와 돌궐에도 사신을 파견하여 동맹관계를 강화한다.
남쪽의 양나라는 비교적 안정되었고 왕인 소연은 전쟁을 피하려 했다. 양나라는 고구려와 백제 사이에 양다리 외교를 펼침으로써 오로지 북조왕조와의 결전만 준비했다. 하지만 북위가 동위와 서위로 갈라지자 전쟁을 할 이유가 없어졌는지 더 이상 전쟁에 관심을 두지 않았다.
성명천황은 원래 서위, 돌궐, 양나라, 신라, 가야의 연합군으로 고구려를 공격하여 고토 수복을 목표했으나 각 나라마다 사정이 달라 여의치 않았다. 이영은 이때 돌궐과 서위를 왕래하며 고구려 타도를 외쳤다.

536년, 고구려에 대한 주변 나라들의 조공이 약화되고 고구려의 지배력이 약해져갈 때 설상가상으로 봄과 여름 가뭄이 극심했다. 8월에는 수도 위쪽 북방고원 쪽에서 메뚜기 떼가 몰려와 큰 피해를 입었다. 추군은 동위의 정보를 수집하고 고환에게 다시 한 번 태자에 대한 지지약속을 받아냈다.

같은 해, 신라 법흥왕은 연호를 건원이라 하고 독립국임을 만천하에 선포했다. 성명천황은 축하사질을 보내고 동맹약속을 받아낸다. 고구려는 이듬해까지 흉년으로 큰 고생을 했다. 태왕이 직접 나서 빈민구제에 나섰으나 추군과 세군은 그 세력 확장에만 관심이 있었다.

537년, 백제의 조공이 소홀하자 고구려 안원태왕은 태자에게 명해 백제 공격에 나선다. 태자는 보기병 5만을 이끌고 백제 웅진성 쪽으로 내려간다. 성명천황도 지충 장군으로 하여금 보기병 5만을 이끌고 맞서게 한다. 양군은 큰 교전 없이 대치만 했다. 웅진성 주변의 작은 산성요새를 공격한 고구려군은 지충의 군대가 다가오자 뒤로 물러선다. 그렇게 별 소득 없이 대치만 하자 태왕은 철수 명령을 내린다.

538년, 성명천황은 수도를 웅진에서 사비성으로 천도하고 국호를 남부여로 고쳤으며 이때 중앙의 22부, 지방의 5부5방제도를 실시한 것으로 추측된다.

540년, 성명천황은 고구려 우산성에 대한 집중 공격을 시작한다. 황제가 직접 출진했으며 3만의 병력을 동원했다. 우산성은 원래 백제가 쌓은 성으로 고구려 광개토태왕이 남하하면서 고구려에 점령되었다. 하지만 광개토태왕이 북연과 북위를 공격하기 위해

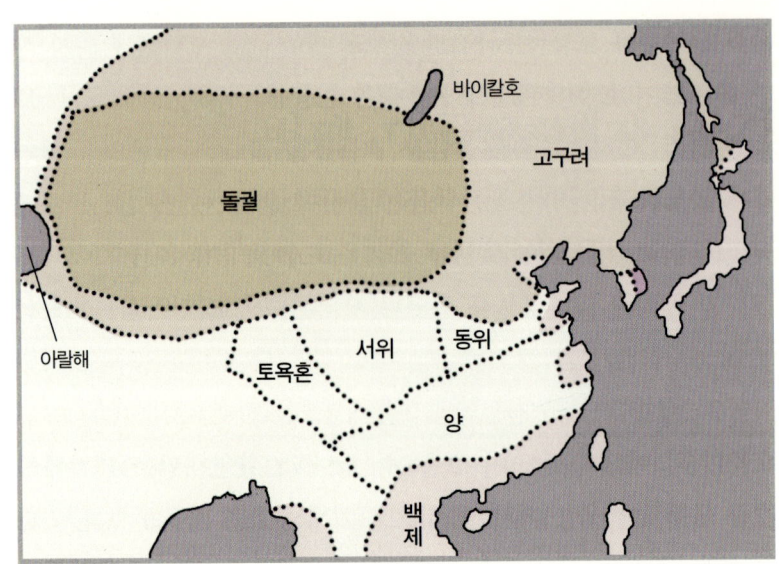
▲ 돌궐제국의 성립 후 각국의 영토

군대를 철군하면서 신라군을 그곳에 주둔시켰다.

이후 광개토태왕 사후 다시 시작된 백제 동성천황의 북진으로 잃었던 땅을 회복했으나 신라와의 동맹관계를 생각하여 우산성에 주둔한 신라군은 치지 않았다. 하지만 신라의 왕이 고구려에 조공을 소홀히 하자 장수태왕은 우산성을 공격하여 함락시킨다.

우산성은 백제 영토의 최전방으로서 백제군의 이동을 감시하고 견제하는 역할을 했지만 사실상 백제 영토에 둘러싸여 큰 구실을 하지 못했다. 그러던 것이 안장태왕과 안원태왕에 걸친 백제 공격으로 한강 이남을 다시 빼앗자 고구려 영토에 연결되어 백제군을 막는 전진기지가 되었다. 백제군은 우산성을 포위하고 공격했지만 험난한 길을 따라 공격하기가 쉽지 않았다.

오곡성에 있던 세군 소속의 장군 을열은 휘하군 3만과 조의군

3천을 이끌고 지원에 나섰다. 을열은 을밀의 조카로 삼촌처럼 용맹한 장수였다. 성명천황이 우산성을 포위하자 야간에 행군하고 주간에 쉬는 방법으로 백제군이 고구려군의 이동을 모르게 했다. 게다가 조의군을 먼저 보내 백제군의 후방으로 침투시켰다. 검은 옷을 입은 조의군들은 밤에는 더욱 눈에 띄지 않았다. 조의군 3천은 백제군 후방에 침투하여 백제군의 군량 수송부대를 공격하여 전멸시키고 식량을 탈취했다.

황제는 식량이 떨어지자 병사들을 철수시켰다. 하지만 철수하는 길목이 나무와 돌과 같은 장애물로 막혀있었다. 이때 뒤에서 3만의 고구려군이 공격했다. 앞에는 조의 3천이 막아섰다. 협공을 당한 백제군은 조의군들을 뚫고 백제 땅으로 후퇴하는 수밖에 없었다. 조의군들은 죽을 각오로 백제군을 막았다. 너무나 강하게 저항하여 백제군이 엄청난 손실을 입었다. 조의군들은 혼자서 백제군 2~3명을 감당했지만 오히려 백제군이 밀려났다. 백제군 뒤에 고구려군이 쫓아오고 있었으므로 백제군도 기를 쓰고 포위를 뚫으려 했다.

백제 대장군 지충은 황제를 호위하고 가장 뛰어난 친위군을 이끌고 돌파하기 시작했다. 조의군들도 황제의 친위군과는 막상막하였다. 친위군은 각자 활과 칼, 도끼를 모두 가지고 있었다. 활로 몇 번 화살을 쏜 후 칼과 도끼로 접전을 벌였다. 반면 조의군들은 긴 창과 은월도를 가지고 싸웠으나 친위군의 백발백중 활솜씨에 많은 희생을 입었다. 조의군들이 그렇게 한 시진을 버틴 덕에 고구려군이 백제군의 후미를 잡았다.

백제군은 이날 전투에서 1만에 가까운 손실을 입었고 포위를 뚫는 데 황제 친위군 3천이 큰 역할을 했다. 이날 고구려 조의군 3천 중 절반이 죽었다. 고구려의 낙승이었다. 고구려군은 3천의 손실만 있었을 뿐 백제군은 얻은 이득도 없이 회군했다.

같은 해, 신라 법흥왕이 죽었다. 진흥왕은 나이가 어려 태후가 섭정을 했다. 진흥왕은 사실 왕이 될 위치에 있지는 않았다. 법흥왕은 아들이 있었지만 법흥왕이 선비족이라는 사실이 신라 귀족들 사이에선 언제나 논란거리였다. 진흥왕의 어머니는 법흥왕의 딸이었고 아버지는 지증왕의 손자인 갈문왕이었다. 법흥왕은 지증왕의 사위이면서 양자로 들어갔다. 법흥왕이 왕이 되면서 신라 귀족들은 왕에게 반감을 가져 국사에 협조를 등한시했다.

법흥왕이 죽자 귀족들이 법흥왕의 아들이 왕이 되는 것을 노골적으로 반대했고, 결국 권력을 쥐고 싶은 법흥왕비와 갈문왕 입종의 연합으로 진흥왕이 왕이 되었다. 실권은 법흥왕비가 쥐고 섭정을 했으며 입종은 왕의 후견인 노릇으로 만족해야 했다.

544년, 고구려의 국력은 나날이 쇠약해갔다. 제후국과 번국, 동맹국에 대한 감시와 통제가 느슨해지고 추군과 세군으로 나뉘어진 황위계승 논쟁은 끊이지 않았다. 태자 양원왕은 뚜렷한 전공이 없었고 동생 평원은 지지 세력이 많았다. 말년에 안원태왕은 병에 걸려 누워 지냈다. 위대한 고구려의 번영은 이제 옛일이 되어가는 듯했다.

이영은 세군의 편에 있는 귀족들에게 계속 접근하여 추군 쪽에서 먼저 세군을 없애려 한다는 거짓정보를 흘렸다. 긴장이 도성 평양성을 휘감았다.

추군과 세군의 전투

545년, 안원왕이 며칠째 의식이 없었다. 이대로라면 추군의 태자가 황위계승을 하게 된다. 이영은 비밀리에 도성에 사병 5백을 불러들였다. 도성 안은 수많은 사병과 황궁친위대, 도성수비대가 있었다. 추군과 세군은 각기 사병들은 도성에 불러들였다.

이영이 원하는 것은 추군과 세군이 대규모 전쟁을 벌이는 것이었다. 그렇게 되면 요서군 남부와 산둥성에 모여 있는 20만 백제군이 고토 수복을 위해 고구려를 공격할 것이며, 추군과 세군은 고구려 전 영토를 반으로 가르는 대규모 전쟁을 할 것이다. 그러면 40만에 가까운 고구려군은 반으로 나누어져 제대로 백제군을 막을 수 없을 것이다. 또한 신라군 3만도 고구려를 공격하기로 되어 있어서 고구려는 제대로 싸울 수 없을 것이라고 생각했다. 이미 이영의 계획대로 고구려군은 속국에 점령군으로 있던 군대를 빼서 수도 근처로 이동이 끝난 상태였다.

양군이 며칠째 대치만 하고 싸움을 하지 않자 이영이 나서기로 했다. 먼저 추군 쪽 장수 을밀의 수하부장 고응을 길에서 매복하고 있다가 살해했다. 추군은 즉각 행동에 나섰다. 세군은 평양성 내에 5천의 사병을 데리고 있었고 추군도 6천의 사병이 있었다.

문제는 태왕의 근위군 1천5백이었다. 근위군대장 고영은 중도파였다. 태왕에게 충성할 뿐 추군과 세군 어느 쪽에도 가담하지 않았다. 그런데 문제는 태자가 황궁 안에 있었던 것이다. 동생 평원은 궁 밖에서 세군을 이끌고 태자를 사로잡으러 황궁에 들어가려 했다. 물론 이영의 군대 5백도 행동을 같이했다.

고응이 새벽녘에 살해당한 사실을 알게 된 추군은 평원후의 거처로 급습했으나 평원후는 이미 군대를 모아 궁으로 출발한 뒤였다. 평원후의 거처는 궁과 상당한 거리에 있던 터라 추군이 궁까지 오는 데 시간이 많이 걸렸다. 이 또한 이영의 계략이었다. 추군이 궁까지 오기 전에 궁을 접수하면 상황은 끝이 난다고 생각했다. 이미 성 밖에는 추군과 세군의 병사가 각각 8만과 7만이 대기 중이었다.

황궁 수비대장 고영은 용맹하여 세군의 5천 병사들이 아무리 궁

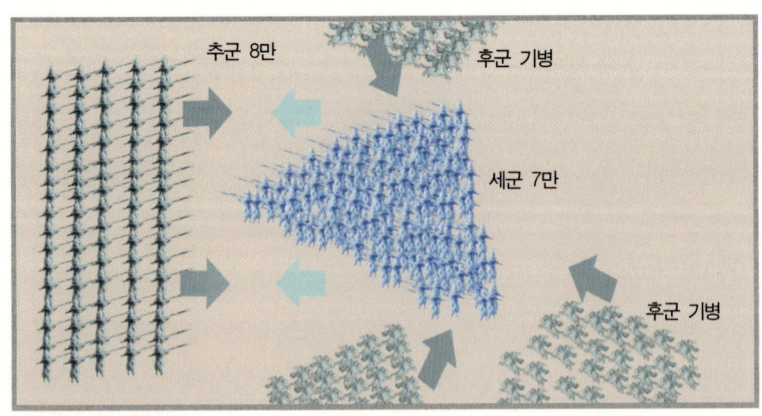

▲ 전투 상황도

을 뚫으려 해도 결사적으로 막았다. 궁 문이 열리지 않자 이영의 병사들은 궁벽을 넘어서 쳐들어갔다. 하지만 곳곳에서 황궁수비대는 이영의 백제군을 척살했다. 게다가 황궁에는 태자가 지휘하는 조의군 1백이 같이 있었는데 태왕의 궁 밖에 있던 조의군들은 황궁수비대와 힘께 빌시적으로 이영의 사병을 막았다.

한 시진쯤 버티자 추군이 당도했고 세군은 포위되었다. 반 시진만에 세군은 거의 전멸했다. 겨우 살아남은 몇몇 세군의 장수들이 성 밖으로 탈출해서 군대를 움직였다. 추군도 대군을 움직였다.

성밖에서 대기 중이던 세군의 7만 군대는 삼각형 모양으로 돌진했다. 추군의 군대는 마주 대응하지 않고 뒤로 병사들을 물렸다. 세군의 군대가 추군의 한가운데로 들어오자 양 날개에 있던 추군의 기병들이 잽싸게 세군의 후미로 이동했다. 그 후 완전히 포위된 세군은 추군에게 학살당하고 만다.

그날 저녁 세군은 전멸되었다. 도성 안은 추군들이 세군의 잔존세력을 잡으려고 이 잡듯 뒤지는 난장판이 되었다. 이날 세군에 속한 귀족, 황족, 장군과 그 가족 2천 명이 체포된 후 학살되었다.

평원후는 돌궐 땅으로 도망했고, 거기서 돌궐 귀족의 딸과 결혼하여 안정을 찾았다. 안원태왕의 황후는 태자의 태왕 등극을 인정하고 궁에 머물게 되었고 평원후의 모후는 유폐되었다. 며칠 뒤 안원태왕은 붕어했다.

이영은 필사적으로 성을 빠져나왔으나 그의 사병들은 100명도 안 남았다. 이번에도 태자 암살에 엄청난 상금을 걸었지만 태자의 조의부대는 무참히 백제 자객들을 주살했다. 3년은 갈 줄 알았던 고구려의 내분이 단 하루 만에 끝나자 이영은 무척 허탈했다. 그리하여 황제에게 고구려 진격준비를 중단하라고 알렸다.

545년, 안원태왕이 붕어하고 양원왕이 양원태왕으로 등극했다. 양원태왕은 별다른 행적을 보이지 않았고 고구려의 국력은 나날이 쇠약해져갔다.

546년, 동위의 실력자 고환이 죽었다.

547년, 양원태왕은 백암성과 신성을 수리하고 증축했다. 국제정세가 고구려에 유리하지 않은 방향으로 흐르고 있음을 인지한 때문이었다. 나라 안에는 아직도 남은 세군의 무리들이 곳곳에서 민란을 일으키고 태왕의 정책에 반대했다.
수많은 고구려인들이 주변국으로 이주했다. 세군의 무리들은 동위, 서위, 유연, 백제, 신라 등지로 피했다. 일부는 왜로 건너가기도 했다. 추군은 모든 권력을 독점하고 태왕의 권위를 손상시켰다.

548년, 양원태왕은 동예군사 6천과 고구려 정예군 3만을 동원하여 독산성(수원)을 치게 한다. 이 무렵 백제는 안원태왕이 붕어한 후 대군을 일으켜 독산성을 점령한 상태였다. 독산성에는 백제군 5천 정도가 있었다. 하지만 이때 백제군의 주력은 요서와 산동에 있었다. 성명천황이 고토 수복을 위해 대군을 결집시켰기 때문이었다. 주력군이 빠진 틈에 고구려군이 밀고 내려오자 독산성은 쉽사리 함락되었다.
신라 진흥왕은 장군 주진에게 5천의 군사를 보내 백제를 도우려 했다. 주진은 정병 3천과 사병 2천을 거느리고 그들을 공격했다. 하지만 도착했을 땐 이미 성이 떨어진 상태라 고구려군의 식량 수송부대를 공격하여 전과를 올렸다. 포로를 많이 잡아 왔으며 죽인 자도 매우 많았다. 하지만 성을 공격하지 못하고 그대로 돌아왔다.

549년, 고환의 아들 고양은 북제를 건국했다. 고양은 고구려 양원태왕에게 왕의 자리를 인정해달라고 청했다. 태왕은 같은 고씨이며 고구려의 후예임을 들어 북제왕에 봉하고 자리를 인정해 주었다. 고양도 이듬해 표를 올려 감사의 표시를 했다.

제3부
돌궐, 강국이 되다

백제·돌궐과 고구려의 전쟁

돌궐의 세력이 강해지자 545년, 서위西魏는 사신을 파견하여 동맹관계를 맺었다. 이듬해 부민은 유연의 군주 아나괴에게 유연의 공주와의 혼인을 요구했다. 이는 유연에 대한 노골적인 도전 의사였다. 아나괴가, "어찌 감히 그런 말을 하는가"라며 단호히 거절하자 부민은 서위의 공주를 맞아들여 서위와 연합하고는 유연을 공격한다.

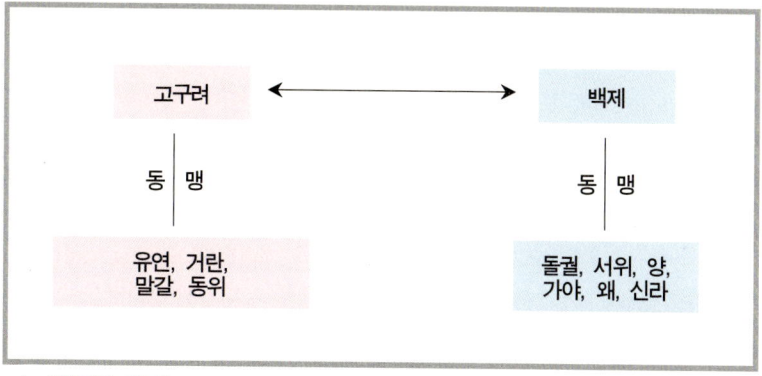

▲ 각국의 관계

*돌궐의 등장으로 고구려는 고창과 두절된다.

▲ 546년 각국 세력도

당시의 세력 상황도는 백제, 서위, 돌궐, 신라, 가야, 왜, 양나라의 동맹관계와 고구려, 동위, 거란, 말갈, 유연의 동맹관계였다.

백제 성명천황은 신흥강국 돌궐을 놓치지 않았다. 이영은 황제의 명으로 상단을 만든 후 5천의 백제 병사를 이끌고 고구려 땅을 가로질러 돌궐에 도착한다. 당시 대규모 상단은 인원이 수만에 달하는 경우도 있었으므로 고구려군은 크게 의심하지 않았다.

549년, 이영은 돌궐의 부민칸을 만난 후 유연 공격을 권했다. 이영의 백제군은 모두 최정예부대로서 다른 백제 병사보다 머리 하나 정도 더 크고, 모두 활을 한 개씩 가지고 있었다. 활솜씨는

100발을 쏘면 90발 이상 명중하는 실력이고 전원 기병이면서 창 2자루와 칼 3개를 말과 갑옷에 차고 있었다. 말을 타고 전진하면서 자유자재로 활을 쏘며 창던지는 솜씨는 10번을 던져 8번 이상 맞출 정도였다. 또한 다른 부대와 차별을 두기 위해 붉은 망도를 걸쳤고 갑옷은 가죽과 얇은 강철을 겹쳐 입어 먼 거리에서 쏜 적의 화살은 맞아도 관통하지 않았다.

돌궐군은 대부분이 기병 중심이었고, 말 위에서 활쏘기는 어느 정도 가능했다. 용맹하여 죽음을 두려워하지 않았고 전 부족이 군인이라 해도 과언이 아니었다. 인구가 2백만도 안 되지만 부족의 남자들은 전부 전쟁에 동원이 가능했다.

이영은 거기서 고구려 태왕의 동생 평원후를 만났다. 평원후는 자신이 돌궐까지 온 것에 대해 굉장히 후회하는 모습이었다. 그러나 그를 설득하여 백제연합군이 고구려를 무너뜨리면 태왕이 되게 해주겠다고 했다. 평원후도 사병 1만을 가지고 있었는데 대부분 고구려에서 그와 같이 도망한 세군들이었다. 고구려에서 핍박을 받은 세군 출신 장군과 병사들이 속속 평원후에게 모여들었다.

한편 유연의 군대 20만이 고구려군 5만과 함께 돌궐 토벌을 위해 돌궐 국경으로 몰려왔다. 돌궐의 부민칸은 모든 부족을 동원하여 30만의 군대를 모았다. 평원후의 1만 군대와 5천의 백제군은 평원에서 유연의 군대를 맞았다. 고구려는 신흥강국 돌궐을 우습게 보고 말갈 기병과 거란 기병을 주축으로 고구려 정예군 일부를 합쳐 보냈다. 25만 연합군 전부가 기병이었다. 돌궐군도 전원 기병으로서 양군이 길게 횡대로 마주보았다.

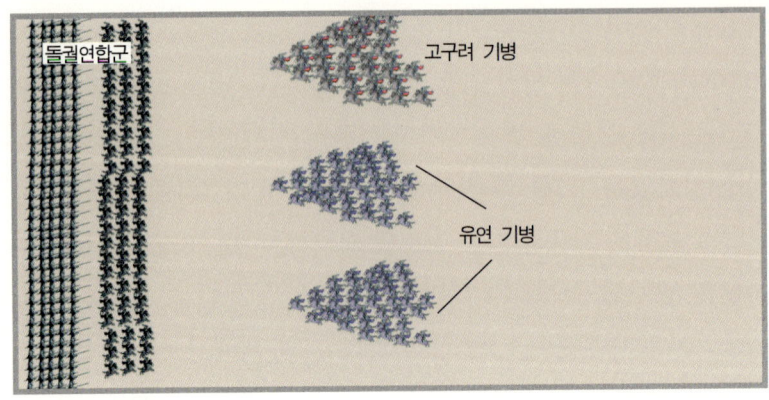

▲ 전투 상황도

25만과 31만5천의 기병은 별다른 전술 없이 그대로 달렸다. 양군은 벌판의 가운데에서 충돌했다. 말발굽 소리가 천지를 뒤흔들었다. 엄청난 굉음이었다. 측면에 있던 고구려 기병들은 말을 달리면서 화살을 쏘았다. 전원 경무장 기병으로 잽싸게 화살을 쏘고 돌궐군의 우측을 돌아서 포위해 갔다. 유연의 군대는 정면돌파를 위해 쐐기형으로 진형을 짜서 돌격했다.

돌궐 기병이 여기저기서 무너졌다. 유연 기병들은 오로지 돌파만 할 작정이었다. 유연의 왕은 돌파 후 한 바퀴 돈 후 다시 돌궐군의 후방을 급습할 생각이었다. 그러나 돌궐 기병은 그 폭이 엄청나게 길었고 수에서 압도하기 때문에 돌파해도 계속 돌궐 기병이 보였다.

일부 유연 기병이 마침내 돌궐 기병을 돌파했을 때 백제군이 나타났다. 후방에서 관찰하던 이영은 돌궐이 밀리자 즉시 행동에 나섰다. 5천의 병사들은 화살을 쏘며 돌진하자 유연 기병들은 당황했다.

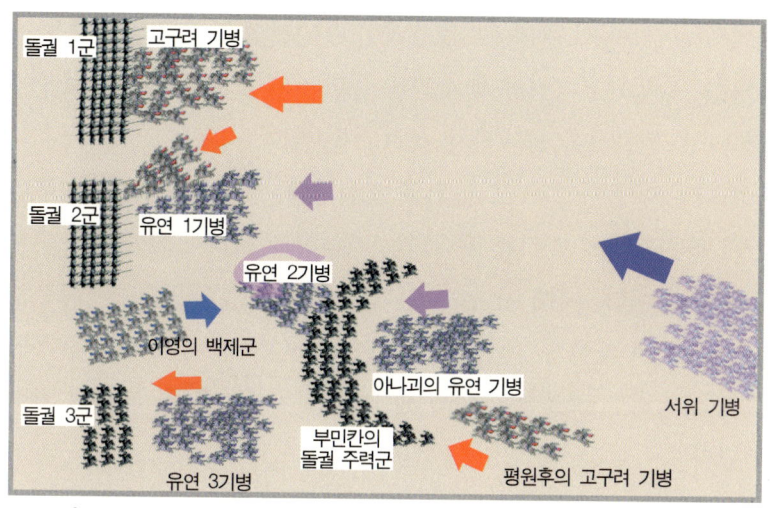

▲ 전투 상황도

　유연의 칸 아나괴는 용감하게 근위병 3만을 이끌고 돌궐의 부민 칸의 기병에 맞서 직접 싸웠다. 부민칸의 근위병들도 아나괴를 막으며 혼전이 벌어졌다. 벌판 한가운데 양군은 멈추어 버렸다.
　돌궐군의 우익을 공격하는 고구려군에 돌궐군이 크게 동요하기 시작했지만 돌궐군은 유연 기병의 주력을 포위해 버렸다. 게다가 평원후의 1만 고구려 기병은 아나괴의 근위대를 유린하고 있었다. 아나괴는 포위되었고 이를 안 고구려 기병은 그들을 구하기 위해 무리하게 돌궐 기병에게 돌진했다.
　고구려 기병이 돌궐군을 밀어내고 포위된 유연 기병을 구출하기 위해 다가갔다. 돌궐 제1군은 고구려 기병에 밀려 후퇴 중이었고 돌궐 제2군은 고구려 기병과 유연 1기병의 협공으로 위험에 처해 있었다. 돌궐 2군이 후퇴하면 부민칸의 돌궐 주력은 측면이 고구려와 유연연합군에 노출되기 때문에 돌궐이 패배할 수밖에 없는 상황이었다. 이미 유연 2기병 1만이 부민칸의 돌궐군의 측면을 공격하고 있었다. 이영의 백제군은 유연 2기병의 정면을 공격하여 더 이상 부민칸을 공격하지 못하도록 했다.

아나괴의 유연 기병도 앞뒤로 포위되어 상황이 난처했다. 부민칸과 평원후에게 포위된 아나괴는 기병을 독려하여 부민칸의 군을 돌파하려 했다. 이때 저 멀리 언덕 위에서 소리가 들렸고, 이윽고 수만의 말과 군사가 전쟁터로 다가왔다. 양군은 서로 자신의 우군으로 생각하고 죽을힘을 다해 싸웠다. 하지만 그들은 서위의 기병이었다.

서위 장군 우문걸은 우문태의 명을 받고 3만의 기병을 이끌고 돌궐을 지원하기 위해 왔다. 고구려는 이때 세군의 잔당을 토벌하느라 제국 변방의 군대를 전부 수도 평양과 각 주요 성 근처로 이동시킨 상태여서 서위의 기병이 고구려 땅을 지나가는 것을 막지 못했다. 아나괴는 서위의 깃발을 확인하자 퇴각명을 내렸다. 고구려 기병이 공격하여 유연의 기병을 구해냈다.

전투 초반에 돌궐 기병을 뚫고 백제군과 맞닥뜨렸던 유연의 기병 1만은 백제군에 의해 반수 이상이 죽었다. 백제군은 초인적인 힘을 발휘하여 유연군을 패퇴시켰다. 아나괴는 북쪽으로 도망갔고 고구려군은 회군했다. 유연 기병 10만을 몰살시켰고 고구려군 1만이 죽었다. 돌궐은 5만의 손실을 입었고 백제군은 1천이 죽었다. 평원후도 3천의 군대를 잃었다. 돌궐은 유연과 고구려의 지배를 받던 각 소수부족에 입성하여 충성을 맹세 받고 옛 유연의 전토를 차지했다.

550년, 성명황제는 장수 달기達己에게 명하여 고구려의 도살성을 공격케 했다. 1만 대병이 출정했는데 수비하는 고구려군은 3천에 불과했다. 양원태왕은 돌궐의 등장으로 인해 대병을 육성하여 돌궐 국경 부근으로 이동시켰다. 한반도 백제의 구성에는 사실상 수비군이 별로 없었다. 1월에 공격을 시작한 후 고구려군은 성을 버리고 후퇴했다. 정월, 백제가 고구려의 도살성을 빼앗았다.

3월에 고구려군 1만이 백제의 금현성을 공격했을 때 방어하는 백제군 진영에서도 만반의 준비를 하고 기다렸다. 하지만 고구려군은 투석기를 이용해 엄청난 돌을 성안으로 날렸다. 성벽이 부서지고 성안의 백제군 5천은 연이어 들어온 고구려 철기군에 패퇴했다. 얼마 지나지 않아 고구려가 백제의 금현성을 점령했다.

신라의 진흥왕은 명목상으로 백제의 지원병으로 참전했다. 어차피 양국 대부분의 군대는 요서와 하북성 부근에 집결해 있으므로 이곳은 신라가 마음만 먹으면 뺏을 수 있는 땅이었다. 두 나라 군사가 피로한 틈을 이용하여 이찬 이사부로 하여금 그들을 공격하게 했다.

도살성 전투 때는 백제의 우군인 척하며 성에 접근했다. 도살성에는 백제군 5천이 있었지만 신라가 우군임을 알기 때문에 별다른 경계를 하지 않았다. 날이 추우니 성안에서 머물게 해달라는 신라군의 요청을 받아들인 달기 장군은 신라군을 성내 민가에 머물게 했다. 그날 저녁 신라군 1만은 성내의 백제군을 공격하여 대파했다. 달기는 분을 삼키며 성을 빠져나왔다.

이때 금현성에서는 고구려군 1만과 백제군 1만이 대치 중이었다. 그러나 금현성이 고구려군에게 점령되자 황제가 국경수비대 1

만을 파병한 것이다. 양군은 보름을 싸웠다. 고구려군은 성 밖으로 나와 대결했으며 성에서 10리 떨어진 벌판에서 두 나라 군대는 혈전을 벌였다. 이때 성이 빈 것을 안 신라군은 후문으로 공격하여 삽시간에 함락시켰다.

금현성 내에서 불길이 솟아오르는 것을 본 고구려군은 기세가 꺾였고 백제군은 총공격을 하여 고구려군을 패퇴시켰다. 백제군이 금현성에 가까이 가자 갑자기 신라군이 수많은 화살을 쏘았다. 그제야 신라의 배신을 알게 된 백제는 일단 철수했다.

신라는 두 성을 빼앗아 성을 증축했다. 그리고 군사 1천 명을 그곳에 각각 머물게 하여 수비하게 했다. 너무 많은 병사를 주둔시키면 자칫 백제에 대한 공격의 의미로 보일 수 있어 진흥왕은 사과의 사절을 백제에 보냈다. 군사 1천을 둔 것은 황제께서 언제든 두 성을 취하실 수 있도록 일부러 적은 병사를 배치한 것이라고 했다. 성명천황은 이를 더 이상 문제 삼지 않았다. 어차피 고구려군은 계속 두 성을 노릴 것이고 백제군의 목표는 요서 산동성 회복이었기 때문이다.

이때 동위가 멸망하고 제나라가 들어선다. 후세 사람들이 남제와 구별하여 북제라고 한다. 고양高洋은 꼭두각시 황제인 효정제를 밀어내고 동위의 영토를 그대로 인수하여 국호를 제齊라 하고 도읍을 업에 정했다.

돌궐의 도전

551년, 돌궐의 부민칸은 무려 50만 대군을 이끌고 고구려 수도인 평양성(요동반도 북부)으로 진군한다. 부족의 거의 모든 전사들이 총동원된 최대 규모의 원정군이었다. 이와 동시에 백제 성명천황은 20만 대군을 이끌고 요서와 산둥지방 공격에 나선다. 한반도 백제에선 5만의 백제군이 북진을 시작했고 신라 진흥왕도 5만의 군대를 이끌고 진격했다. 제나라 군대는 고구려군을 지원하기 위해 움직였다. 하지만 서위의 군대가 이를 막았다. 결국 서위와 북제는 중립을 지키기로 한다.

고구려 양원태왕은 30만 군대를 이끌고 직접 돌궐을 공격하고, 10만 군대는 태자 양성이 이끌고 백제군을 막으러 갔다. 장군 을지사령은 5만의 군대를 이끌고 한반도 백제 신라군을 막으러 갔다. 돌궐군은 전원 기병이었다. 이에 반해 고구려군은 20만 기병, 10만 보병이었다. 태왕은 철기군 5만을 전면 중앙에 배치하고 조의 보병 1만을 철기병 후미에 배치했다. 양 날개에는 경무장 기병과 보병이 배치됐다.

부민칸은 고구려 군대와 격돌한 뒤 일부러 지는 척하여 유인한 뒤 기병과 보병의 틈새가 벌어지면 고구려 기병을 압도적인 숫자로 포위하여 섬멸한다는 계획을 세웠다. 아침밥을 먹고 고구려군이 선제공격에 들어갔다. 철기대의 갑옷이 부딪치는 소리에 돌궐군이 놀라 재빠르게 대열을 만들었다. 그러나 고구려 철기대는 순식간에 돌궐군 기병대의 중앙을 돌파했고 돌궐군은 계획대로 후퇴했다. 철기대가 쫓으려 하자 태왕이 중지시켰다.

다음날 아침, 또 철기대가 중앙을 돌파했다. 돌궐군도 같은 수법으로 유인했다. 그러나 태왕과 칸의 전술이 계속 먹히지 않았다. 3일을 돌파하고 유인하는 수법을 썼지만 서로 먹히지 않자 부민칸은 전술을 바꾸었다. 군을 두 부대로 나누어 돌격했다. 마치 머리가 둘 달린 뱀처럼 공격했다. 머리의 끝에는 각각 백제 이영의 군대와 고구려 평원후의 군대가 선두에 섰다. 돌궐군 중 가장 뛰어나

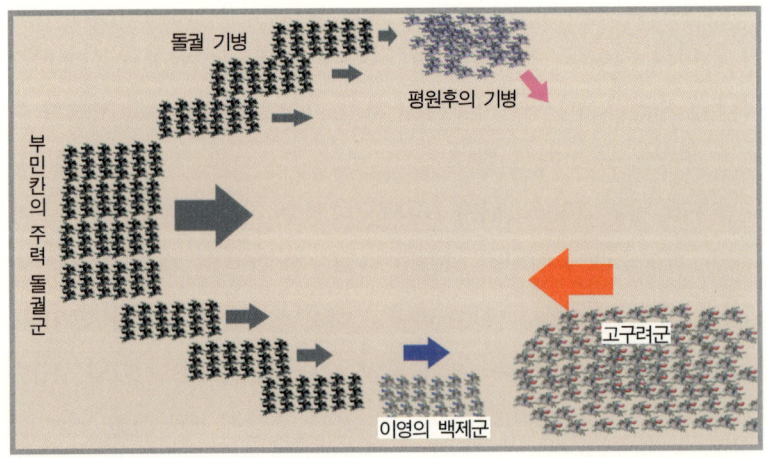

▲ 전투 상황도

기 때문이었다. 이영은 선두에 서는 것이 싫었지만 칸이 계속 강요해서 어쩔 수 없었다. 태왕은 군대를 둘로 나누지 않고 돌궐군의 한쪽 머리를 향해 주력군을 돌렸다. 하지만 이것은 함정이었다.

돌궐의 칸은 고구려군이 한쪽 머리를 향해 돌진할 것으로 예상했다. 돌궐 병력은 50만이지만 둘로 나누면 25만임으로 고구려군보다 적었기 때문이다. 고구려군은 먼저 한쪽 머리를 친 후 나머지 머리를 공격할 작전인 듯했다. 공격당한 돌궐군의 한쪽 머리는 대응하지 않고 후퇴할 것이다. 그러면 다른 쪽 머리의 돌궐군이 고구려군의 뒤쪽을 칠 시간을 벌어주는 것이다. 만일 고구려군이 어느 한쪽으로 이동하지 않는다면 그물을 치듯이 양쪽 머리가 고구려군을 우회하여 포위할 계획이었다.

태왕은 철기병 1만과 기병 15만으로 하여금 한쪽 머리를 공격하게 했다. 보병 9만도 같이 갔다. 반면에 철기군 4만과 조의군 1만은 남았다. 철기군 대장 을밀은 이제 백발이 성성한 노인이었

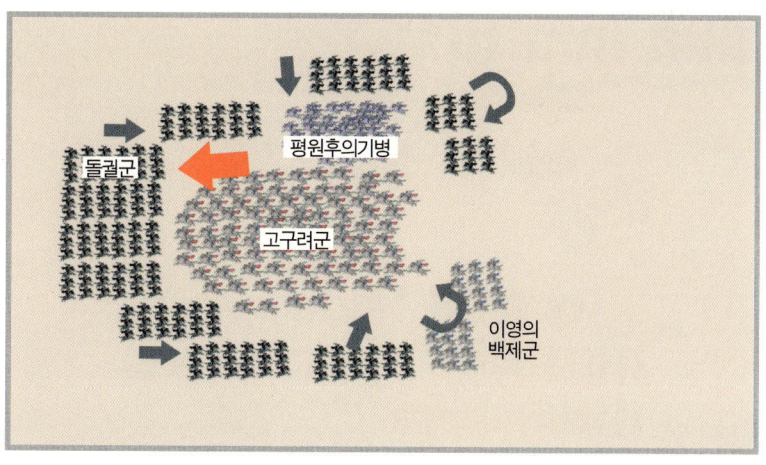

▲ 부민칸의 작전계획

다. 조의군 1만의 대장이기도 한 그는 오늘 이 전쟁터에서 죽음을 각오했다. 부장 을지연덕, 고계, 대원희, 연토, 사명원 등 4명은 대장군과 죽음을 같이하기로 했으며 조의군 1만은 모두 머리를 깎고 죽음을 두려워하지 않았다.

돌궐 제1군은 이영이 선봉장으로 태왕의 군대와 부딪쳤고, 돌궐 제2군은 평원후가 선봉장으로 을밀과 부딪쳤다. 이영은 계획대로 직접 전투를 피하고 고구려군을 유인했다. 반면 평원후를 선봉으로 한 25만 돌궐군은 고구려 4만 철기군에 정면으로 들이박았다. 그러나 돌궐군 선봉대가 삽시간에 무거운 철기의 말발굽에 쓰러져 갔다.

평원후는 충돌 직전에 수하부대를 갑자기 옆으로 빼돌렸다. 그런데 철기군 뒤로 검은 옷을 입은 군대가 미친 듯이 달려오더니 돌궐군을 사정없이 베어냈다. 돌궐군은 당황하며 화살을 쏘아도

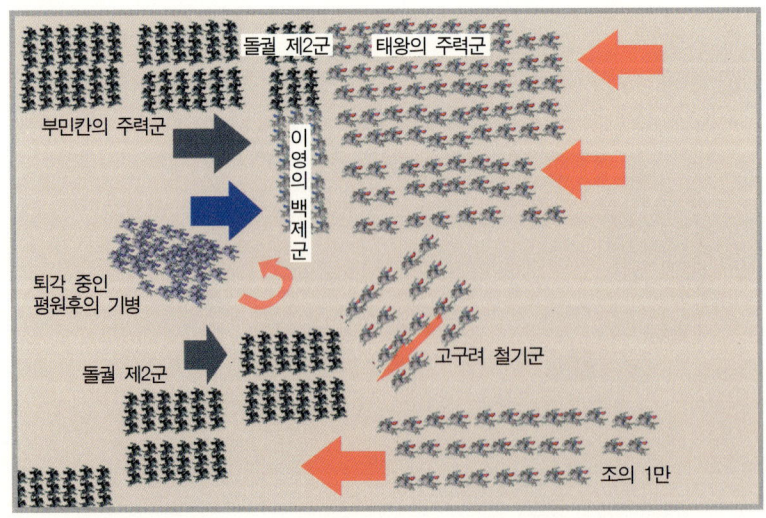

▲ 고구려와 돌궐군의 교전 상황(평원후, 돌궐연합군을 배신함)

창을 던져도 고구려 철기군은 끄덕도 하지 않았다. 고구려 철기군 선봉대 중 5천은 특수 제작된 갑옷을 입고 있었다. 다소 무겁긴 해도 굉장히 강하여 화살을 정면으로 맞아도 튕겨나갔지만 갑옷이 너무 무거워 몸이 앞으로 쏠릴 지경이었다.

돌궐군이 반으로 갈라졌다. 도저히 감당할 수가 없었기 때문이다. 그런데 이때였다. 평원후의 군대 1만이 갑자기 돌궐군을 공격했다. 당황한 돌궐군 대장 계필 척력이 평원후의 군대를 향해 기수를 돌리자 이번엔 고구려 철기군이 계필 척력 주위로 덤벼들었다. 한 시진 만에 돌궐군이 붕괴하기 시작했다. 결국 기세가 꺾인 돌궐군은 사방으로 흩어졌다. 부장 고계와 을지연덕은 합심하여 돌궐군 대장 계필 척력의 머리를 베었고 돌궐군은 후퇴했다. 제1돌궐군도 제2돌궐군의 패배소식을 듣고 철수했다. 돌궐군 10만이 죽었다.

평원후는 전투가 있기 전날 태왕에게 사자를 보내 용서를 구하고 고구려로 돌아갈 뜻을 밝혔다. 태왕은 이를 용서하고 부여성과 인근 10여 개 성을 주기로 약속했다. 평원후는 모후가 보고 싶었기 때문이며 태왕이 모후에게 잘해준다는 소문을 듣고 이에 감동하여 돌아가기로 결심한 것이다.

전투 후 수만의 말과 무기를 획득한 고구려군은 회군했다. 하지만 요서전선은 상황이 달랐다. 성명천황의 20만 대군은 엄청난 속도로 고구려 양성왕의 10만 군대를 밀어붙였다. 고토의 대부분을 수복했고 태자를 사로잡을 뻔했다. 임유관에서 벌어진 양군의 전투는 일방적인 고구려의 패전이었다. 성명천황은 20만 대군을 전부 임유관으로 모았다. 하지만 고구려군은 성안에 틀어박혀 응전하지 않았다. 양성왕은 태왕이 돌궐군을 무찌른 후 원병을 보내주면 그때 성 안팎에서 협공할 생각이었다.

성명천황은 마음이 급했다. 빨리 고구려 양성왕의 군대를 전멸시키고 고토를 전부 수복하고 싶었지만 사정이 여의치 않았다. 이때 지충과 달기가 묘안을 내었다. 고구려 수도로 대군을 이동시키는 것이었다. 황제는 15만 대군을 이끌고 고구려 평양성(산서성 남쪽)으로 이동한다. 5만의 군대는 지충이 맡아서 임유관 근처 언덕에 매복한다.

고구려 태자가 되는 양성왕은 어쩔 수 없이 성 밖을 나왔다. 평양성에는 군대가 거의 없었다. 대부분의 주력군은 돌궐과 일전하기 위해 출진한 상태라 평양성이 함락되면 태왕의 군대는 오도 가도 못하는 상황이 된다. 양성왕의 고구려군이 성 밖을 나와서 행군하자 하루를 기다린 뒤 지충은 임유관을 기습 점령했다. 성내에는 노인과 병을 앓는 약졸뿐이었다. 한 시진도 못 되어 백제군은 성

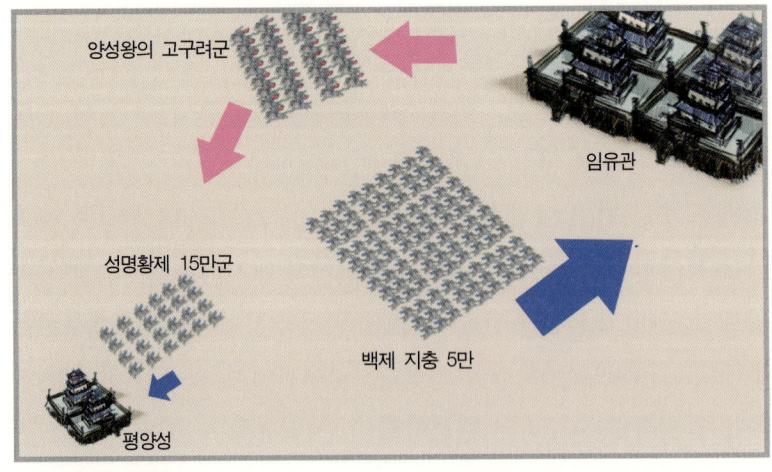

▲ 전투 상황도

에 입성했다.

반면 양성왕은 계속 행군하다가 평원에서 기다리고 있는 백제군을 만났다. 정면으로 부딪쳤지만 백제군을 당해내지 못하고 2일을 꼬박 대치했다. 임유관에서 병사가 와서 성이 넘어갔다는 밀을 전하자 양성왕은 남은 군대를 이끌고 북쪽으로 이동하여 태왕의 군대와 합류한다.

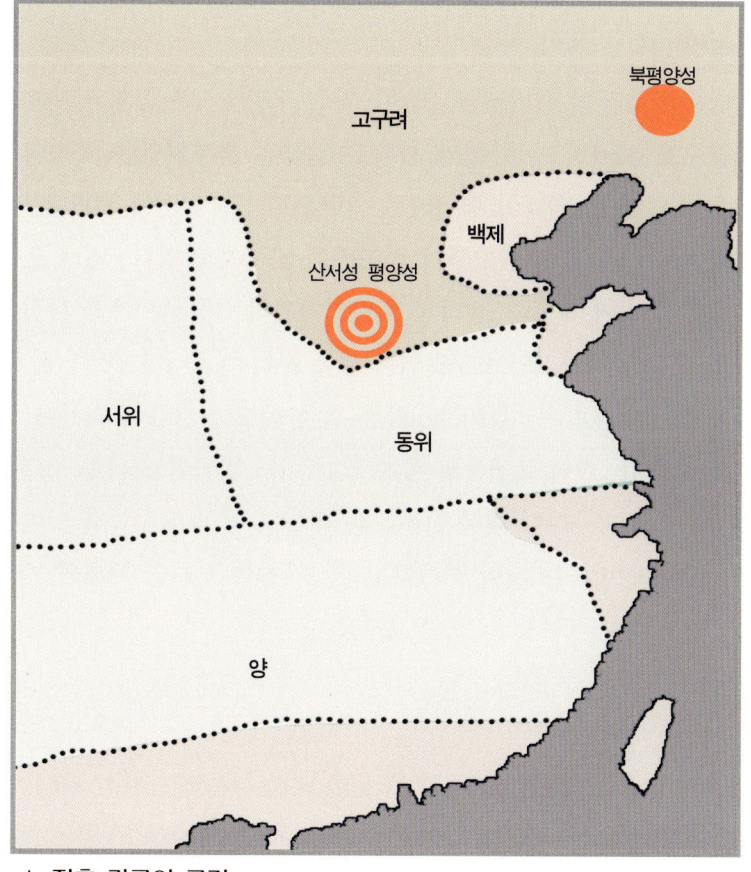

▲ 전후 각국의 국경

태왕은 황제와 협약을 맺어 백제의 대륙영토를 인정하기로 하고 휴전에 합의했다. 겨울이 다가오고 있어서 양군의 본격적인 격돌은 서로 원치 않았기 때문이다.

한편 양나라는 548년에 동위에서 망명한 후경侯景이 건강에서 반란을 일으켜 궁중에 유폐된 무제는 병사하고, 2대 간문제簡文帝는 피살되었다. 후경의 난은 왕승변王僧弁・진패선陳覇先*에 의해 평정되었으나 그 뒤 이들 사이에 쟁투가 벌어져 황제의 폐립이 빈번했다.

대륙은 혼돈의 시기였다. 절대강자 고구려제국은 돌궐과 백제의 침공으로 고전하고, 동위와 서위로 갈라진 북부지방은 계속되는 전투가 있었고, 남쪽의 양나라는 내란으로 존폐위기에 몰렸다. 서위와 양, 돌궐은 이제 고구려에 조공을 바치지 않았다. 백제 또한 조공을 바치지 않았고 신라도 마찬가지였다. 가야가 가끔 사신을 보내 조공을 바쳤지만 고구려의 권위는 무너진 것이나 다름없었다.

백제 성명천황은 대륙영토 회복 후 한반도 한강유역 회복에 관심을 보였다. 한편 돌궐군과 함께 있던 이영 장군이 소식을 보내왔다. 내년에 고구려에 대한 돌궐군의 대규모 침공이 시작될 것이니 백제군도 준비하는 것이 좋겠다고 했다. 돌궐은 지금 패배의 기억을 씻고 다시금 대군을 조련 중이었다.

---

*묘호 고조(高祖), 미천한 신분 출신으로 군인이 되어 양나라 말에 후경(侯景)의 반란이 있자 이를 진압하여 두각을 나타냈고, 그 후 왕승변과 다투어 이를 누르고 쇠미한 양나라의 권신이 되었다. 양나라의 황제로부터 제위를 물려받아 진나라를 세웠다)

고구려의 반격

551년, 백제 성명천황은 30만 대군을 일으켰다. 철기군 5만, 기병 10만, 보병 15만을 대동한 대군을 일으켰다. 위사좌평 연모는 15만의 대군으로 고구려 평양성을 공격하고, 황제 자신은 10만의 대군으로 요동을 공격했고, 5만은 달기 장군이 한강유역을 확보하기 위해 진군했다.

한편 신라에선 진흥왕이 백제의 요청을 받고 5만 군대로 강원도를 기점으로 전진하고 있었다. 돌궐의 부민은 일카간으로 이름을 고치고 서위의 공주를 맞은 후 고구려 공격에 나섰다. 서위는 제를 침공했다. 결국 고구려, 제, 유연의 연합군과 백제, 돌궐, 서위, 신라의 연합군이 2차 대규모 전쟁을 시작한다. 남쪽의 양나라는 이미 국운이 기울었고 내분 중이라서 전쟁에 참여하지 못했다. 동원된 병력은 고구려군 40만, 제나라군 15만인 반면, 돌궐군은 50만, 서위군 15만, 백제군 30만, 신라군 5만 등 가히 100만에 다다르는 병력이었다.

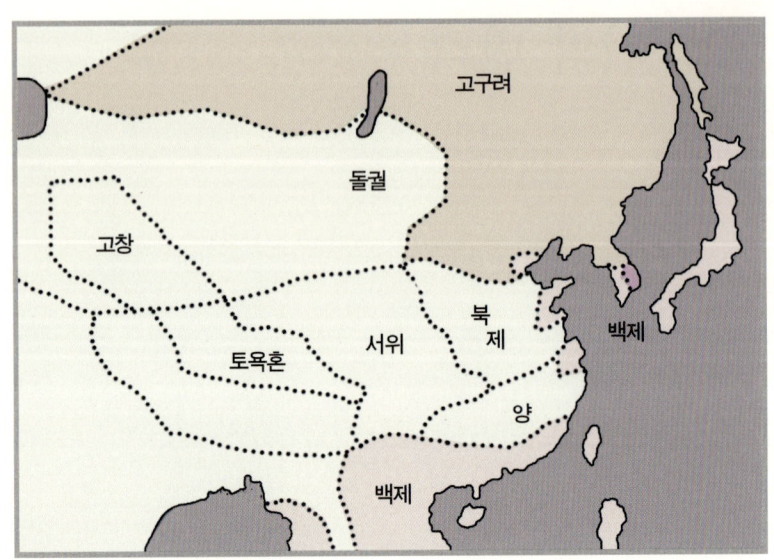
▲ 당시 각국 영역도(551년)

　고구려 양원태왕은 정면공격은 수적 열세로 힘이 들어 수성전략으로 전환했다. 수도 평양성에 7만 군대와 주변 성에 3만을 배치하고, 요동성 주변 일대에 20만을 배치하고, 5만의 철기대를 거란 땅에 주둔시키고, 5만의 군대는 한반도에 배치했다.
　돌궐군은 파죽지세로 고구려의 변경성을 공략하고 요동 방어선으로 몰려왔다. 돌궐의 주력군은 일카간이 이끄는 30만 군대로 나머지 20만은 흩어져서 다른 변경성을 공략했다. 일카간이 30만 대군으로 신성을 포위하고 공략을 시작했다. 백제군은 연모가 고구려 수도 주변 작은 성을 빼앗고 평양성으로 포위하며 공격하기 시작했다. 또한 황제의 친정군 10만은 해군을 동원하여 요동반도의 남단에 상륙하여 비사성을 포위했고, 일부 군대는 육로로 안시성 쪽으로 진군했다.

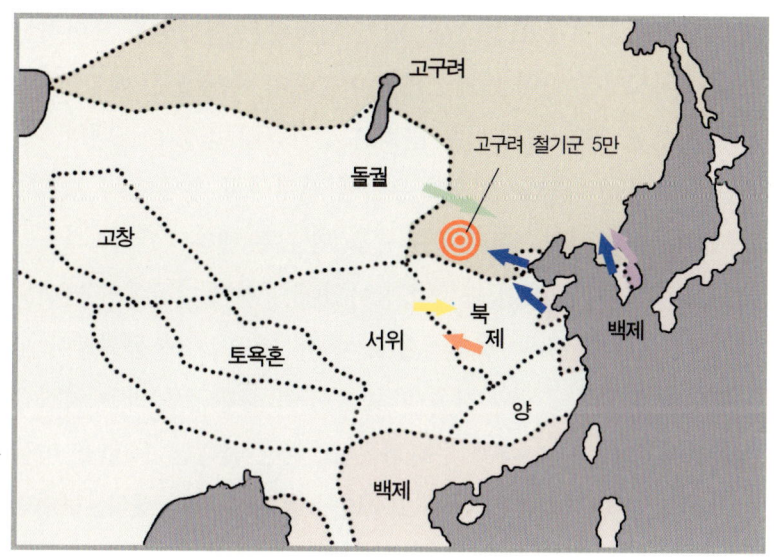

▲ 각국의 진격방향

　한반도에선 신라군은 거칠부 장군이 지휘하여 파죽지세로 강원도를 출발하여 위쪽으로 진군했다. 백제군도 달기 장군이 한강유역을 차지하고 한반도 평양성을 향해 진군했다.
　제와 서위는 서로 군대를 동원하여 국경에서 전투가 벌어졌다. 양원태왕은 요동군 일대에서 수성전략으로 백제와 돌궐군을 막은 후 이들이 지치면 대규모 반격을 가하여 괴멸시킨 후 군대를 증원하여 한반도를 수복한다는 계획이었다. 또한 백제와 돌궐이 패주할 때 거란 땅에 숨겨놓은 5만의 철기군이 이들을 공격하여 다시 일어서지 못하도록 할 계획이었다.
　3개월간 고구려의 평양성, 요동성, 안시성, 백암성, 신성, 부여성 등 고구려의 전략요충지의 큰 성들이 모두 포위되었다. 이영은 이때 성명천황과 함께 요동성을 포위하고 있었다. 백제군은 5만씩 둘로 나뉘어 황제는 요동성을, 태자 위덕왕은 안시성을 포위하고 있었다. 비사성은 이미 백제군에 떨어졌으며, 돌궐군은 백암성, 신성, 부여성을 포위하고, 일부 병력은 일카간의 동생 이스테미칸이 10만의 병력을 이끌고 오골성 주변에 배치하여 혹시 올지 모르는 고구려 남부와 북부, 동부 증원군을 막도록 했다.

돌궐은 유연과 싸우던 습관이 남아있어서 평야 전투에만 단련되어 공성전은 서툴렀다. 성명천황도 이 사실을 알기에 돌궐군이 성을 포위하기보다 평야에 진을 치고 고구려 증원군을 막는 역할을 하게 했다. 일카간의 아들 무한칸은 또 다른 돌궐군 10만을 이끌고 거란 땅을 공격하여 거란이 고구려를 돕지 못하게 했다. 하지만 무한칸은 거란 땅에 고구려 철기군이 있을 줄은 꿈에도 몰랐다.

요동성에는 고구려군이 3만 가량 있었고 안시성에도 3만의 고구려군이 있었다. 5만의 병력으로는 성이 꿈쩍도 하지 않았다. 백제군은 갖은 공성장비를 동원해 성을 공략했지만 성벽은 너무 높고 두꺼웠다. 이영은 요동성이 하천으로 둘러싸인 평지성임을 감안하여 하천부터 메우려 했다. 하지만 많지 않은 군사로 하천을 메우고 고구려성을 포위하기는 힘에 달렸다.

성명천황이 15만의 대군을 고구려 평양성에 보낸 것도 평양성 함락이 전쟁의 승리를 의미하는 것이기 때문에 그리한 것이었다. 요동지방에 싸우고 있는 100만에 가까운 고구려, 백제, 돌궐군은 전부 견제의 역할이 주목적이었다. 관건은 평양성이었다.

요동성의 하천을 상류에서 막는 데 두 달이 걸렸다. 하천이 마르자 백제군은 요동성의 해자를 건너 성을 기어올랐다. 하지만 고구려군의 쇠뇌는 너무나 강력했다. 백제군의 쇠뇌도 힘을 발휘했지만 위에서 쏘는 화살이 더 멀리가고 강력했다. 본격적인 전투를 한 지 3일도 안 되어 백제군 1만이 죽거나 다쳤다. 고구려군의 피해는 알 수 없으나 몇 백 명 정도로 예상되었다. 이영은 황제에게 진언했다. 무리한 공격을 하지 말고 평양성 함락소식을 기다리는 것이 좋겠다고 했다.

이 무렵 전쟁의 승패를 건 평양성 전투는 두 달 동안 아무런 진전이 없었다. 15만 백제군은 7만의 고구려군이 지키는 거대한 평양성을 아무리 공격해도 성문 하나 뚫을 수 없었다. 성주 양성왕은 높은 성벽 위에 수백 개의 쇠뇌와 발석차를 설치하고 성벽 안쪽에도 수백 대의 발석차를 배치하여 백제군이 가까이 오면 엄청난 돌세례를 퍼부었다. 백제가 자랑하는 철기군도 공성전에선 아무런 효과가 없었다.

지루한 싸움이 계속되자 백제군 지휘관 연모는 땅굴을 팠다. 7일간 10개의 땅굴을 판 후 일시에 기습하여 성을 점령하려 했다. 7일 뒤 저녁, 땅굴이 완성되자 백제 정예군 3천이 먼저 들어갔다. 성안으로 통하는 땅굴을 통과했으나 성안의 고구려군과 마주치고 말았다. 밤이지만 고구려군은 수만 명이 보초를 서고 있었다. 성내의 수많은 백성들도 무기를 들고 보초를 서고 있었다. 백제 정예군은 순식간에 포위되어 전멸했다. 일부 병사들은 항복했다. 다음날, 죽은 백제 병사들의 머리가 발석차로 백제군 진영에 날아왔다. 연모는 더 이상의 공격을 중지했다. 성내에 군사가 많고 백성들도 모두 무장한 상태라는 말을 듣고 공격의지가 꺾였다.

한편 백암성을 포위 중인 10만의 돌궐군은 아무런 성과도 없이 성만 포위하고 있었다. 이영은 황제에게 건의해 백제의 공성장비를 빌려주었지만 서투른 돌궐군은 성만 포위한 채 때때로 발석차만 이용했다.

두 달이 넘는 기간을 견딘 고구려군은 대반격을 준비완료 했다. 양원태왕은 고흘에게 1만의 정예기병을 주고 백암성을 포위 중인 돌궐군을 기습하도록 했다. 초승달이 뜬 밤에 고흘은 조용히 돌궐군의 후미를 기습공격했다. 성내에서도 3만의 고구려 기병이 출진했다.

뜻밖의 기습에 당황한 돌궐군은 순식간에 대열이 무너졌다. 진영 여기저기에서 돌궐군 부장과 장수들이 대열을 수습하려 했지만 아직 체계적인 훈련이 되지 않은 군대라 순식간에 아수라장으로 변했다. 노련한 고구려군은 지휘급의 돌궐군 장교들만 골라 목을 베었고 졸병들은 도망치기 바빴다. 백암성에서 뜻밖의 패전소식이 퍼지면서 돌궐군과 백제군의 사기가 꺾였다.

양원태왕은 압수 근처에서 10만의 기병으로 출진했다. 드디어 때가 온 것이다. 신성을 포위하던 돌궐군은 태왕의 군대와 백암성

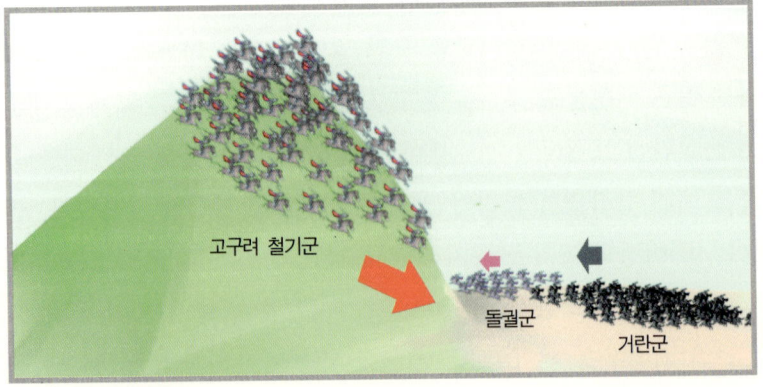

▲ 전투 상황도

군대에 포위되어버렸다. 그리하여 수만의 돌궐군이 죽었다.

한편 거란 땅에서는 거란군 수만과 돌궐군이 대치 중이었다. 무한칸은 거란인 거주지역을 휩쓸며 거란의 항복을 받아냈다. 이제 거란군 수력 3만만 궤멸시키면 거란 땅은 고스란히 돌궐에 복속된다. 돌궐군이 초원을 가로지르며 진격하자 거란군은 일제히 도망갔다. 10리 이상을 도망가자 돌궐군의 대오가 길게 늘어졌다. 그때였다. 언덕 위에서 철갑옷이 부딪치는 소리가 들렸다. 마치 우레소리 같았다. 언덕 위에서 엄청난 군대가 함성을 지르며 돌궐군의 후미를 기습했다.

철기군 대장 고정연은 태왕의 조카였다. 고구려군 장수 중 철기군을 가장 잘 이해하는 장군이었으며, 그가 이끄는 철기군은 최강이었다.

고구려 철기군이 돌궐군 후미를 공격하자 무한칸은 즉시 군대를 정지시키고 뒤로 돌아서 싸우려 했다. 하지만 아직 체계적이지 못한 돌궐군은 뒤쪽의 군대는 계속해서 전진해오고 앞쪽의 군대는 정지하는 바람에 말끼리 부딪쳐 큰 소동이 벌어졌다. 워낙 길어진 행렬이라 명령이 끝까지 전달되지 않았다. 정지 뿔나팔을 불며 소리를 치자 그제서야 대군이 멈추기 시작했다.

한편 앞에서 도망가던 거란군이 뒤로 돌아서 화살을 쏘며 전진했다. 돌궐군은 앞뒤로 포위된 것이다. 그러나 무한칸은 용감하게 거란군부터 먼저 공격했다. 무한칸은 약체인 거란군을 돌파하여 포위망을 뚫을 생각이었다. 하지만 거란군은 그리 쉽사리 길을 열어주지 않았다. 돌궐군 뒤쪽이 서서히 무너지면서 일부 병사들이 측면 언덕으로 도망갔다. 하지만 언덕 위에는 수천의 거란군이 화

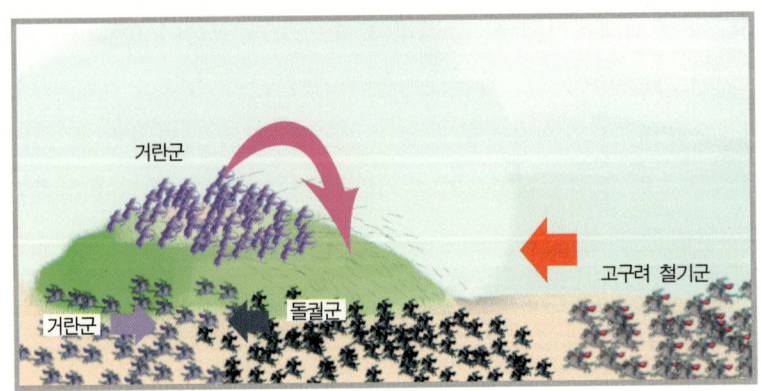
▲ 전투 상황도(포위된 돌궐군)

살을 겨누고 있었다. 고정연은 부채꼴 모양으로 전진하면서 돌궐군을 닥치는 대로 학살했다. 두 시진 동안 펼쳐진 기마전에서 돌궐군은 5만이 죽거나 포로가 되었고 무한칸은 호위병 수천을 거느리고 초원으로 도망갔다.

요동전선은 이스테미칸의 10만 돌궐군과 양원태왕의 10만 군대가 요동벌판에서 전투를 벌였다. 오골성과 압수 근처의 고구려 성의 군대를 대비해 주둔한 이스테미칸의 군대는 북쪽에서 내려오는 태왕의 군대와 결전을 벌였다. 하지만 오골성과 주변 성의 고구려군 4만도 이스테미칸을 압박해갔다. 부민칸은 고구려의 부여성과 신성 주변에서 꼼짝하지 못했다. 이스테미칸이 태왕과 결전하고 있을 때 마침 당도한 4만 고구려군이 결정적인 충격을 주었다. 이스테미칸의 군대는 패주했고 신성으로 달아났다.

돌궐군이 패주하자 백제군도 동요하기 시작했다. 게다가 거란 땅에서 벌어진 대규모 기마전에서 돌궐군이 대패했다는 소식까지 들리자 황제도 긴장하지 않을 수 없었다. 돌궐의 일카간은 철수 명

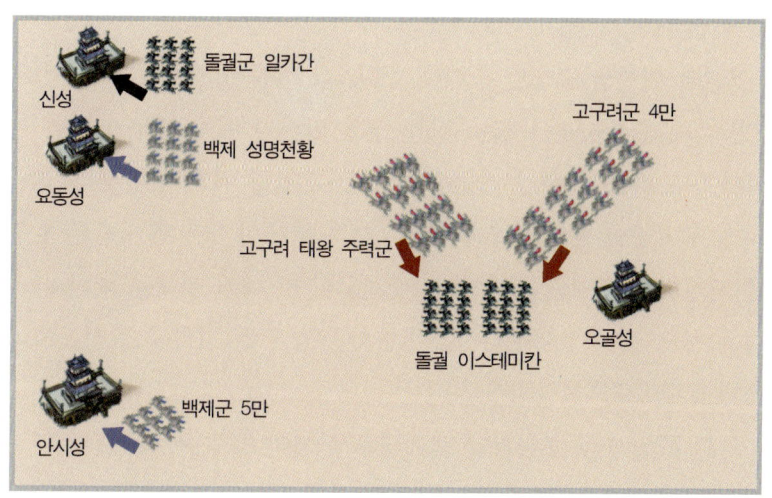

▲ 전투 상황도

령을 내렸다. 어차피 신성은 함락되지 않을 것이고 여기 그대로 있으면 수십만의 고구려군이 공격할 것이니 철수할 수밖에 없었다.

이영도 황제에게 철군을 권유했다. 황제는 후퇴하는 길에 고구려의 철기군을 만나면 어떡할 것인지 물었다. 이영은 백제군이 바닷길로 후퇴함이 옳을 것이라고 상소했다. 백제군은 비사성으로 집결하여 백제 수군의 호위를 받고 후퇴하기로 했다. 하지만 고구려 수군이 장사군도에서 이미 결집하여 반격을 시작하고 있었다. 또한 요동성과 안시성의 고구려군이 남하하여 백제군의 후미를 기습공격했다.

비사성에 다다른 백제군은 7만이 안 되었다. 백제 수군은 고구려 수군의 공격으로 절반 이상이 파괴되었다. 황제가 자랑하던 천하무적 백제 수군은 고구려 4만 수군의 대규모 기습공격에 속절없이 무너졌다. 고구려 수군은 배 앞머리에 큰 나무와 쇠로 강화하여 백제군 배와 부딪치면 백제군의 배가 부서졌다.

7만의 백제군 중 5만이 배에 탔다. 더 이상 탈 여유마저 없었다. 2만의 백제군은 쫓아오는 고구려군을 막다가 배가 모두 떠나면 항복하기로 했으며 이영 장군은 백제군 후미를 지키기로 했다. 6만의 고구려군이 물밀듯 밀려왔다. 그와 함께한 2만 백제군은 포구를 지키며 고구려군을 막았다. 백제군이 탄 배가 포구를 떠나자 이영은 지체 없이 항복했다. 안면이 있는 고구려 귀족들을 설득하여 백제로 돌아갈 심산이었다.

한편 평양성을 포위하던 백제군은 황제의 철수소식을 듣고 바로 산둥성으로 회군했다. 회군하는 길에 고구려군이 사방에서 기습하여 수만의 병사를 잃었다. 하지만 돌궐군의 손실은 더 막대했다. 고정의의 철기군이 일카간의 퇴로를 막아버렸고 태왕의 수십만 군대가 일카간을 따라갔다. 일카간은 북쪽으로 퇴각했지만 부여성에서 나온 3만의 고구려군이 또 퇴각로를 먼저 차지하고 공격했다. 50만 돌궐군 중 절반 이상이 죽거나 포로가 되었다. 일카간은 그 후 두 번 다시 고구려를 침범하지 못했다.

백제군의 피해도 막대했다. 평양성 공격군 중 5만을 잃었고 요동 공격군 중 5만을 잃었다.

전쟁의 최대 수혜자는 신라였다. 신라는 북쪽 국경 10군을 빼앗았고 한반도 백제군 6군을 빼앗았다. 또한 한반도 평양 바로 앞까지 진군했다.

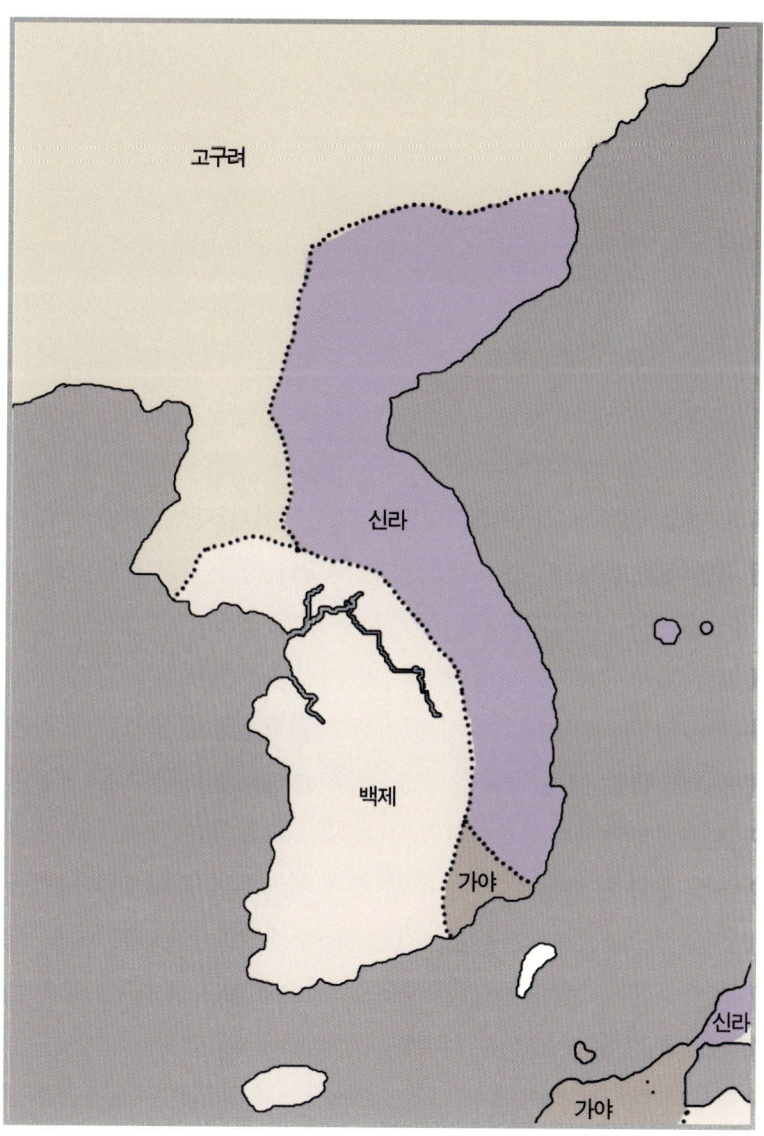

▲ 한반도 사국의 강역

진흥왕의 계략

552년, 신라의 사신이 비밀리에 고구려에 갔다. 진흥왕의 사신은 고구려태왕에게, "우리가 정복한 북쪽의 땅을 돌려줄 터이니 요서 산둥에서 백제군 주력을 잡아달라"고 요청했다. 직접적인 전투가 아니라 병력을 백제 땅에 배치만 시켜주면 백제군 주력이 한반도로 오지 못할 터이니 이때 신라군이 한강유역을 공격하여 차지하겠다고 했다. 양원태왕은 지금 현재 고구려의 최대 적은 돌궐이며 다음 적은 백제임을 의식하지 않을 수 없었다.

한편 포로로 잡힌 이영은 태왕 앞에 불려가자 대담하게 화친을 제의했다. 조건은 고구려가 돌궐을 칠 때 백제가 이를 돕겠다고 했다. 양원태왕은 두 나라의 조건을 모두 수용했다. 그 대신 조공을 바치도록 했다.

태왕은 먼저 신라에게는 사절을 보내 고구려가 돌궐을 공격하여 멀리 쫓아낸 후 정세가 안정이 되면 신라가 백제를 공격하여 한강을 차지하도록 윤허했다.

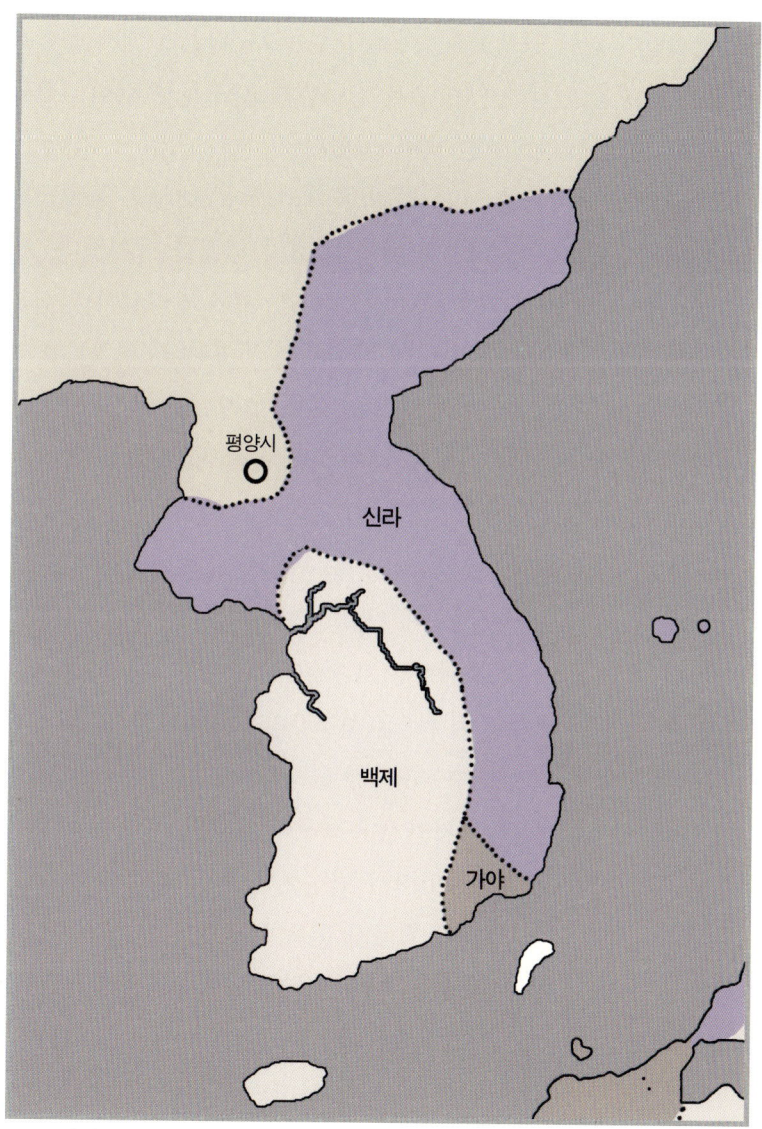
▲ 신라의 한강유역 점령

태왕은 20만 대군을 일으켜 돌궐의 일카간을 잡으러 갔다. 백제 철기군 3만이 같이 동행했다. 백제로서는 고구려군이 백제군의 요서 산둥 점령을 인정해주는 조건에 동의하고 포로로 잡힌 4만의 백제군을 돌려준다는 보장 하에 나섰다.

돌궐군은 고구려군을 보고 화친을 제의했다. 태왕은 돌궐군의 조공약속을 받고 또한 유연에 대한 돌궐의 공격을 윤허했다.

고구려도 전쟁에서 피해가 컸다. 게다가 수도 평양성이 위험하다는 인식 하에 한반도 평양성에 장안성을 착공한다. 몇 년 후 수도를 한반도로 옮김으로써 고구려는 수도 방어선을 여러 겹 치게 되었다. 하지만 그만큼 대륙에 대한 지배력이 약해졌다.

553년, 신라군은 한강유역으로 기습공격했다. 백제군 주력은 대륙에 있었다. 황제도 산둥지방에 있었다. 양나라가 망하고 진나라가 들어섰기 때문에 진나라를 우군으로 만들기 위해 공작을 하고 있는 중이었다. 뜻밖의 기습에 백제군은 한강유역을 내주었다. 물론 신라는 쓸모없는 북쪽 변경을 고구려에게 돌려주지도 않았다. 성명천황의 분노는 극에 달했다. 하지만 고구려군이 백제의 대륙 땅 주변에 엄청난 군대를 주둔시키고 있어서 별다른 방책이 없었다.

그해 7월이 되자 진흥왕이 백제의 동북쪽 변경을 완전히 빼앗아 신주를 설치하고, 아찬 무력을 군주로 삼았다. 백제의 주요 대신과 귀족 장군들은 격론을 벌였다. 신라를 칠 것인가, 아니면 한강유역에 대한 신라 지배를 인정할 것인가. 하지만 결론이 나지 않았다.

여러 장군들은 즉각적인 신라 공격을 주장했고, 귀족들은 현재 돌궐이 약해진 상황에서 신라를 대규모 침공하면 고구려군이 백제

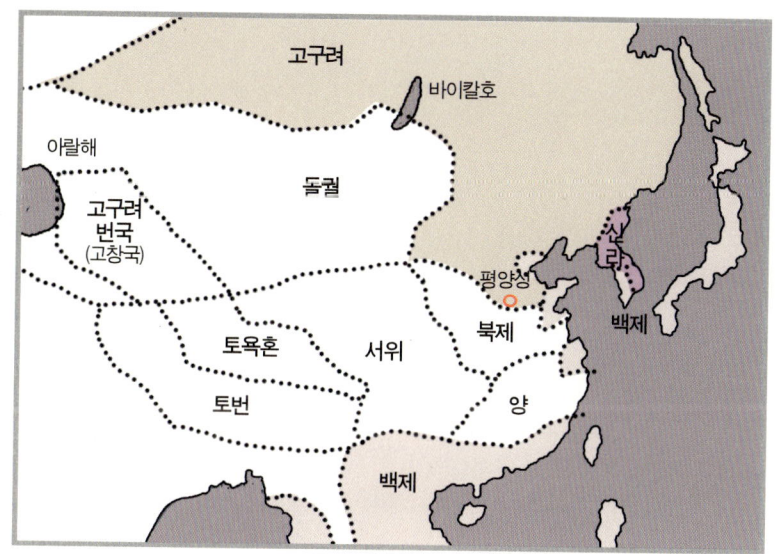

▲ 당시 각국 영역도(553년)

의 대륙 영토를 공격할 것이고, 만일 백제가 한강을 회복하지 못하면 백제는 대륙 영토와 한강을 모두 잃게 된다고 주장했다.

10월, 성명천황은 오히려 신라 진흥왕에게 딸을 시집보낸다. 현재로선 강해진 신라를 적으로 두기보단 동맹관계로 두는 것이 낫다고 판단해서였다. 다시금 돌궐이 강해지면 돌궐과 연계하여 고구려를 치고 이후에 신라를 쳐도 늦지 않는다는 중론이었다.

한편 돌궐의 부민은 일카간(Il-Qagan, 伊利可汗)이란 호칭을 쓰면서 초원의 지배자임을 공언하며 엄청난 영토를 넓혔지만 고구려와의 전쟁에서 패하고 그 해에 사망했다.

일카간의 사후 관습대로 형제와 자식들에게 제국이 분배됐다. 돌궐 제국의 서부지역은 일카간과 함께 정복전에 참가해 공이 큰 동생 이스테미가 계속 통치했다. 동부지역의 통치권은 일카간의

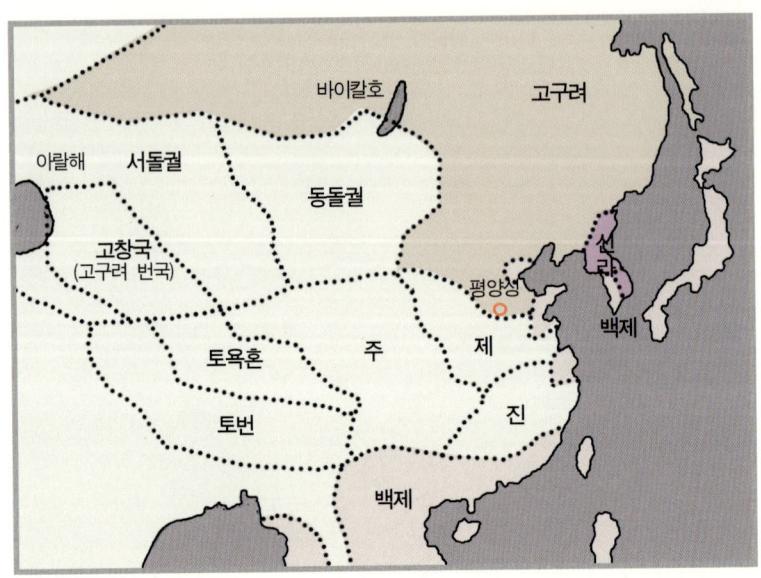
▲ 진나라 건국 당시 각국 영역(557년)

아들 콜로가 승계했다가 일찍 죽어 아우인 무한이 553년 새로운 카간으로 즉위했다. 즉위한 무한카간은 고구려에 대해 화친정책을 계속했다.

이후 서돌궐의 이스테미는 카간 대신 야브구(Yabgu, 葉護 : 제2왕)란 칭호를 사용해 동돌궐에 대한 신하임을 분명히 했다. 이스테미야브구는 서쪽으로 영토를 계속 확장했으며 동로마와 페르시아의 사산왕조와 교류했다. 또한 에프탈리테 부족이 실크로드의 중개무역을 장악하자 이스테미야브구는 사산왕조와 합동해 에프탈리테를 멸했다(557년).

554년, 신라 진흥왕은 고구려에 사신을 보내 동맹관계를 공고히 할 것을 청했다. 비록 백제 성명천황이 딸을 자신에게 주고 신

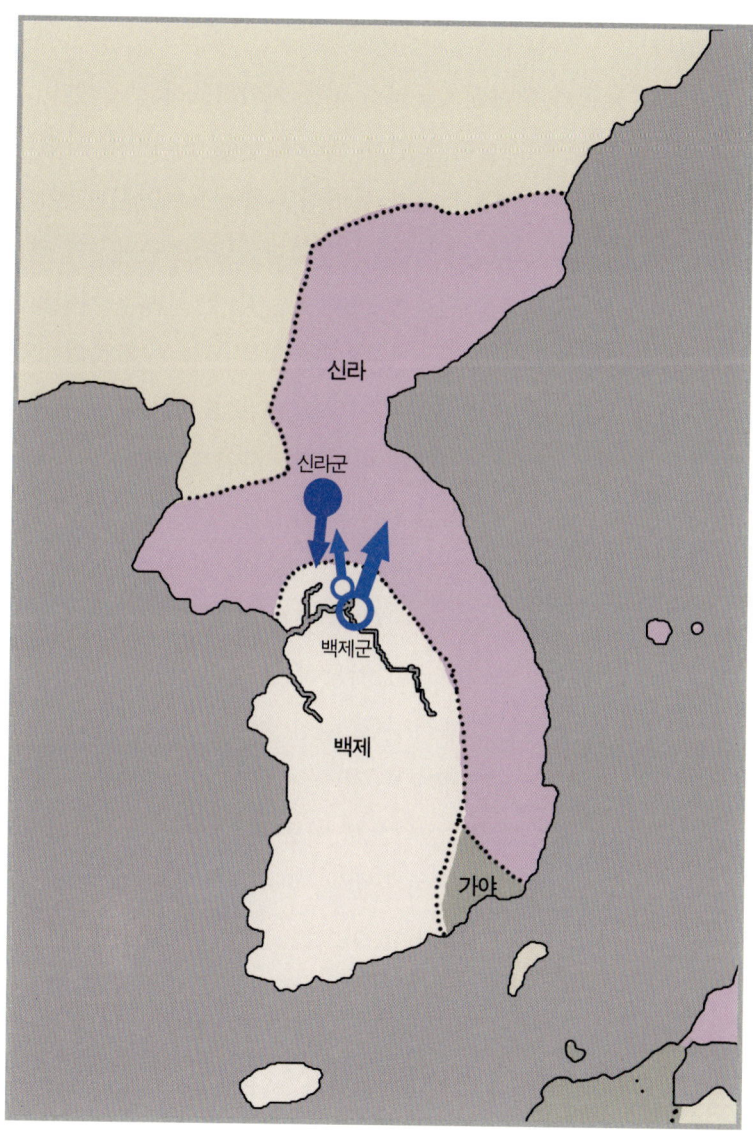

▲ 백제군의 진격로와 신라군 이동경로

라의 한강유역 점령을 인정하는 듯했으나 이는 기만술임을 모를 리 없었다.

고구려는 돌궐과 대륙백제군의 동향을 파악하느라 분주했다. 또한 진흥왕의 영토반환 약속을 믿고 신라의 편을 들어주기로 했다. 만일 신라와 백제를 모두 적으로 돌린다면 한반도에는 10만이 넘는 대군이 주둔해야 하므로 이는 돌궐 국경 근처 고구려군의 약화를 초래하기 때문에 태왕도 이를 바라지 않았다. 신라를 지원하기로 약속하고 태왕은 진흥왕의 동맹제의를 다시금 인정한다.

그해 7월, 모든 전투 준비를 마친 백제군은 요서 산둥의 백제군 모두 경계태세를 취하고 10만의 백제군을 한반도백제에 집결시킨다. 성명천황이 직접 지휘하고 선봉은 태자 위덕왕이 맡았다. 차남 혜왕은 요서군의 경계를 맡았다. 한편 신라도 명활성을 증축하고 만반의 준비를 한다. 양국은 이미 준전시 상태에 들어갔다.

진흥왕은 10만의 백제대군이 쳐들어온다는 소식에 과연 이길 수 있을지 의문이었다. 그래서 수도 월성 근처의 왕실 피난처인 명활성을 증축하여 수도가 점령될 경우 피할 곳을 마련하려 했다.

신라의 모든 군대가 한강유역으로 이동했다. 고구려 국경지방의 수비대도 일부만 남고 모두 이동했다. 주력군은 둘로 나누어 한강유역에 주둔한 군대와 김무력이 이끄는 신라 정예군으로 편성했다. 진흥왕은 예비 병력을 대기시키고 신라 주력군이 무너지면 후방을 지원하기로 했다.

황제의 군대가 이동할 때 가야연합국에서 지원군 2만을 보내왔다. 그리하여 도합 12만의 대병이 한강유역으로 공격해 들어갔다.

백제의 반격

　백제 제1군은 7만으로 관산성 방면으로 공격했고 태자 위덕왕이 맡았다. 제2군은 5만으로 한성으로 쳐들어갔다. 신라군은 총 군사 6만으로 한강유역과 관산성에 도합 3만이 포진하고, 2만5천은 김무력이 지휘하여 신주에 포진하고, 5천은 예비대로 진흥왕과 함께 상주성에 있었다.
　위덕왕은 철기군 1만을 앞세워 관산성을 공격했다. 성주 각간 우덕과 인근에서 원병으로 온 이찬 탐지가 성 밖에서 맞서 싸웠으나 바로 패퇴하여 성으로 들어가 문을 잠그고 공성전을 펼쳤다. 하지만 위덕왕은 발석차와 파쇄차를 동원하여 성을 부수고 들어가 수천의 신라군을 죽였다. 성은 함락되고 각간 우덕과 이찬 탐지는 수하 수천을 이끌고 남으로 내려갔다.
　한성을 공격하던 백제군은 노도와 같이 밀려들어 주변성을 모두 함락했다. 다만 북한산성은 위치가 너무 높고 험해서 백제군은 포위만 하고 적극적인 공격은 자제했다.

신주의 군주 김무력이 주의 군사를 데리고 달려왔다. 정면으로 교전하면 패배가 뻔하므로 일단 김무력은 패잔병을 끌어 모아 산에 진을 쳤다. 우산성 방면으로 퇴각한 신라군은 전열을 재정비하고 반격의 기회를 노렸다.

위덕왕은 여세를 몰아 도살성과 금현성을 포함하여 주변의 성들을 모두 수복했다. 진흥왕은 잇따른 패전소식을 듣고 고구려에 사자를 보내 백제를 견제해 줄 것을 요청했다. 그러나 고구려는 신라가 북쪽 변경의 땅을 돌려주지 않으니 원군을 보내줄 수 없다고 했다.

전장에서 계속된 승전소식에 들뜬 성명천황은 호위대장 이영과 함께 3천의 군사와 좌평 4명을 거느리고 위덕왕을 칭찬하기 위해 몸소 시찰을 나온다. 관산성에 도착한 황제는 위덕왕과 장수들에게 상을 내리고 더 신속히 전진하여 신라를 점령하라고 명했다.

이영은 황제에게 권하여, "지금 신라의 월성이 비어있을 테니 이처럼 좋은 기회가 어디 있겠습니까. 신이 정예병사 3천을 이끌고 월성을 점령해 신라왕의 항복을 받고 공주님을 구해오겠습니다"라고 했다.

다음날 아침, 신라군으로 변복한 3천의 정예부대는 신라 월성을 향해 신라군 진영을 돌아서 출발한다. 계속된 승전소식에 고무된 황제는 그날 저녁 3백의 근위병과 4명의 좌평을 대동하고 신라군 진영을 염탐하러 가게 된다.

한편 길에 매복하여 백제군을 감시하던 김무력의 부장 도도는 길을 지나던 황제의 근위병을 습격한다. 이번 교전에서 비장인 삼년산군의 고간 도도가 급히 쳐서 백제 성명천황을 죽였다. 황제의

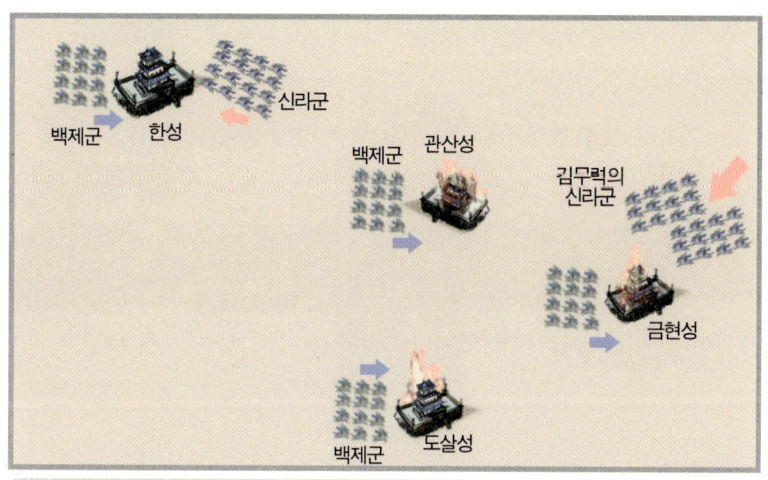

*백제군의 관산성, 금현성, 도살성과 주변 성 함락 후 신라군 기습으로 패전

▲ 전투 상황도

붕어소식이 전해지자 모든 백제군의 사기가 꺾였다.

수적으로 열악한 신라군이지만 한번 탄 승세를 놓치지 않았다. 관산성 전투를 시작으로 여러 성을 도로 신라에 빼앗겼으며 평지에서 벌어진 전투에서 5만의 백제군은 김무력이 이끄는 3만5천의 신라군에 이기지 못했다.

김무력은 평야에서 백제군이 활을 쏘며 서서히 전진하자 계속 퇴각한다. 신라군이 퇴각하자 위덕왕은 자신의 군대 수가 월등하여 김무력이 겁이 난 것으로 생각하여 철기군과 기병을 앞세워 총공격한다.

이때 숲으로 퇴각한 신라군은 백제의 철기군과 선두 기병이 숲으로 들어서자 불화살 공격으로 숲을 태워버린다. 순식간에 아수라장이 된 철기군을 신라 보병들이 후미에서 나타나 섬멸했다. 승세를 탄 신라군은 뒤늦게 뛰어온 백제 보병을 총공격함으로써 대패시켰다.

황제의 붕어소식에 뒤늦게 회군한 이영은 호위대장으로서의 책무를 다하지 못한 책임으로 흑치(필리핀)국으로 유배당한다. 위덕왕은 이미 사기가 꺾였음을 인지하고 철수를 명한다. 이에 신라군은 여러 부대들이 승세를 몰아 크게 이기고, 좌평 네 사람과 사졸 2만9천6백여 명을 베었으며, 빼앗긴 성을 모두 되찾았다.

고구려와 돌궐의 전쟁

돌궐이 동돌궐과 서돌궐로 분리된 뒤에도 동돌궐의 무한카간은 555년 유연의 잔존 세력을 소탕하고 그 부근의 여러 유목부족을 병합했다. 더 나아가 동쪽의 거란을 복속시키고 고구려를 침공했다. 30만 기병을 동원한 무한카간은 이번 전투에서는 저번처럼 요동의 성을 공격하기보다 대흥안령산맥을 넘어 고구려의 북방에서부터 내려오는 전술을 도입했다. 평야전에서 고구려군과 전쟁을 하겠다는 의도였다.

백제군이 신라군에 대패하여 더 이상 고구려 요동과 산서성 평양을 위협하지 못하자 양원태왕은 안심하고 15만의 대군을 장군 고흘에게 명해 출진케 한다. 철기군 3만, 기병 10만, 보병 5만으로 이루어진 정예고구려군은 무한카간의 군대에 정면으로 마주했다. 양군이 초원을 차지하자 초원은 곧 수많은 깃발과 말들로 가득 찼다.

부여성 인근까지 전진한 돌궐군 선봉은 고구려군의 선봉과 1차 교전을 벌였으나 고구려군이 패배했다. 몇 차례 선봉군 수천의 교전이 있었지만 고구려군이 여지없이 패하여 본진으로 돌아왔다. 긴장이 풀린 돌궐군이 작심하고 대군을 일으켜 부여성으로 진군하자 고구려의 15만 대군도 이를 막아섰다.

무한카간은 고구려군이 별것 아니라는 생각을 갖게 됐지만 수하 부장들의 만류로 전면전을 피하고 대치했다. 그리고 사절을 보내 금은보화와 남녀 1천을 보내면 회군하겠다고 했으나 고구려 장군 고흘은 사절의 목을 베어버렸다. 무한카간이 대노하여 전군에 총공격을 명했다.

돌궐군의 30만 기병이 땅을 울리며 전진하자 고구려군도 긴장했다. 먼저 고구려군의 궁병이 수만 개의 화살을 쏘았다. 수천 명이 죽었지만 계속해서 밀고 들어오는 돌궐군을 막을 순 없었다. 이때 대기 중이던 고구려 기병과 철기군이 정면 공격을 감행했다.

한참을 양군이 육박전을 벌이고 있을 때 태왕의 아들 양성왕이 5만의 말갈 기병을 거느리고 부여성을 돌아 돌궐군의 후미를 기습했다. 그리하여 돌궐군을 절반으로 나누어 버렸다.

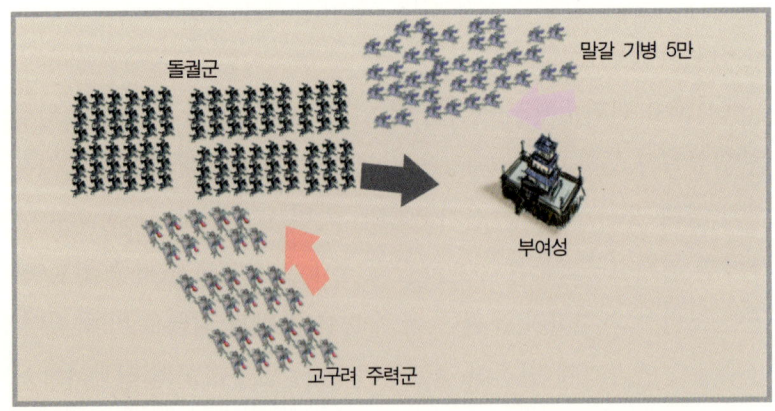

▲ 전투 상황도

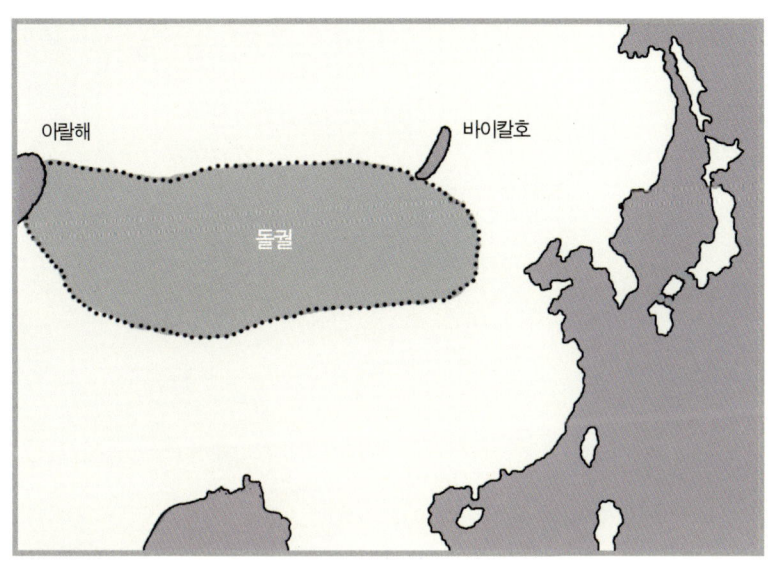
▲ 돌궐제국의 전성기 영토

무한카간은 대세가 기울자 퇴각명을 내렸다. 하지만 포위된 15만의 돌궐군은 돌아가지 못했다. 8만이 죽고 6만이 항복했다. 일부 돌궐군은 용감하게 고구려군의 포위망을 뚫고 초원으로 도망쳤다. 고구려는 말갈부족과 더불어 돌궐의 침략을 격퇴했다.

534년, 북위는 동서로 분열되고 동위東魏와 서위西魏는 각각 북제(北齊, 550년 건국)와 북주(北周, 557년 건국)로 이어졌다. 이러한 중국 북조의 내분기에 건국한 돌궐은 유연과 달리 북조에 대해 우월한 지위를 누렸다(북위에 눌렸던 유연도 북위가 동서로 분열하자 잠시 동안이나마 우위를 누렸다).

돌궐은 건국 무렵부터 서위와 동맹관계였고 서위를 계승한 북주와도 동맹관계를 유지했다. 돌궐의 영토는 과거 고구려의 전성기

▲ 문자태왕 전성기 시절의 고구려 최대 영토

시절의 영토와 맞먹었다. 다만 인구가 고구려와 제, 북주에 비해 적은 것이 흠이지만 그들의 영토는 엄청났다.

곤경에 처한 백제 황제

위덕왕은 554년부터 598년까지 백제를 통치했다. 성명천황의 맏아들로 이름은 창昌이라 하며, 태자 때 성왕을 도와 신라에 대한 정토征討에 앞장섰다.

554년 위덕왕은 위덕천황으로 등극한다. 전시 중이라 변변한 대관식 없이 졸속적으로 황위를 계승한다. 성명천황이 신라에 대한 보복 공격을 꾀할 때 백제의 조정에서는 신라 정토를 반대하는 귀족 세력이 있었지만 이들의 반대를 물리치고 정토군을 일으키는 데 적극적인 소임을 한 사람이 바로 태자 창이었다.

신라 정토군의 선봉에 나선 창은 관산성(지금의 충청북도 옥천) 전투에서 대패하고 말았다. 그 결과 백제는 성명천황과 4명의 좌평을 비롯하여 3만 명에 가까운 사졸이 전사했다. 그리하여 관산성 패전에 대한 귀족들의 책임 추궁으로 위덕왕은 정치적 곤경에 빠지게 되었고 반면에 귀족들의 정치적 발언권이 증대되었다. 그 결과 백제의 정치체제는 이전의 황권중심체제에서 점차 귀족중심

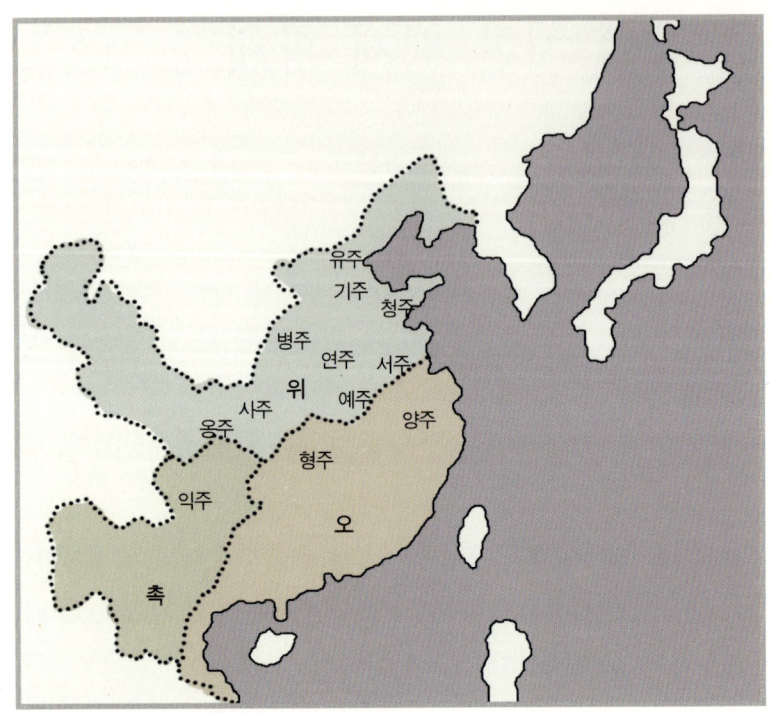

▲ 삼국지에서 주장하는 삼국의 영토

의 정치 운영체제로 바뀌게 되었다.

위덕왕은 중국의 남북조의 여러 왕조와 외교관계를 가짐으로써 국제적 고립을 면함과 동시에 고구려를 견제하려고 했다. 그 결과 북제로부터 위덕천왕은 570년에는 사지절 시중 거기대장군 대방군공 백제왕에 책봉되고, 571년에는 사지절 도독 동청주제군사 동청주자사에 책봉되기도 했다.

제나라가 위덕천황에게 작위를 내린 것은 지도에서 보듯이 청주 지역과 대방군의 영토는 위덕천황 시절에도 백제의 땅이 확실하다는 것을 보여주는 증거이다.

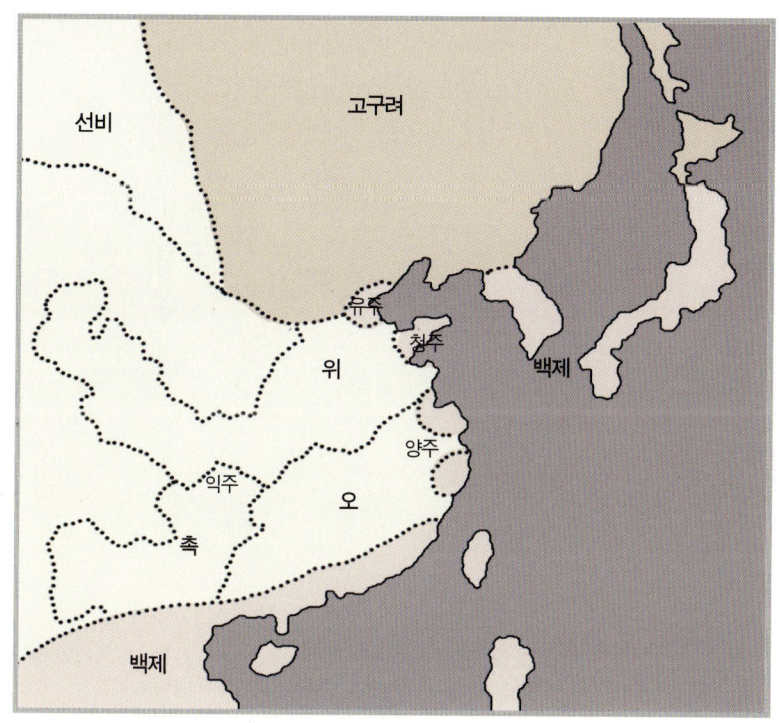

▲ 실제 삼국의 영토

554년, 백제의 성명천황이 전사하자 고구려 양원태왕은 백제의 웅천성을 공격한다. 백제의 수도 사비성 근처의 방어기지였던 웅천성은 위덕천황의 병사 1만이 주둔해 있었다. 당시 신라로부터 공격을 당하던 위덕천황은 수성전략을 고수하여 추운 겨울에 백제를 공격한 고구려군이 추위 때문에 저절로 돌아가게 했다. 이 일로 위덕천황은 돌궐에 사신을 보내 고구려에 대한 동맹 공격을 요청한다. 그로 인해 돌궐의 무한카간은 대병을 일으켜 고구려를 공격했으나 실패한다.

대륙정벌 241

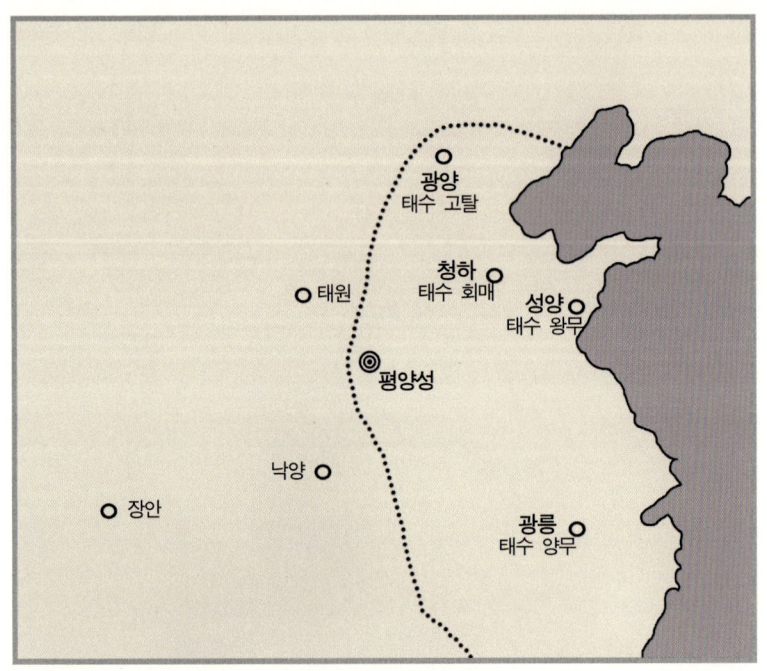
▲ 백제의 대륙영토와 태수들(동성황제 시절)

　555년, 신라 진흥왕은 정월에 비사벌에 완산주를 설치했다. 10월에 왕이 북한산에 행차하여 영토를 개척하고 국경을 정했다. 11월에 북한산에서 돌아왔는데, 왕이 지나오는 주와 군에 교서를 내려 1년간의 납제를 면제해 주고, 특별히 두 가지 사형죄를 제외하고는 모두 용서해 원래대로 회복시켜 주었다.

　557년 4월, 고구려 양원태왕은 장자 양성왕을 태자로 책봉했다. 백제 위덕천황은 전쟁으로 힘들었던 백제인들을 위로하고 내정을 기하는 데 주력한다.

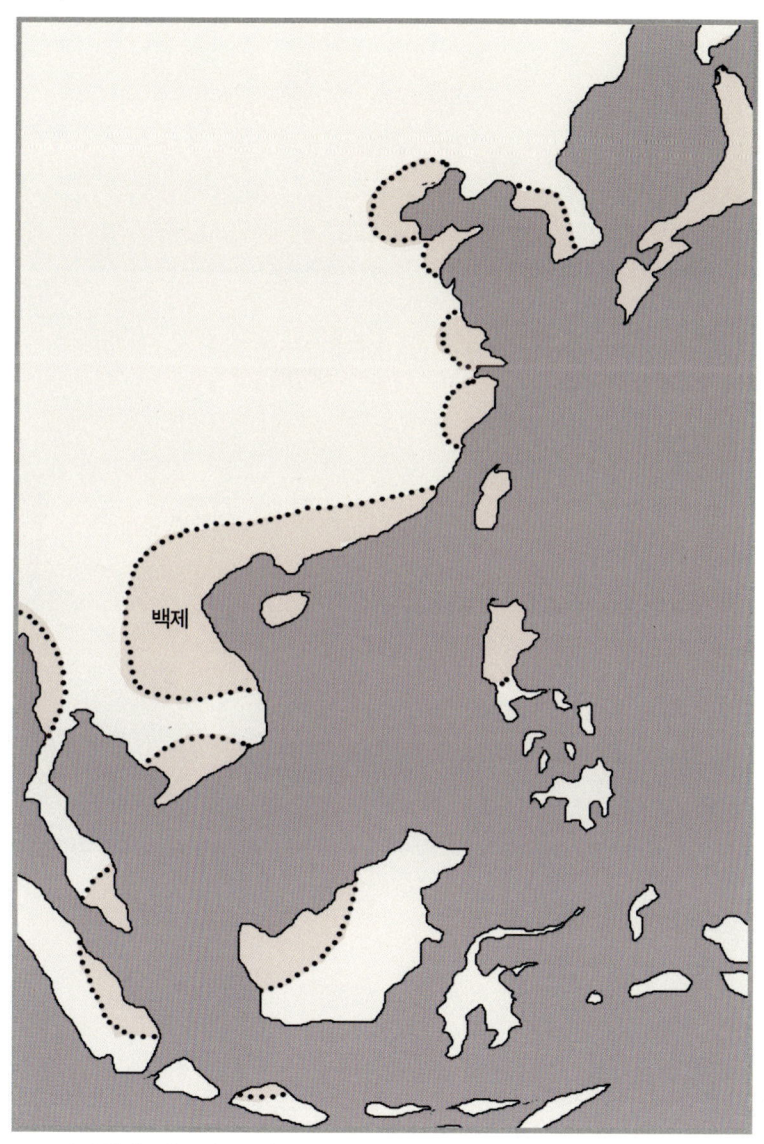

▲ 위덕황제 시절의 대백제국 영토

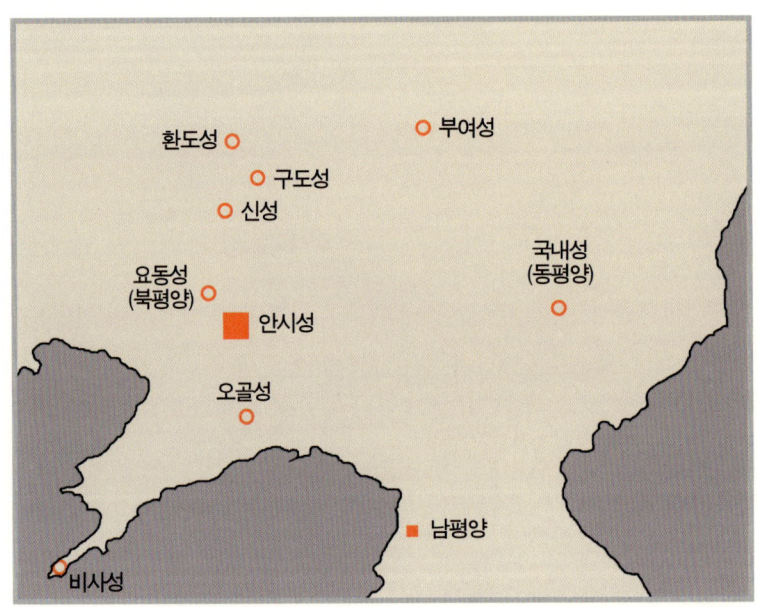

▲ 고구려 각 성의 취치

간주리의 반란

557년 10월에 고구려 환도성 성주 간주리가 반란을 일으킨다. 그는 세군 소속의 귀족 출신으로서 수도를 대륙 산서성 남단 평양성에서 한반도 평양성으로 천도한다는 계획에 반기를 들었다. 명분은 그러하지만 사실상 반란이었다. 함께한 병사가 3만에 이르렀다. 그리하여 주변의 구도성을 치기 위해 군대를 보냈지만 구도성과 졸본성의 군대 3만에 오히려 포위된다.

한때 고구려의 수도였던 만큼 영지가 크고 방어가 확실한 성이었지만 호응하는 반란 세력이 없고 주변과 연락이 두절된 채 포위 한 달 만에 내부 병사들이 반기를 들어 간주리를 참살하고 성문을 열었다. 반란은 쉽게 진압되었지만 흔들리는 고구려는 막을 길이 없었다.

그해 우문각은 서위를 멸하여 북주를 건국하고, 진패선은 양무제를 유폐시켜 죽이고 진나라를 건국한다. 이후 북주와 북제가 수십 년 동안 패권을 다투고 고구려는 나날이 약해져간다. 백제 위덕천황은 귀족들에게 둘러싸여 황권이 약화되면서 본격적인 복수전을 준비하지 못한다.

561년 7월, 위덕천황은 백제의 귀족들을 설득하여 대병을 일으키는 데 성공한다. 다행히 고구려는 돌궐을 견제하느라 백제의 대륙영토를 넘보지 않았고 제와 북주는 계속 전쟁 중이라 백제의 산둥성 청주영역을 넘보지 않았다.

오히려 북제가 백제에 사신을 보내 동맹을 제의할 정도였다. 만일 백제가 북제를 공격하면 북제는 북주와 백제 양국에 둘러싸여 큰 어려움에 처하기 때문이었다.

이번 전쟁에는 백제의 각 제후국들의 군대가 모두 참전했다. 안남에서 5천, 흑치국(필리핀)에서 5천, 왜에서 2만, 청주군(산둥성)에서 1만, 요서군 5천, 가야군 2만, 대만에서 5천, 남아시아의 교역요충지에 주둔한 백제군은 주변의 부족민들을 5천 가량 보냈다. 거기에 한반도 백제 내의 각군에서 차출한 병력과 백제가 자랑하는 수군을 합쳐 12만을 모았다. 그중 수군은 2만 정도였다.

신라 진흥왕은 자칭 황제라 정하며 연호도 제정했고, 자제와 왕족들을 제후군주로 봉하며 그 위세를 떨쳤다. 일부 신라 해군은 왜에 상륙하여 성을 쌓고 신라의 영토를 확장했다.

이번 전쟁은 위덕천황이 직접 지휘하며 동생 헌왕이 제2군을, 조카 법왕이 제3군을, 좌평 해면이 제4군을, 수군은 좌평 사도류가 맡았다.

위덕천황은 제1군 3만을 이끌고 신라의 관산성으로, 헌왕은 제2군 2만을 이끌고 한성으로, 법왕은 제3군 2만을 이끌고 종발성

(김해)으로, 좌평 해면은 제4군 1만을 이끌고 복암성으로, 좌평 사도류는 수군 2만을 이끌고 신라 금성을 직공했다.

  진흥왕은 병력을 7만으로 증가시킨 상태였고 수도에는 명활성을 쌓아서 대비가 되어 있었다. 하지만 백제가 직정을 하고 전쟁에 나선 상태라 누구도 승리를 장담하지 못했다.

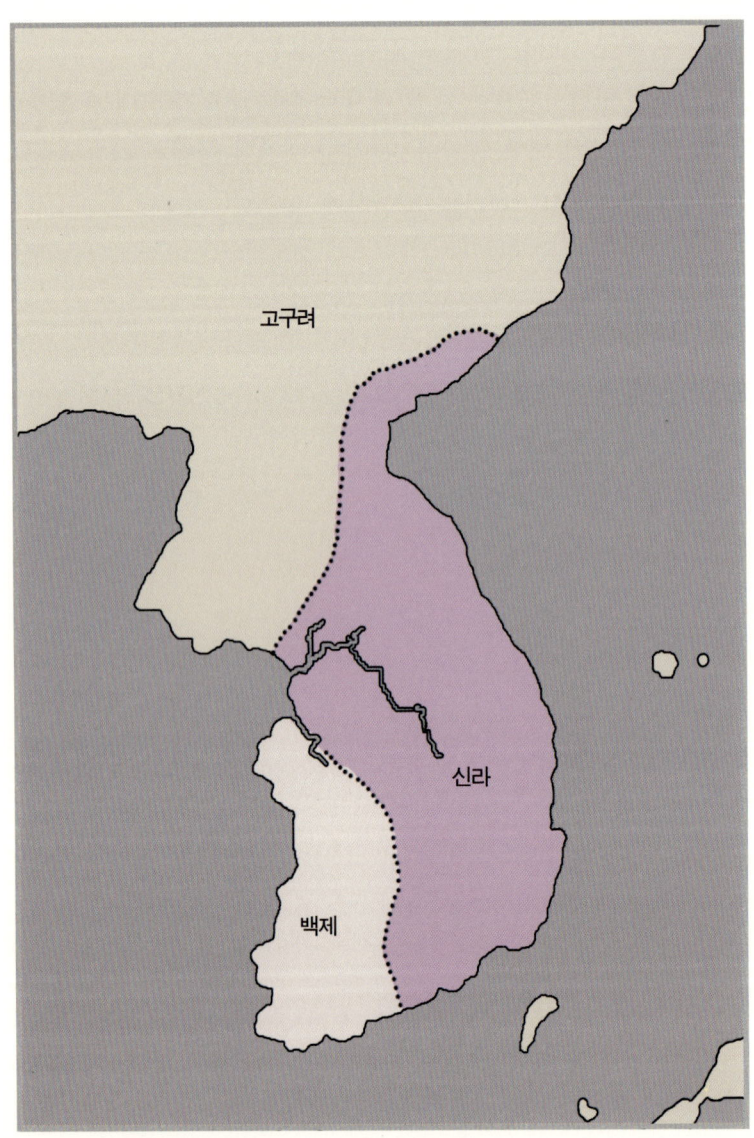
▲ 교과서에 실린 삼국의 영토(신라 전성기)

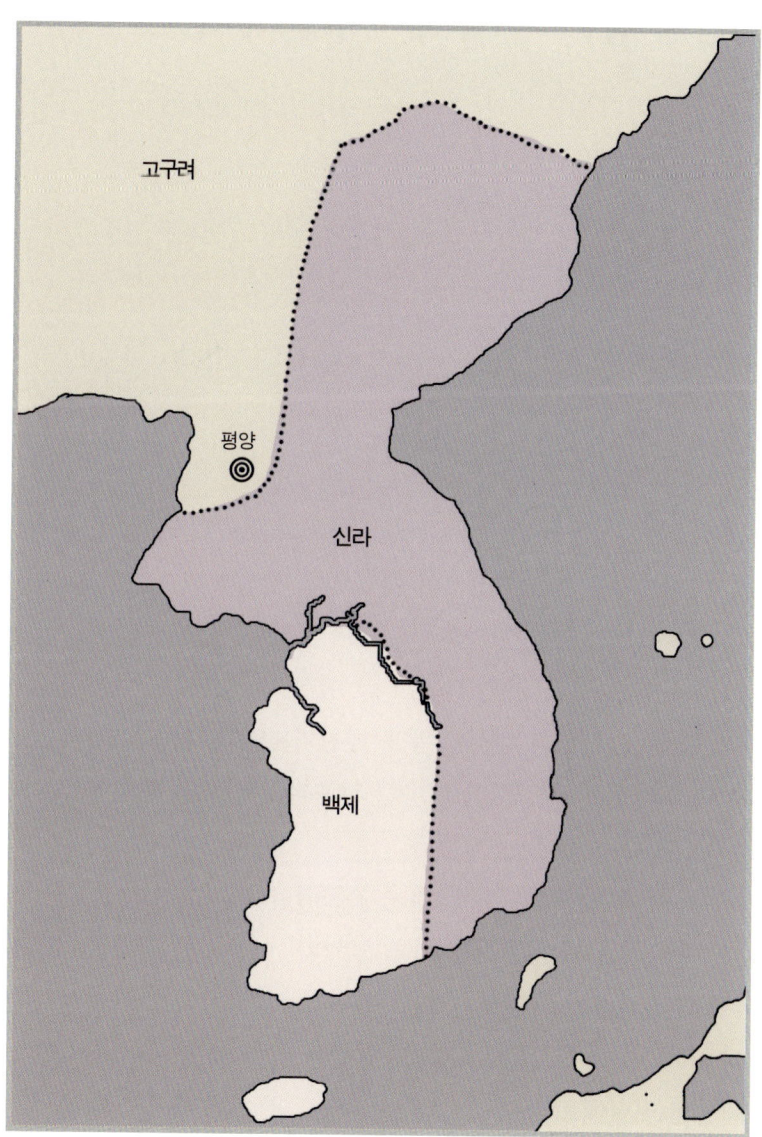

▲ 실제 신라의 영토(진흥대왕 시절)

진흥왕, 백제와 대결하다

　신라 진흥왕은 본인이 직접 종발성으로 나갔다. 이사부 대장군은 관산성으로, 거칠부 장군은 한성으로, 금성에는 이찬 도해가 남아서 지키고, 복암성에는 장군 김덕이 나갔다. 관산성 전투에서 위덕천황은 이사부 장군에 막혀서 더 이상 진군하지도 성을 함락하지도 못했다. 혜왕의 한성 전투도 마찬가지였다. 다만 황제의 조카인 18세의 법왕이 공격한 대야성 전투와 위사좌평 해면이 공격한 진주성 전투는 상황이 달랐다.

　법왕은 왜의 큐슈지방에 대한 통치권을 가지고 있었고 한반도 남부지방의 10개 성을 통치하고 있었다. 아버지인 혜왕은 대륙의 남단을 통치하는 좌현왕이었고, 유약한 황제의 태자 아좌는 청주(산둥성)지방의 왕으로 있었다. 법왕은 키가 크고 힘이 장사인 데다 어린 나이에도 뛰어난 무술실력으로 황제와 아버지 혜왕의 관심을 받고 있었다. 법왕은 종발성이 크고 수비하는 병사가 1만에 가깝고 게다가 진흥왕까지 온 터라 점령하기 쉽지 않다는 것을 알고 있었다. 종발성에 오기까지 신라의 작은 성 4개를 빼앗은 후 종발성 앞 벌판에 진을 쳤다. 그러나 성이 크고 성벽은 높았다.

　성안의 병사들은 사기가 높아보였고 누각에는 진흥왕의 깃발과 왕으로 보이는 이가 앉아서 백제군을 내려보고 있었디. 법왕은 민저 수하 장수 중 무예가 뛰어난 은솔 니시도리사를 내보냈다. 왜에서 뽑은 법왕의 근위병 중 제일 무예가 출중한 장수였다. 성 앞에서 신라군을 향해 겁쟁이라고 외치며 나와서 대결하자고 계속 소리쳤다.

　진흥왕은 장군 박무를 내보냈다. 양군이 지켜보는 가운데 반 시진 동안 결투를 벌였다. 박무가 힘이 딸려 니시도리사가 내려친 칼에 밀려 말에서 떨어졌다. 순간 백제군이 와 하고 함성을 질렀다. 성 위에서 지켜보던 신라 장교 중에는 박무의 사촌이 있었다. 박무가 위험하자 활을 쏘아 니시도리사의 말을 맞추었다. 니시도리사는 말에서 떨어졌고, 재빠르게 법왕은 대궁을 집어 들고는 니시도리사의 말을 맞춘 신라 장교를 향해 화살을 날렸다. 윽 하는 소리와 함께 박무의 사촌이 성에서 떨어졌다.

　박무가 분에 못 이겨 니시도리사에게 달려들었지만 니시도리사는 박무의 칼을 잽싸게 피하고는 뒤로 돌아 칼을 박무의 등에 내리꽂았다. 백제군의 기세가 순식간에 올랐다. 법왕은 기다렸다는 듯이 전군에 총공격 명령을 내렸다. 쇠뇌 수백 발이 날아갔고 발석차에서 수백의 돌이 날아왔다. 대야성 성벽은 마치 누더기처럼 되어 갔다.

　한참 후 백제군이 사다리와 파쇄차를 동원하여 성 가까이 진군했다. 철기군이 앞서 달리며 신라 궁수의 표적이 되어 주었고 뒤를 이어 백제 궁병이 서서히 전진하면서 화살을 쏘았다. 그 뒤에는 방패를 든 창병과 도끼병들이 무수히 걸어갔다. 법왕은 뒤에서 지켜보는 장수가 아니었고 철기군의 앞에서 용감히 돌진해 갔다. 수백 발의 쇠뇌에 신라 궁수들이 마음 놓고 활을 쏘지 못하자 이틈에 백제 병사들이 사다리를 놓았다.

성 위에서는 끓는 물과 쇳조각들을 떨어뜨려 백제 병사들이 기어오르는 것을 막았다. 진흥왕은 누각 위로 돌이 떨어져 파편에 맞아 약간의 부상을 입고는 성안으로 들어갔고, 장군 김위가 대신하여 지휘했다. 대야성의 성문은 의외로 튼튼하여 파쇄차로 아무리 두드려도 견뎌냈다.

법왕의 최정예 사병 5백은 성을 뒤돌아 후문에 매복하고 있었다. 정문이 위험하자 신라 병사들이 서둘러 정문으로 이동했다. 후문의 경비가 허술하자 백제군은 성 위에 갈고리를 던져 기어올랐고, 일부 병사는 화살을 쏘아 신라 경비병들을 해치웠다. 후문에는 8백의 신라군이 있었다. 일단 수비하는 병사의 수가 공격하는 병사보다 많은 관계로 신라군은 필사적으로 기어오르는 백제군을 맞아 잘 싸우고 있었다.

종발성에는 방문 크기의 작은 문이 있었다. 수풀에 가려져 먼 곳에서는 잘 보이지 않을 정도의 크기로 비상시에 성주와 주요 인사들을 피난시키기 위한 통로 역할을 하는 곳이었다. 또 언덕 위쪽에 나 있는 곳이라서 오르기가 쉽지 않았다. 문은 철문으로 되어 있고 작은 돌을 문밖에 붙여놓아서 외부에서는 식별이 불가능했다. 하지만 이 비밀통로는 신라에서 망명한 전 종발성 장교 사택기루에 의해 법왕에게 알려졌다.

가야의 대야성에선 이번 전쟁을 대비해 신라의 각 성에 대한 정보를 미리 수집하여 백제에 전달했었다. 그중에 사택기루의 정보도 들어있었다. 사택기루는 원래 금관가야 출신의 귀족으로서 어쩔 수 없이 신라에 병합된 금관가야의 여러 귀족들 중 한 사람이었다. 그러나 신라에 반감을 가지고 신라의 고급정보를 빼내 대가야에 전하던 중 발각되자 망명한 경우였다.

밤중에 철문 입구에 다다른 50명의 법왕 호위병들은 이내 철문을 발견하고 문을 부수고 성내에 잠입했다. 성벽 위의 신라군이 이상한 소리를 듣고 급하게 병사들을 소집했다. 그러나 백제군 최고의 무예를 자랑하는 호위병들이 이내 신라군을 제압하고 성벽 위로 올라가 백제 깃발을 꽂았다. 정문에서 고전하던 백제군은 성벽에 백제 깃발이 올랐다는 소식이 퍼지면서 더욱 기세가 올랐다. 후문에서 교전 중이던 백제군과 신라군도 승세가 백제군 쪽으로 기울었다.

하지만 정문 쪽에는 신라군의 포노가 있었다. 포노는 나마신득이 4년 전 개발한 것으로 발석차를 약간 변형하여 소형화한 뒤 성벽에 배치시켰다. 하지만 소형화된 것이라 위력도 약했다. 백제군의 거대한 발석차에 비하면 신라군의 포노는 어린아이 장난감 같았다.

후문에도 백제 깃발이 세워졌고 정문도 곧 깨어졌다. 그러나 신라 진흥왕은 근위병들을 대동하고 북문으로 나갔다. 하지만 북문 근처 계곡에는 백제군 천 명이 매복 중이었다. 법왕은 진흥왕의 퇴각로가 북문과 동문뿐이라는 걸 예측하고 두 문과 연결된 곳에 각각 천 명의 병사를 매복시켰다.

진흥왕이 계곡 밑을 지날 때 일제히 백제 병사들이 화살을 쏘고 나무와 돌을 던졌다. 그러나 진흥왕의 호위병 1천은 왕 주위로 모여 방패를 치켜들고 막아섰다. 잘 훈련된 병사들이라서 피해가 적었다. 하지만 길 앞은 나무와 장애물로 벌써 막혀 있었고, 양옆에는 백제군이 화살을 쏘고, 뒤쪽으로는 종발성이 함락 직전이라 진퇴양난이었다.

일부 병사들이 장애물을 치우고 전진하려 하자 또다시 백제 병사들의 화살이 쏟아졌다. 일부 흥분한 신라 병사들이 계곡을 기어오르려 했다. 가만히 앉아서 죽을 수만은 없다고 생각한 것이다. 하지만 계곡 위에서는 돌과 나무가 계속해서 떨어졌다. 게다가 계곡을 오르느라 방패를 놓친 신라 병사들은 그대로 표적이 되어 화살에 쓰러졌다. 일단 후퇴한 신라군은 성문 근처에 재집결했다.

종발성의 함락

성주 김위 이찬은 진흥왕에게, "정문이 한 시진을 버틸 수 없으며 후문은 아예 백제군에 점령당했고 비밀통로도 발각되었습니다. 이제 북문과 동문만이 남아있는데 동문으로 도망가던 일부 신라 귀족들이 매복하던 백제군에 의해 전멸당했습니다"라고 전했다.

진흥왕은 주변의 권유로 사병 복장으로 갈아입었고 왕의 갑옷을 입은 병사와 왕의 평상복을 입은 병사 둘을 뽑았다. 갑옷을 입은 병사를 동문으로 보내고 왕의 옷을 입은 병사를 마차에 태워 후방에 배치하고, 진흥왕은 병사들과 함께 선두 바로 뒤에 섰다. 북문 근처 계곡에 다다르자 백제 병사들은 행렬의 중간에 왕의 마차가 보이자 그곳을 중심으로 공격했다.

선두의 병사들이 장애물을 치우는 동안 왕은 덩치가 큰 병사들 사이에 쪼그려 앉았다. 분하고 수치스럽지만 어쩔 수 없었다. 장애물을 치우는 병사들이 많이 죽었지만 결국 그 사이로 통과할 수 있었다. 통과 후 조금 나아가자 백제 철기군 수십 기가 보였다. 그러나 호위병들이 그들을 막아섰고 그 틈에 빠져나올 수 있었다. 성은 곧 함락되었고 성주는 자결했으며 귀족 수십 명은 모두 포로로 잡혀갔다.

한편 성을 공략하던 좌평 해면은 쉽사리 성에 진입했다. 복암성의 성주는 일길찬 김천으로 진흥왕이 보낸 김덕 장군이 지원군 3천을 이끌고 합류한 상태였다. 성주는 신라에 형식상 복종되고 있을 뿐 가야계였다. 반면 진흥왕이 보낸 김덕 장군은 진골로 대아찬이었다. 김덕은 사사건건 성주 김천의 발목을 잡았다.

김천은 백제군 공격에 밖으로 나가서 항전하지 말고 성을 지키자고 주장했지만 김덕은 공을 세우고 싶은 마음에 평원에서 회전을 요구했다. 김덕의 벼슬이 높기에 따를 수밖에 없게 된 성주 김천은 비밀리에 백제군 좌평에게 사절을 보내 성을 바칠 뜻을 보였다. 좌평 해면은 병사 2천을 밤에 성내에 침투시키고 김덕의 숙소를 급습하여 목을 베고 그 수하들을 항복시킨다. 이에 성주 김천이 항복하여 그를 성주로 임명한다.

한편 백제 수군은 경주에 상륙하여 서라벌로 진군했다. 신라 주요 귀족들은 모두 명활산성으로 피했고 월성에는 수비군 5천이 결사항전하는 각오로 버티고 있었다. 상륙한 1만의 군대는 곧장 산성으로 향했다. 명활산성에는 3천의 수비대가 포노와 쇠뇌를 곳곳에 배치하고 백제군을 맞았다.

〈신라의 관등제도〉
신라의 관등은 1등은 이벌찬, 2등은 이척찬, 3등은 잡찬, 4등은 파진찬, 5등은 대아찬, 6등은 아찬, 7등은 일길찬, 8등은 사찬, 9등은 급벌찬, 10등은 대나마, 11등은 나마, 12등은 대사, 13등은 소사, 14등은 길사, 15등은 대오, 16등은 소오, 17등은 조위라고 했다.

성벽의 높이는 높지 않으나 가파른 형태의 언덕이므로 오르기엔 병사들의 희생이 클 것 같았다. 성안에는 우물도 있어서 신라 병사들이 오래 버틸 수가 있다. 백제 좌평 사도류는 산성의 지세를 보니 백제군에 불리한 것을 느꼈다. 그리히여 대군을 성 밖에 포진시키고 밤중에 날랜 병사 천 명을 뽑아 산성의 서쪽 경계로 이동했다. 성주 대아찬 석무개는 밤중에도 경계를 강화하여 백제군 별동대가 성 가까이 다가갈 수 없었다.

사도류는 전략을 바꾸어 월성에서 명활산성을 구원하기 위해 병사를 보내면 그 병사를 치고 월성을 빼앗을 계획을 세웠다. 하지만 월성 성주 파진찬 김숭은 명활산성이 버틸 거라고 생각하고 병사를 보내지 않았다. 백제군은 보름 동안 두 성 사이를 지키기만 했다.

그때 백제 군사 중 하나가 꾀를 내어 산성 근처 숲에 불을 지르기로 했다. 숲이 불에 타는 것이 월성에서 보이므로 먼발치에서 보면 마치 산성이 함락된 것처럼 보일 것이니 그때 신라군이 구원하러 오면 매복했다가 치자는 계획이었다. 계획대로 산성 근처에 불이 났다. 멀리서도 볼 수 있을 만큼 큰불이었다. 백제군은 월성 밖에서 참호를 파고 매복했다.

월성 성주 파진찬 김숭은 고민에 빠졌다. 지금 백제군이 산성을 함락하기 직전이거나 아니면 함락하고 불을 지른 거 같은데, 주요 귀족과 왕족들이 모두 산성으로 피난을 간 상태이므로 구하러 가지 않으면 나중에 왕에게 책망을 들을 것이 뻔했다. 수하 부장들도 자신들의 병력이 백제군에 비해 열세가 아닌데 수성전략만 쓰다가 산성이 지금 함락 직전이 된 게 아니냐며 출진할 것을 재차 권했다. 결국 4천의 병사가 성문을 나섰다. 그러나 얼마 가지 않아서 백제군 매복 지점에 걸린 신라군은 길 양쪽에서 끝없이 공격해오는 백제군에 의해 하나 둘 죽어갔다. 성주 김숭은 최후까지 저항하다 백제 장군 모노에게 최후를 맞이했다.

  백제군이 신라군을 전멸시키고 월성으로 가자 성문이 닫히면서 수많은 화살이 쏟아졌다. 좌평 사도류는 성안에 그렇게 많은 병력이 있을 리가 없는데 어째서 저렇게 많은 화살이 쏟아질까 하며 의아해했다. 그런데 그때 성 위에 걸린 깃발은 진흥왕의 것이었다. 진흥왕이 법왕에게 패한 후 주변 병사들을 이끌고 월성으로 돌아온 것이다. 그리하여 백제군은 물러나와 병력을 반으로 나누어 산성과 월성을 포위하고 지루한 포위전을 실시한다.

진흥왕의 반격

　진흥왕은 먼저 고구려에 사신을 보내었다. 죽령 이북의 땅을 돌려줄 터이니 지원군을 보내달라는 것이었다. 평원태왕은 즉답을 피했다.
　고구려의 제1주적은 돌궐이었다. 동동궐의 무한카간은 50만 대군을 모집하여 호시탐탐 고구려를 노리고 있었다. 제2주적인 백제가 신라와 전투 중인 현 상황이 싫지만은 않았다. 게다가 북주와 북제가 싸우고 있으니 고구려는 힘을 길러 돌궐을 제압하면 되는 것이었다. 유연의 패잔병들은 속속 본국인 고구려로 이동했고 고구려도 대군을 육성했다. 40만의 대군을 보유한 고구려군은 한창 강성할 때의 70만 대군에 비할 바는 아니지만 나름대로 정예군화 하고 있었다.
　백제와 신라의 개전 두 달째, 신라가 계속 밀리고 있었다. 위덕천황과 혜왕이 관산성과 한성에서 고전을 면치 못하고 있지만 법왕과 백제 수군은 연전연승을 거두고 있었다. 진흥왕이 재차 사신을 보내었다. 이번엔 태자가 될 첫째 왕자 동륜이 직접 갔다. 신라

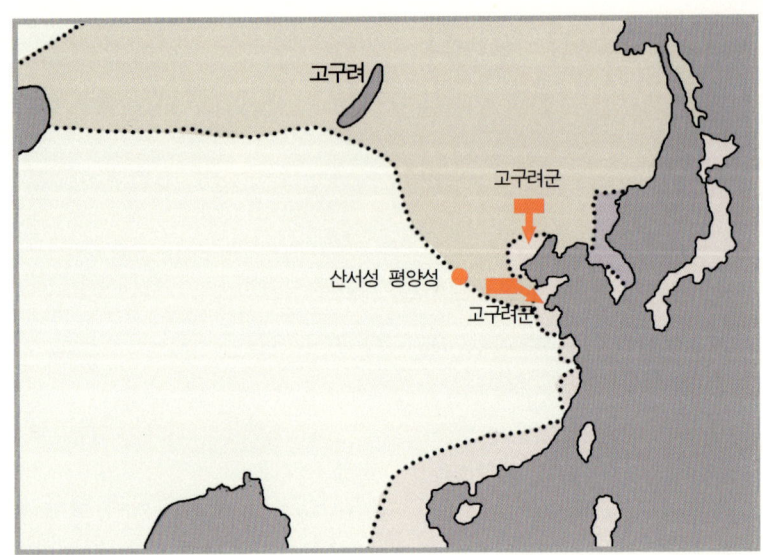
▲ 산서성 평양성의 위치

왕의 입조 약속과 죽령 이북의 땅을 돌려주겠다는 약속과 함께 금과 은을 선물로 들고 가자 그제서야 태왕이 움직였다.

고구려군의 보기병 5만이 요서군 백제령으로 이동했고, 또 다른 보기병 5만은 동청주 산둥성 방향으로 이동했다.

개전 두 달이 지나고 9월이 되자 위덕천황은 철수 명령을 내렸다. 관산성의 이사부와 김무력은 죽을힘을 다해 저항했고 양군의 전사자만 많이 생겼으나 득이 없었다. 한성의 혜왕도 성주 각간 김해와 거칠부 장군에 막혀 소득이 없었다. 오로지 법왕과 좌평 해면, 좌평 사도류만 공이 있을 뿐이었다. 게다가 고구려군의 이동소식은 백제를 긴장하게 만들었다.

백제군은 신라의 성 5개와 병사 1만5천을 죽이고 2천의 포로를 얻었고, 백제군의 병력은 고작 8천의 손실이 있을 뿐이었다.

하지만 위덕천황은 큰 실수를 하게 된다. 철수하는 과정에서 이사부의 동태 감시를 게을리 한 것이었다. 방심한 백제군이 강가에서 휴식을 취하며 식사를 하고 있을 때 갑자기 기습한 신라의 기마병은 뒤쪽에 있던 백제군 1천 명을 죽이고 곧바로 철수한다. 결국 위덕천황의 군대만 패배한 모양이 되었다. 이 일로 인해 백제 귀족들은 더욱더 황제의 권위를 우습게 알게 됐고, 반면 신라 진흥왕은 대내외적으로 백제 황제를 이겼다고 선포했다.

하지만 이 내면엔 거래가 있었다. 황제는 전군의 철수가 아닌 일부 정예군은 남겨서 관산성을 차지하려 했다. 요서와 청주는 요새화된 성이 있으므로 쉽사리 고구려가 점령하지 못할 것으로 생각했다.

황제는 이영의 아들 은솔 이제를 불렀다. 많은 귀족들이 황제를 우습게 알고 혜왕과 법왕에게 아부하지만 충신의 집안인 이제는 황제에게 충실한 수했다. 하지만 이제의 집안은 아버지 이영이 성명천황의 호위장군으로서 책임을 다하지 못하고 공을 쌓고자 신라 금성을 공격하러 떠난 사이에 황제가 신라군에 의해 변을 당한 탓에 작위가 내려가고 영지도 빼앗겼다.

황제는 이사부에게 철수하기 전 이제에게 사신을 보내 선황제의 유골과 여동생이며 진흥왕의 왕비로 들어간 공주 부여수를 데려오라 했다. 보낼 때는 왕비로 보내었으나 진흥왕이 소비로 삼은 탓에 선대 황제부터 불만이 많았다. 게다가 두 나라가 전시 중이라 공주의 대접이 신라에서 많이 소홀한 것을 알고 있기 때문이었다.

이사부는 이제와 협상하여 백제가 차지한 신라성의 영유권 인정과 황제의 여동생을 돌려보내며 선황제의 유골을 반환하는 것에 대해 모두 진흥왕의 윤허를 받았다고 했다. 이제는 무사히 공주 부여수와 선황제의 유골을 들고 귀환했다.

황궁으로 돌아온 황제와 여러 왕들과 장수들 간의 논공행상에서 법왕 부여선은 아버지 혜왕 부여계보다 더 큰 권력을 얻게 되었다. 아좌태자가 유약한 모습을 보인 반면, 법왕 부여선의 놀라운 행동은 많은 귀족들의 지지를 얻게 되었다. 그중 해씨 세력은 노골적인 부여선 지지를 선언했다. 반면 진씨 세력은 아좌태자를 호위하게 되었다.

이제는 연씨 가문과 혼인한 관계로 연씨가 지지하는 아좌태자 쪽을 더 밀게 되었다. 하지만 그들의 주군 아좌태자는 아직 전쟁에 나서본 일이 없었다. 부여선보다 두 살이 많지만 무예 실력도 떨어지고 지휘능력은 부여선을 따라잡지 못했다.

같은 해 9월에 신라 진흥왕은 2달 전 전투에서 백제의 편에 서서 신라를 침공한 가야를 정벌하기로 했다. 가야의 우두머리였던 금관가야는 선왕 때 정복되었고 이제 남은 것은 대가야였다. 진흥왕은 가야 정복을 대내외에 선포했다. 가야가 배반하므로 이사부에게 명해 토벌하게 하고, 사다함을 그 부장으로 임명한다 했다.

이사부는 2만의 대군을 거느리고 대가야 국경으로 진격했다. 대야성을 중심으로 한 대가야의 세력권을 흡수하여 백제의 공격으로부터 일종의 방어선을 연장하기 위해서였다. 사다함은 기병을 맡고 이사부는 보병을 맡고 대야성에 도착했다.

대가야왕 도솔지는 서둘러 백제에 구원군을 요청했다. 하지만 백제의 주력군은 고구려의 남하를 저지하기 위해 요서와 청주로 이동한 상태였다. 한반도 백제에는 5만의 병력이 주둔하고 있었으나 이 또한 신라의 국경에 주로 배치되어 있었다. 조정회의 결과 구원병을 파견하기로 하고 법왕은 황제에게 주청하여 위사군 1만을 받고 출진했다.

가야군은 성문 앞에 나와 진을 치고 성문 위에서는 궁병이 포진하여 신라군을 맞이했다. 2일만 버티면 백제의 원군이 올 거라고 예상한 도솔지왕은 공격적으로 나왔다. 이를 본 신라군 부장 사다함이 기병 5천 명을 거느리고 선두에서 치달려 성문 앞에 포진한 가야군을 공격했다.

가야군은 8천 명 규모로 3천이 성 밖에 장애물을 설치하고 창병 위주로 배치되고 성문 위에 궁병 위주로 배치되었다. 성안에는 1천의 철기병 군사가 대기 중이었다. 하지만 갑작스럽게 돌진한 사다함의 기병에 놀라 가야군의 대열이 무너졌다. 설치한 장애물을 뛰어넘는 기병도 있었다.

대가야가 자랑하는 철기군은 성문 안에 대기 중이었다. 원래 백제군이 와서 신라군의 뒤를 치면 대가야군이 철기군을 앞세워 돌진할 계획이었는데 순식간에 대열이 무너지고 사다함은 성문으로 들어왔다. 성문에서 치열한 교전이 벌어졌다. 사다함이 너무 앞서서 전진하는 바람에 신라군 보병이 도착하려면 아직 시간이 많이 남아있었다.

도솔지왕은 친히 철갑옷을 입고 철기군을 이끌고 돌진했다. 성문 안에 들어온 일부 신라 기병이 철기군에 밀려서 후퇴하려 했다. 이때 사다함이 말에서 내려 성문 위로 올라갔다. 용맹한 그의 수하 수십 명도 그 뒤를 따랐다. 성 위에서 화살이 쏟아졌고 뒤따르던 부하들이 많이 죽었다. 하지만 놀라운 무예를 발휘한 사다함은 성문 위에 올라가 성벽에 흰 깃발을 세우니, 대가야의 온 성안의 사람들이 두려워 어찌할 바를 몰랐다.

마침 이사부가 군사를 이끌고 도착하니 대가야군의 사기가 일시에 꺾였다. 도솔지왕의 철기군이 나섰지만 사다함의 기병에 포위되었고 결국 왕이 항복하자 모든 가야군이 일시에 항복했다.

전공을 논함에 사다함이 으뜸이었다. 왕이 좋은 밭과 사로잡은 포로 2백 명을 그에게 상으로 주었다. 사다함은 세 번이나 사양했으나 왕이 억지로 권해서야 받았다. 그러나 포로들은 방면해 양인으로 만들어주고, 밭은 나누어 전쟁에 참여한 병사들에게 주니 나라 사람들이 아름답게 여겼다.

571년, 고구려 평원태왕은 하북성 패하원에서 대규모 사냥을 실시한다. 이웃 돌궐에 고구려의 국력을 과시하는 목적도 있지만 일종의 전쟁훈련이었다. 돌궐은 대군을 정비하고 대군을 국경으로 이동시켰다.

위덕천황은 조카인 법왕이 군권을 장악하려 하자 충성스러운 일부 신하들을 제후국과 지방군에 배치하여 법왕을 견제하려 했다. 아좌태자는 동청주로 배속되어 공을 세울 기회를 얻게 되었다.

하지만 아좌태자는 정치나 군사보단 그림 그리는 일에 더 소질이 있었다. 어머니인 황후가 그림을 잘 그렸다는 얘기가 있었는데 아들인 아좌태자는 어머니보다 더 잘 그린다는 평판이었다. 황후는 아좌태자가 10살 되던 해 병으로 죽었다. 아좌태자의 이런 성품을 잘 아는 측근들은 걱정이 많았다. 하지만 법왕의 측근들은 굉장히 기뻐하는 상황이었다.

아좌태자가 청주에 파견된 진짜 이유는 돌궐군이 고구려를 공격할 계획을 짜고 있었기 때문이다. 돌궐은 백제에 사신을 보내 고구려를 양쪽에서 협공하자고 했다. 이에 따라 위덕천황은 주요 모든 장수와 주력 철기군을 청주 산둥성과 요서군으로 파견했다.

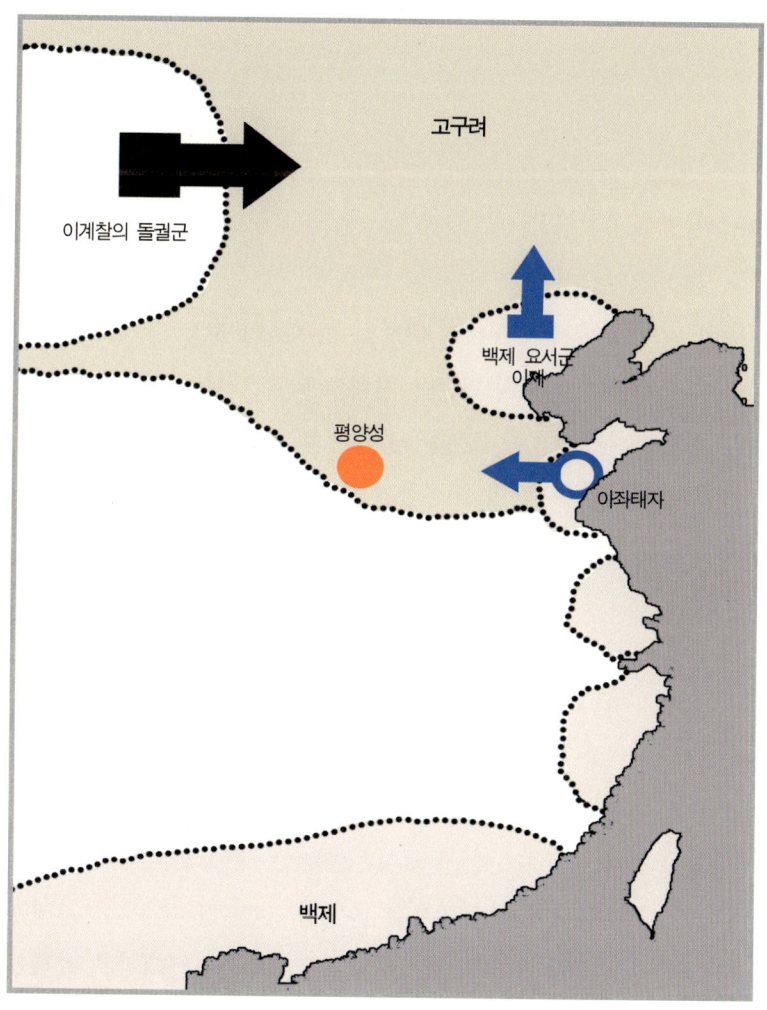

이계찰과 사비얼

이번 전쟁의 목적은 돌궐과 백제가 고구려의 화북 평야지대를 석권하는 것이었다. 양국은 탁군을 경계로 위쪽은 돌궐이 아래쪽은 백제가 차지하기로 했다. 요서는 당연히 백제가 차지하기로 했다.

돌궐의 이계찰은 20만 대군을 이끌고 북경 인근으로 진격했다. 이제의 5만 대군은 요동으로 진격했다. 아좌태자는 5만을 이끌고 고구려의 평양성으로 진격했다. 법왕은 수군 3만을 이끌고 요동의 비사성에 상륙할 예정이었다.

고구려의 평원태왕은 먼저 이계찰의 대군을 부수기로 결정했다. 15만 고구려 대군이 북경 인근으로 이동했다. 5만의 고구려군과 말갈군은 고현의 지휘 하에 요동 방면에 백제 장군 이제를 막기 위해 출진했다. 고구려 수군 대장 고연모는 4만의 고구려 수군을 장사군도에 결집하여 비사성으로 출진했으며, 평양성에는 연태영이 지휘하는 3만의 고구려군이 지키고 있었다. 평원태왕은 벌판에서 회전을 할 생각이었다.

다행히 돌궐의 카간은 주력군을 이동시키진 않았다. 물론 고구려의 남부군과 북부군은 아직 이동하지 않았다. 돌궐군의 공세규모를 보고 15만 대군이 북부와 남부에서 대기 중이었다.

돌궐의 무한키간은 대흥안령산맥을 넘어 10만의 대군을 이끌고 부여성 쪽으로 진격했다. 무한카간은 아시아의 시작과 끝을 잇는 대제국을 건설하고 싶었다. 서쪽 끝은 이미 서역에 닿아서 비잔티움제국과 경계했고, 동쪽 끝은 고구려에 막혀 동쪽의 바다를 보지 못했다. 무한카간은 생전에 동쪽의 바다를 볼 계획이었다.

그러나 동생인 타스파르칸은 형과 반대로 고구려에 대한 공격에 반대했다. 돌궐이 고구려를 이겨본 적이 없는 데다 만일 또 패전하면 우리에게 굴복한 북주와 북제가 반기를 들 가능성이 있다는 것이다. 실제로 북제는 돌궐의 공주를 황후로 맞았고 북주 또한 돌궐의 공주를 황후로 맞아서 경쟁적으로 북방의 새 강자 돌궐을 추종하는 형국이었다. 반면 고구려는 대규모 돌궐 정벌을 준비 중이었다.

양국이 모두 50만에 가까운 병사를 조련하면서 주변의 국가들을 전쟁에 끌어들이려 했다. 북제는 고구려의 속국이면서 새로운 강자 돌궐을 경계해 부마국이 되면서 어정쩡한 관계가 되었다. 북주는 예전부터 고구려를 적대하고 돌궐에 충성함으로써 돌궐의 힘을 이용하여 북제와 진을 견제하려 했다.

이계찰은 일단 고구려군과 대치하면서 백제군이 고구려군의 후방을 공격하기를 원했다. 이계찰은 무한카간의 배 다른 동생으로 타스파르칸에 이어 돌궐의 유력한 카간 계승자였다. 이계찰이 이번 전쟁에서 승리하면 형인 타스파르칸보다 더 우월한 위치를 차지하게 될 것이었다. 카간인 무한보다 더 많은 군대를 보유한 것도 그의 위치가 얼마나 대단한지 알 수 있었다.

고구려 15만 군대를 견제할 역할은 원래 아좌태자의 몫이었다. 고구려군이 대부분 돌궐과 요동전선에 배치된 관계로 산서성 남쪽의 평양성은 무주공산이나 다름없었다. 고구려도 이미 수도로서 이곳을 포기하고 요동 북쪽 환도성을 임시수도로 정하고 한반도 평양성이 완공되기만을 기다리고 있었다.

법왕은 이번 전쟁에서도 활약이 남달랐다. 고구려의 4만 수군이 오기 전 비사성에 야간에 상륙하여 성을 포위했고, 주변의 작은 성 2개를 순식간에 점령했다.

이제의 5만 군대는 요하를 건넜으나 고구려군이 기다리고 있었다. 고구려군 대모달 고현은 5만의 말갈군과 고구려군 보기병을 이끌고 요동벌판에서 백제군과 대치했다. 백제 수군 3만과 고구려 수군 4만도 해상에서 대치하여 본격적인 전투가 없었다.

대규모 전투는 아좌태자의 본군이 먼저 시작했다. 산서성 남쪽 큰 성인 평양성에 다다른 아좌태자는 성문이 열려 있는 것을 보고 두 눈을 의심했다. 앞서간 선발대의 보고로는 성안에 고구려군이 없다는 것이었다. 그 큰 성내에 사람이 별로 없고 일부 성민들은 짐을 꾸려 성을 떠나고 있다는 것이다. 참모인 장군 진달이 공성계 일 수 있으니 일단 일부 병력만 보내어 성을 접수하고 우리는 퇴각하고 있을 고구려군을 쫓자고 했다.

이에 1만의 군대를 달솔 연개에게 맡기고 4만의 백제군은 북쪽으로 올라갔다. 연개는 기병 3천을 앞세워 성에 진입하고 황궁 근처까지 행군했다. 보병의 일부는 성 밖에서 경계활동을 하고 3천

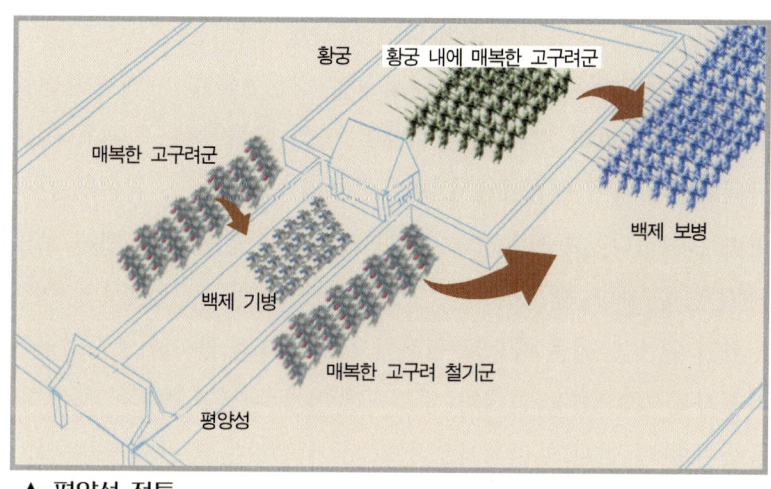
▲ 평양성 전투

의 보병은 시가지 치안유지를 위해 성안으로 흩어졌다.

그런데 고구려 황궁 근처까지 다다르자 난데없이 수많은 화살이 황궁 성벽에서 쏟아졌다. 그리고 마을 곳곳에서 수많은 고구려군이 화살을 쏘아댔다. 깜짝 놀라 성문으로 퇴각하려 하자 어디에 숨어있었는지 고구려 철기군 수천 명이 모습을 나타냈다.

백제 철기군은 대부분 아좌태자를 따라갔고 5백의 철기군만이 남아 있었다. 수적으로 밀린 백제군은 성 모퉁이로 퇴각했다. 그러나 성 위에서는 수천의 고구려군이 어느새 올라와 화살을 백제군에 날렸다. 연개는 서둘러 성 밖으로 빠져나가려 했지만 고구려 철기군을 뚫을 순 없었다.

한편 성 밖의 백제 보병은 갑자기 들이닥친 수천의 고구려 기병에 무참히 살육당했다. 고구려 기병은 백제 보병을 빙 둘러싸고는 화살을 쏘아댔다. 백제군의 궁병도 화살을 쏘았지만 고구려 기병은 계속 움직이는 상태였고 잘 맞지 않았다. 반면 백제군은 고정된 상태에 있었으므로 쉽사리 노출되어 화살에 맞았다.

겨우 2천 명의 백제 보병이 남게 되자 장군 사비원이 백제 보병을 모두 불러 모았다. 정사각형 형태로 군을 배치한 후 방패를 높이 들게 했다. 그러면서 성에서 최대한 멀리 떨어지도록 천천히 진격하며 걸어갔다. 고구려 기병이 일부 돌격했지만 뭉쳐진 백제 보병의 진형을 부술 순 없었다.

한편 연개는 성문 쪽으로 필사적으로 나가려 했지만 고구려군은 자꾸자꾸 늘어났다. 연개가 항복하려 하자 동생인 연원이 말렸다. 동성천황 때 연씨가 반역자로 몰려 많이 죽었는데 이제 또 우리가 항복하면 또다시 연씨 가문이 피해를 입는다고 했다. 그리하여 연개와 연원은 기병 수백 기를 앞세우고 무조건 달렸다.

연개와 연원은 중간에 고구려 철기군이 막아섰지만 상대하지 않고 바로 도망갔다. 그러나 성문은 닫혀 있었다. 수백의 기병들은 성문 수비군과 싸우면서 일부는 말에서 내려 성문을 열었다. 그런데 열자마자 성 밖에 주둔 중이던 백제 보병이 고구려 기병에 포위되어 화살받이가 되는 광경이 펼쳐졌다.

연개와 연원은 사병 1백 기의 호위를 받으며 내달렸다. 사병들은 목숨 바쳐 고구려군과 싸웠다. 일부 사병의 칼솜씨는 너무 훌륭하여 고구려 기병 몇 명의 목이 달아났다. 연개와 연원이 아좌태자를 따라잡았을 때 수하 병력은 5백도 안되었다.

아좌태자는 회군하여 평양성을 포위했다. 하지만 사기가 꺾인데다 성이 워낙 높고 견고하여 수차례 공방전에도 끄덕하지 않았다. 연태영의 고구려군 3만은 기세가 드높았다. 아좌태자는 성을 포위하고 발석차를 이용하여 끝없이 돌을 쏘아 올렸다. 고구려군도 성벽 위에서 발석차를 쏘고 쇠뇌를 발사하여 백제군이 근접하지 못하도록 했다.

아좌태자의 첫 패전소식에 백제 요동정벌군은 사기가 많이 가라앉았다. 개전 후 보름 동안 돌궐, 백제연합군과 고구려군은 대치만 했을 뿐 실제 전투는 아좌태자와 고구려 장군 연태영이 전부였다.

고구려 평원태왕은 먼저 이계찰을 부수고 부민카간을 정벌할 계획이었다. 백제군은 저번 전쟁처럼 요동에서 발이 묶일 것이라 생각했다. 장군 연태영이 묘수를 생각해냈다. 평양성에서 사로잡은 백제군과 그 갑옷을 이용하는 것이었다.

먼저 연태영은 아좌태자를 쫓아내기 위하여 아좌태자에게 겁이 많고 유약한 태자이며 전쟁도 할 줄 모르는 장수라며 모욕적인 글을 적어 태자의 진영에 보낸다. 발석차에 이러한 글이 적힌 옷가지를 묶어서는 백제 진영에 날려주었다. 계속되는 유언비어에 백제군은 그렇지 않아도 아좌태자가 유약한 것을 알고 있었기에 더욱 의기소침했다.

아좌태자는 황제가 특별히 배려해 준 최강의 황제근위병 5천을 선두로 평양성을 공략한다. 성벽의 높이가 10m가 넘는 거대한 성벽에 4만이 넘는 대군이 밀어닥쳤다. 하지만 고구려군의 화살 공격에 백제군은 성을 오르지 못했다. 운제가 동원되고 파쇄차가 성문을 부수려고 덤볐지만 끄덕도 하지 않았다.

백제군이 정문 공격에 집중한 사이 연태영은 1만의 군사를 빼내어 백제군을 후방에서 친다. 철기군이 앞장선 고구려군은 정문 공격으로 지친 백제군의 후방을 쳐서 상당한 피해를 입혔다. 최강의 황제근위대는 고구려군의 화살 공격에 맥없이 쓰러졌고, 백제 철기군이 서둘러 후방으로 급파되자 이번엔 성문을 열고 고구려 기병이 쏟아져 나왔다. 반면 후방을 공격하던 고구려군은 반대편 성문 쪽으로 회군한다.

백제군의 선두에 있던 근위병들이 활약하지 않았다면 백제군은 더 비참한 피해를 입었을 것이다. 근위병들의 무술은 대단했다. 고구려 기병에게 창을 던져 맞추는가 하면 말의 발목을 칼로 내리쳐 말을 쓰러뜨린 후 기병을 죽이거나 화살을 연달아 쏘아 고구려 기병을 맞추는 병사도 많았다. 하지만 성문 위에서 엄호사격하는 수많은 고구려군의 화살에 백제 병사들이 주춤거리며 후퇴했다.

아좌태자는 백제 청주땅과 고구려 수도 근처의 작은 성 1개를 점령한 것에 만족해야 했다. 병사 1만5천을 잃고 새로 점령한 성에 머물렀다.

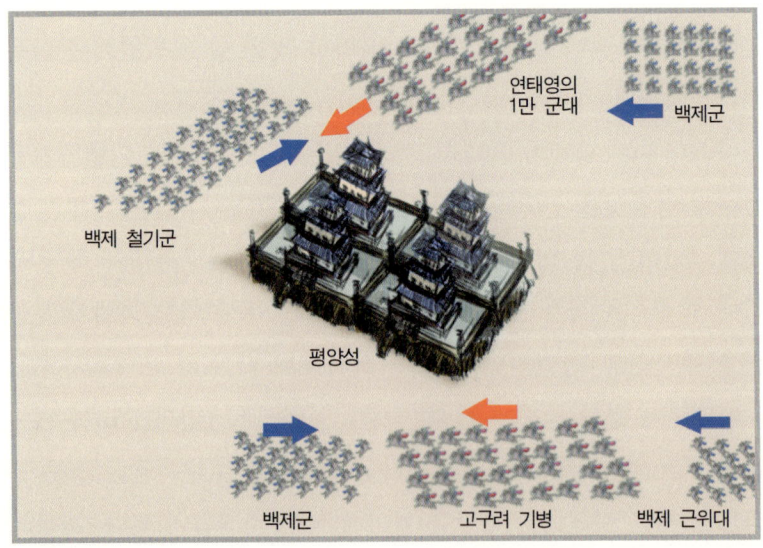

▲ 평양성 외곽 전투

평양성의 고구려군은 4천을 잃었다. 연태영은 백제군이 철수하자 1만의 철기병과 기병을 서둘러 태왕에게 보낸다. 연태영이 직접 이끈 병사들은 북경 인근에서 대치 중인 양군에 다다르자 백제 군복으로 갈아입는다. 그리고 사로잡은 백제 병사들 중 고구려군에 투항한 병사 십여 명을 설득하여 돌궐의 이계찰에게 보낸다.

"우리는 아좌태자의 철기군으로 평양성을 함락하고 고구려 평원태왕을 잡기 위해 이곳에 왔으니 돌궐군이 고구려군을 공격하면 우리가 뒤에서 고구려군을 기습하여 파하자"라고 했다.

이계찰은 소식을 듣고 크게 기뻐하며 전군에 출진령을 내렸다. 무려 20만의 기병이 돌진하는 소리가 벌판을 가득 메웠다. 고구려군도 동시에 돌진하여 평원의 중간에서 양군이 격돌했다. 칼 부딪치는 소리, 창에 맞은 병사의 비명소리, 말끼리 부딪쳐 쓰러지는 소리가 울려 퍼졌다.

이계찰은 선두에서 군을 지휘했다. 이계찰의 무용은 신기에 가까웠다. 고구려군 장수 몇이 맞섰다가 허무하게 목이 달아났다. 이계찰의 활약으로 고구려군이 밀리는 것 같았다. 이계찰은 전군에 총공격 명령을 내렸다. 병사들이 서둘러 돌진하면서 벌판은 먼지 투성이였다. 고구려군이 밀리기 시작하더니 저 멀리서 태왕의 퇴각소리가 들렸다. 일제히 고구려군이 벌판을 빠져 나가기 시작했다. 10리 정도 퇴각한 고구려군이 진영을 재정비하고 돌궐군을 맞았다.

이계찰이 다시금 총공격 명령을 내리고 달려 나가자 갑자기 엄청난 쇠 부딪치는 소리가 들렸다. 5만의 고구려 철기군이 오른쪽에서 나타났으나 돌궐군은 그래도 수적 우세를 바탕으로 잘 싸웠다. 고

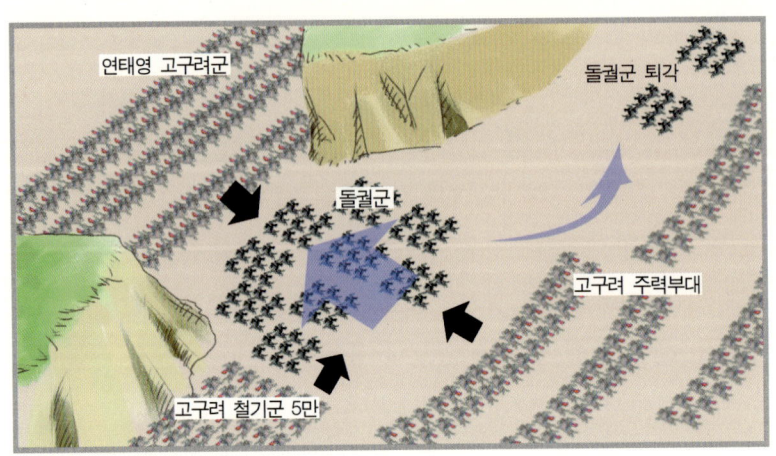

▲ 고구려군과 이계찰군의 전투

구려 기병들이 다시금 힘을 내어 돌격하자 돌궐군의 진격이 멈추었다.

반 시진 동안 양군이 치열하게 싸웠다. 어느 쪽의 우위도 없는 팽팽한 상황에서 돌궐군 뒤쪽에서 갑자기 비명소리가 들렸다. 백제군인 줄 알았던 철기군과 기병들이 전부 고구려군이었다. 백제 군복을 입은 연태영은 1만의 철기군과 기병을 이끌고 돌궐의 후방을 유린했다. 안 그래도 백제군을 기다리던 이계찰은 속은 것을 알고 빠져나가려 했지만 지형이 항아리 모양이라 빠져나갈 수가 없었다.

이계찰이 빠져나가려 허둥지둥할 때 무수히 많은 돌궐군이 죽어 나갔다. 20만 돌궐군 중에 살아 돌아간 이는 3만이 안 되었다. 태왕은 연태영에게 추격을 명했고 돌궐에게 빼앗긴 많은 영토를 되찾았다. 고구려군 주력 12만은 돌궐의 부민카간을 잡기 위해 북쪽으로 이동했다.

비사성 전투

　한편 요동전선에서 법왕은 비사성이 너무 험준하고 수비 병사도 8천이나 되어 쉽사리 점령하지 못했다. 그러나 법왕과 수하 병사 수십 명은 비사성의 가파른 절벽으로 올라갔다. 50명의 결사대는 입에 재갈을 물고 맨몸으로 등에 칼 한 자루만 찬 채 절벽을 기어 올랐다. 성벽 위에는 다행히 수비대가 적었다. 이곳으로 적군이 대규모로 오는 것은 불가능하기 때문이었다.
　절벽을 기어오르자 다시 성벽이 나타났다. 성벽 위에 갈고리를 던져 천천히 기어올랐다. 중간에 절벽에서 몇 명이 죽었지만 재갈을 물린 덕에 큰소리가 나지 않았다. 성벽 위에 올라 수비대를 죽인 후 횃불을 들고 여기저기에 불을 질렀다.
　성안에서는 성주 고해가 기습소식을 듣고 부랴부랴 갑옷을 입고 나왔지만 어디에도 백제군은 없었다. 병사들이 허둥지둥 백제군을 찾기 위해 돌아다니자 이때 성문 밖에서 큰 함성이 들렸다. 대기하던 백제군들이 쳐들어온 것이다. 성문은 깨지고 수만의 백제군이

▲ 비사성의 위치

들어왔다. 하지만 고구려군은 대열을 정돈하여 필사적으로 저항했다. 한 시진 동안 전투가 벌어졌다.

비사성 근처에서 백제 수군과 대치 중이던 고구려 수군은 일부가 백제 수군 몰래 백제군의 진영 근처에 상륙하여 기습했다. 하지만 그 진영에는 백제군이 거의 없었다. 모두 비사성으로 간 때문이었다. 비사성에 문제가 생겼음을 직감한 고구려군은 횃불을 밝히고 고구려 수군에 긴급히 연락했다. 백제 수군도 상황을 알고 있었다.

백제 수군이 고구려 수군을 공격하기 시작했다. 양군의 전함은 부딪치고 수만 개의 화살이 오고갔다. 배 위에서는 발석차가 불붙은 돌을 서로의 전함에 쏘아댔다. 고구려 수군은 뒤로 물러나면서 백제 수군을 유인했다. 백제 수군이 중앙으로 들어오자 고구려 수군의 양 날개 쪽에서 정예수군이 앞으로 전진하며 백제 수군을 포

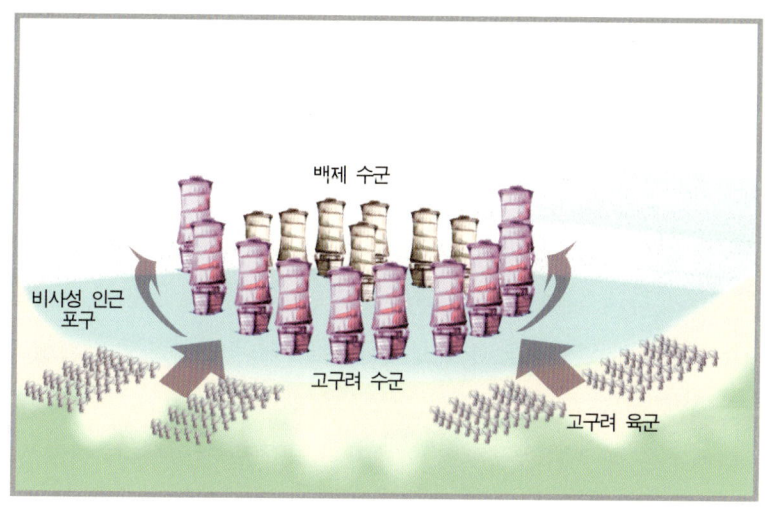
▲ 비사성 인근 해안에서 벌어진 백제, 고구려 수군해전

위했다. 참담한 패배였다.

　백제 수군의 후방이 고구려 수군에 차단되고 원형으로 둘러싸였고 게다가 포구의 절벽에는 고구려군의 발석차부대가 있었다. 갑자기 쏟아진 수백 개의 돌덩이에 백제수군이 당황하여 전열이 흐트러졌다. 백제군 각 지휘관들은 포위망을 빠져나오기 위해 휘하 부대를 모아서 돌파하려 했지만 고구려 수군은 뒤로 물러나면서 포위망을 유지했다.

　노를 젓는 양군의 수군들은 점점 피로해져 갔지만 백제 수군의 피로가 더했다. 빨리 진격할수록 고구려 수군도 뒤로 후퇴해서 결코 포위망이 돌파당하지 않았다. 배 위에선 발석차들이 계속 돌과 기름항아리를 던졌다. 양군의 불화살이 수만 개가 왔다갔으나 이 날 백제 수군은 무참히 궤멸되었다.

　법왕은 비사성이 거의 함락되어 가던 시점에 고구려 증원군이 들어오자 계속 전투를 했다. 하지만 백제 수군이 전멸했다는 소식을 받자 군을 철수시켰다. 수군이 전멸하여 육로를 택하여 후퇴했다. 이제의 5만 대군이 요동에 있으므로 그곳에서 합류하여 요하를 건널 생각이었다.

비사성에서 큰 피해를 본 고구려군은 법왕의 존재에 대해 새삼스레 조심하게 되었다. 고구려군은 일단 백제군의 철수를 방해하지 않았다. 아직 백제군의 규모가 상당한 데다 법왕을 두려워했기 때문이었다.

백제군은 대부분 철군했고 이계찰의 대군도 전멸했다. 이제 남은 것은 무한카간의 본대였다. 무한카간은 10만의 주력군 외에 10만의 대군을 추가로 불렀다. 무한카간은 이계찰이 패배한 줄은 꿈에도 생각지 못하고 부여성을 포위하고 있었다. 성이 완강히 저항하자 추가로 10만의 군대를 동생 타스파르칸에게 이끌고 오도록 지시한 것이다.

무한카간이 부여성과 인근 5개 성을 포위했을 때 고구려 북부군과 동부군은 모두 대기상태였다. 태왕의 군대가 이계찰에게 밀리면 먼저 그쪽 전선에 파병될 계획이었다. 하지만 태왕이 전쟁에서 이기면서 고구려 북부와 서부 군대 10만이 부여성으로 이동했다.

태왕은 우선 날랜 기병 5만을 타스파르칸이 오는 길목에 매복시키고 무한카간을 잡으려고 대병을 이동했다. 태왕의 군대 10만과 북부와 서부 군대 10만은 저녁에 이동하고 낮에는 쉬는 행군을 했다. 그러나 돌궐의 첩자들이 고구려군의 이동을 알 리 없었다. 며칠 뒤 부여성 100리 밖까지 도착한 군대는 낮에 푹 쉰 뒤 저녁에 합류하여 20만 대군이 무한카간의 후방으로 이동했다.

한편 타스파르칸의 기병은 오는 도중에 고구려 기병의 매복기습을 받아 큰 타격을 입었다. 타스파르칸은 상황이 심상치 않음을 느끼고 무한카간에 사신을 보내 철수할 것을 권유했다. 하지만 그 사신은 고구려군에 잡히고 말았다.

아침에 무한카간이 부여성을 총공격하고 있을 때였다. 말달리는 소리와 징소리가 먼 곳에서 퍼졌다. 무한카간이 뒤를 돌아봤을 때 수십만의 고구려 기병과 보병이 몰려오고 있었다. 무한카간의 근위병들만이 죽기로 싸울 뿐 대부분의 돌궐군은 고구려군의 기세에 눌려 포로가 되었다.

무한카간은 부여성을 돌아 탈출을 시도했지만 이미 모든 방향이 포위되어 있었다. 무한카간은 고구려군의 화살에 여러 번 맞았으나 근위병의 부축을 받으며 포위망을 겨우 뚫고는 돌궐 땅으로 도망갔다. 국경에서는 타스파르칸이 마중 나와 있었다. 돌궐은 이번 전쟁에서 수십만이 죽거나 포로가 되었다. 너무나 큰 타격에 무한카간은 권위가 손상되었고, 설상가상으로 상처가 도져 앓다가 몇 달 뒤 죽게 된다.

전쟁에서 승리한 고구려도 패배한 돌궐과 백제도 국력이 쇠약해졌다. 이틈에 이득을 본 나라는 북주와 신라였는데 나날이 국력이 강해졌다. 마치 삼국지 시대에 원소와 원술이 전쟁하는 통에 천하가 어지러웠지만 그 사이에 조조와 유비가 강해진 것처럼 북주는 돌궐의 간섭으로부터 어느 정도 해방되었다. 매년 바치던 엄청난 조공도 줄어들었고, 돌궐을 등에 업고 북주는 이제 중원을 넘보기 시작했다.

북주의 북제 침공

577년, 북주는 대규모 북제 침공을 실시한다. 향락에 빠진 북제의 왕은 이미 저항할 힘도 갖고 있지 않았다. 북주의 실력자 우문호는 557년에 천왕 우문각과 대립하자 그를 폐하고 그 동생 우문욱을 세웠으나 또 560년에 이를 죽이고 그 동생인 우문옹을 세웠다. 이 사람이 바로 명군이라고 일컬어지는 북주의 무제(560~578 재위)이다.

우문호는 572년에 무제에 의해 주살될 때까지 조정을 이와 같이 제압하는 한편, 정권을 가진 귀족들을 계속해서 주살하고 자신의 지위였던 대총재 아래에 다른 오관을 예속시켜 권력집중을 추진해 갔다.

그 무렵, 북제는 국내의 여러 세력을 통합하지 못하고 있었을 뿐만 아니 귀족들의 삼파전에 의하여 스스로 무너지고 있었다. 북제의 후주는 향락에 빠져 정사를 돌보지 않았다. 진나라의 세력은 선제의 치하에 573년, 양자강의 북쪽에서 회수의 선으로 진출하고,

강회지방을 북제로부터 탈환했는데, 북제는 이미 이를 회복할 힘조차 갖고 있지 않았다.

576년, 북주의 무세는 이와 같은 북제의 쇠약을 알아낸 후에 북제에 대한 진격을 명령했다. 잘 훈련된 북주의 보기병군단은 북제의 군사적인 요충지인 진양으로 진격했다.
북제의 후주는 후궁들과 함께 노닐며 사냥을 겸하여 대항할 북제군의 독전에 나섰다. 진양의 북제군은 선전했으나 그와 같은 통솔자 아래에서는 당연히 북주군대의 진격을 당해낼 수는 없었다. 북제의 후주는 무너져버린 군을 버려두고 재빨리 수도인 업으로 도망갔으나, 이미 아무런 대책도 강구할 능력도 갖고 있지 않았다.

577년 정월 원일, 북제의 후주는 겨우 8세인 황태자에게 제위를 물려주고, 추격해 오는 북주군을 피하여 정월 3일에 업에서 백제 땅인 산동성 방면으로 탈출했다. 성공하면 황하의 남쪽에서 병을 모아서 일으키고, 실패하면 남조의 진국으로 망명하려고 하는 지추의 진언에 따른 것이다. 제위를 물려받은 어린 황태자도 6일 후에 업을 탈출하여 아버지의 뒤를 따랐다.
북주의 무제는 정월 20일에 업으로 입성하고, 백제 땅 청주(산동성 익도현)로 도망간 후주와 요제에 대한 추격을 멈추지 않았다. 각지의 북제군은 이미 제각기 흩어져 북주로 투항하는 자가 속출하게 되었다.
한편 백제 본국에서는 북제가 멸망하고 북주의 군대가 국경을 침범하자 조정에서는 난리가 났다. 위덕천황을 비롯한 황제파들은 신라 정벌이 우선이라고 주장했다. 하지만 법왕을 주동자로 한 해씨 세력들은 북주 정벌을 외쳤다. 문제는 북주의 대군 규모가 이미 백제의 전군을 합친 것보다 많다는 것이다. 게다가 신라를 옆에 두고 대군을 동청주로 파병하면 신라의 기습을 받을 가능성이 있었다.

상황은 고구려도 마찬가지였다. 돌궐군이 호시탐탐 고구려 국경을 노리는 상태에서 번국인 북제의 멸망은 큰 충격을 가져왔다. 평원태왕은 고민에 빠졌다. 태자인 영양왕은 즉시 북주에 대한 대대적인 정벌을 주장했다.

백제에서 사신이 왔다. 병관좌평에 오른 이제였다. 이제는 천황의 서신을 가지고 태왕에게 전했다. 내용은 고구려와 백제가 비밀리에 동맹을 맺고 북주와 신라를 공격하자는 것이었다. 태왕은 주

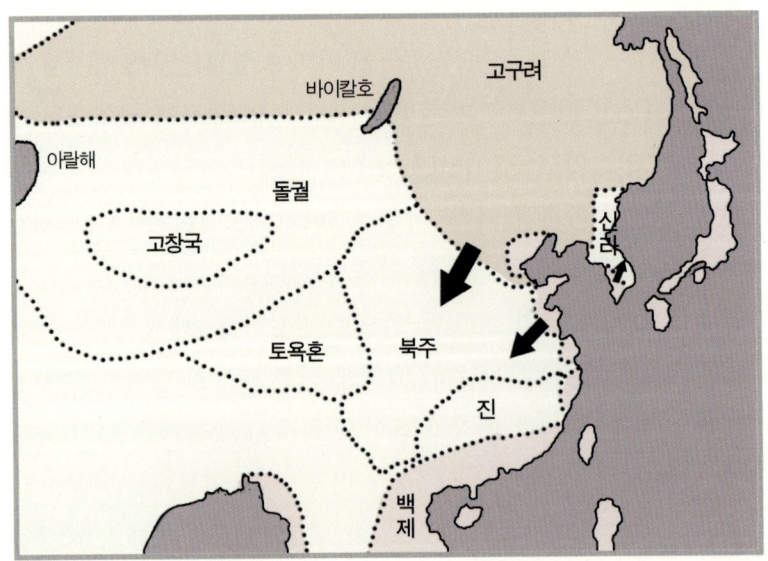

▲ 백제군과 고구려군의 북주·신라연합 공격로

전파인 영양왕의 강력한 주청으로 결국 비밀동맹을 맺기로 한다. 하지만 대내외적으로 동맹 사실을 전하진 않았다.

고구려의 떠오르는 장군 온달이 병력 10만을 거느리고 북주정벌을 위해 출진했고 신라 국경 쪽에선 영양왕이 병사 5만을 이끌고 진격했다.

백제는 좌평 이제가 병사 8만을 이끌고 청주에서 출진했고 아좌 태자가 함께 갔다. 법왕은 병사 5만을 이끌고 신라 서부 국경을 공격했다.

온달의 활약

고구려는 당시 중원에 파병된 고구려군 대부분이 돌궐 국경으로 돌려진 상태라 북주군의 북제 함락을 지켜보고만 있었다. 산서성 평양성에는 고구려 수비대가 거의 없었고 고구려인들은 대부분 본국으로 돌아갔다. 장수태왕 시절 대륙백제 정벌을 위해 천도까지 한 고구려는 내분과 신흥강국 돌궐 때문에 이제 중원을 포기하고 돌궐에 집중하면서 중원을 잃었다.

그러나 다시금 중원을 찾기 위해 온달 장군이 나섰다. 10만의 보기병이 요동을 출발하여 요서군 북쪽을 경유해 북주 땅으로 전진했다. 북주가 북제를 함락하긴 했지만 아직 북제가 전부 북주의 땅이 된 것은 아니었다. 곳곳에 북제의 잔병과 장수들이 있었고 고구려의 옛 땅인 하북성과 산서성 일대에는 고구려 장수와 군대도 일부 남아있었다.

백제 좌평 이제의 8만 군대도 산둥성을 출발해 계속 서진하고 있었다. 북주의 무제는 병력을 둘로 나누어 15만 본군은 자신이 직접 지휘하고, 대장군 양견의 10만 군대는 백제 땅으로 출진시켰다.

온달 장군의 군대는 철기병이 3만, 기병이 7만으로 이루어진 전군이 기병 형태였다. 북주가 선비족의 후예답게 기병이 중심이긴 하지만 고구려의 철기병에는 아직 상대가 안 되었다. 영주를 지나 북경 부근으로 진출한 고구려군은 무제의 15만 대군과 교전했다. 온달이 앞장서서 장수들 간의 일기토―騎討를 제안했다.

양군이 마주보는 상태에서 무제는 휘하 장수 중 칼 쓰는 솜씨가 가장 뛰어난 장수를 보냈다. 하지만 온달의 칼솜씨에 북주군 장수의 목이 달아나자 북주군의 사기가 순식간에 가라앉았다.

이에 무제는 이훤을 내보냈다. 그는 북위군 대장군 이경의 후손으로 이경만큼 은월도 쓰는 솜씨가 대단했다. 북제군 장수 몇 명을 순식간에 벤 전력도 있고 그 위용은 고구려와 백제에도 알려져 있었다. 북제왕을 사로잡을 때도 북제왕의 최고 무예 실력을 가진 호위무사를 단숨에 제압했다. 이훤이 나서자 북주군의 사기가 올랐다. 모두들 이훤을 외치며 승리를 의심치 않았다.

온달과 이훤은 반 시진 동안 싸웠으나 승부가 나지 않았다. 이때 온달의 말이 이훤의 말에 부딪쳐 휘청거리면서 온달이 떨어졌다. 이훤이 은월도를 휘두르며 온달에게 다가가자 온달이 재빨리 일어나 이훤의 말을 찔렀다. 이훤이 말에서 떨어지면서 말에 깔려버렸다. 온달은 재빨리 그의 목을 쳐버렸다. 순간 고구려군의 사기가 하늘을 찌를 듯했다.

10만 고구려 기병이 일시에 쳐들어갔고 승세를 놓친 북주군은 제대로 싸우지도 못하고 후퇴했다. 첫 싸움에서 대패한 북주군은 지방의 증원군과 수도의 방위군을 포함한 대규모 군대를 모집했

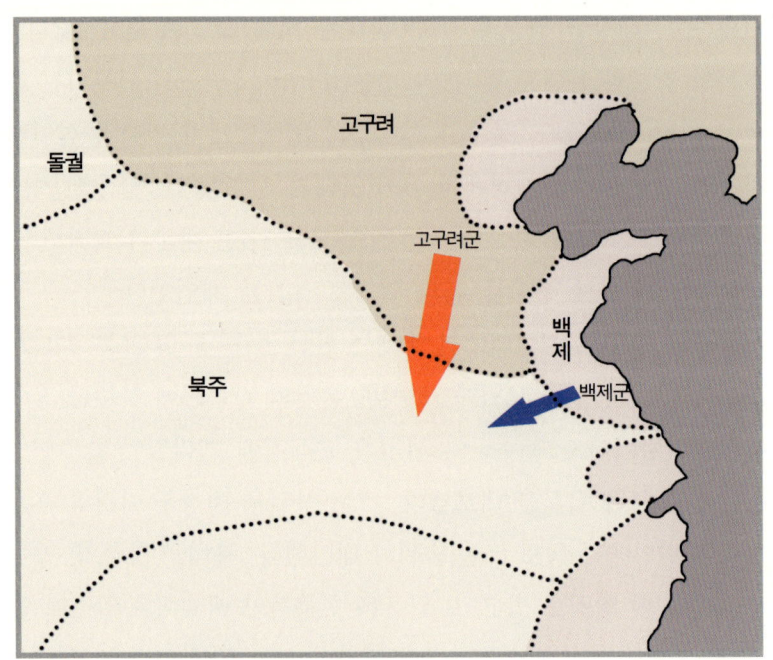

▲ 백제·고구려연합군의 북주 침공

다. 온달 장군은 북경 이남 유림진을 전부 평정했다.

북주군은 고구려에 대해선 공격적으로, 백제에 대해선 수세적으로 행동했다. 30만의 북주군이 다시 집결하여 온달 장군과 대치했다. 배찰산에 이르러 북주군은 군대를 반으로 나누어 산을 돌아서 온달 장군의 군대를 포위 공격할 작전이었다.

(3권에서 계속)

| 참고문헌 |

- 「이야기 중국사」, 김희영, 청아출판사
- 「자치통감」, 사마광, 권중달 역, 도서출판 삼화
- 「쉽지만 깊이 읽는 한국사」, 이윤섭, 백산서당
- 「아틀라스 중국사」, 이근명 외 5인, 사계절출판사
- 「삼국사기」, 김부식, 진갑곤 역, 진갑곤의 한자박사 사이트
- 「중국 중세 전쟁간사」, 인민해방군출판사 저
- 「중국의 역사 - 수당오대」, 구리하라 마츠오, 누노메 조후 저, 임대희 역, 혜안
- 「두산백과사전」